中国乡村振兴

第1辑

主编／赵强社

中国农业出版社
北　京

图书在版编目（CIP）数据

中国乡村振兴．第1辑 / 赵强社主编．—北京：中国农业出版社，2022.3

ISBN 978-7-109-29180-5

Ⅰ.①中… Ⅱ.①赵… Ⅲ.①农村—社会主义建设—研究报告—中国 Ⅳ.①F320.3

中国版本图书馆CIP数据核字（2022）第037143号

中国乡村振兴．第1辑

ZHONGGUO XIANGCUN ZHENXING DIYIJI

中国农业出版社出版

地址：北京市朝阳区麦子店街18号楼

邮编：100125

责任编辑：赵 刚

版式设计：杜 然 责任校对：周丽芳

印刷：北京通州皇家印刷厂

版次：2022年3月第1版

印次：2022年3月北京第1次印刷

发行：新华书店北京发行所

开本：700mm×1000mm 1/16

印张：15.25

字数：230千字

定价：58.00元

《中国乡村振兴》编委会

Rural Revitalization In CHINA

投稿邮箱：zgxczxbjb@163.com

编辑部域名：www.zgxczhenxing.com

联系人：赵妍妍

联系电话：13161249009

导　言

赵强社

《中国乡村振兴》秉承立足三农实际、服务乡村振兴的宗旨，以携手社会各界共同推动深入实施乡村振兴战略为使命，全面系统宣传党和国家实施乡村振兴战略的政策和重大举措，全面反映广大基层干部群众实施乡村振兴战略的生动实践，汇集大家策论，搭建交流平台，传播典型经验，推广先进模式，探讨乡村振兴中国方案，激发广大干部群众积极投身乡村振兴伟大事业的热情，推动乡村振兴战略在华夏大地上落地生根开花结果。每年4辑。

本书特色：一是聚焦。聚焦乡村振兴发展重点、难点、痛点问题，集思广益，以解决问题为根本导向。二是权威。汇聚三农权威专家，深度解读国家政策，把握乡村振兴发展脉络。三是实效。乡村振兴践行者现身说法，典型引领，提供样板借鉴。四是共享。政策、模式、项目、品牌总结推广，智慧、资源、理念广泛交流。

本书定位：一是有高度。解读三农政策，传播高层声音。二是有深度。汇集大家策论，破解难点问题。三是有广度。聚焦“五大振兴”，推广典型模式。四是有温度。站在农民立场，服务基层实践。

篇目设置：主要设“政策解读”“专家观点”“乡村论见”“探索争鸣”“试点示范”“一线声音”等栏目。

选稿取向：一是作者身份的广泛性。每辑的作者既要有专家学者、理论研究者，又要有基层干部、一线实操者。二是区域分布的广泛性。每辑既要有发达地区经验，更要有注重总结贫困地区的好做法。全国东中西部都要有实践案例，分布比例协调。三是内容的广泛性。围绕五大振兴设置栏目，每一个栏目理论和实践文章要比例协调。注重来自乡村振兴一线的调研报告。文章一般在5 000字左右，不追求严格的学术规范，重在把握政治方向、观点明确、逻辑清晰、语言朴实、通俗易懂。

目 录

试点示范

一线声音

产业振兴

文化振兴

生态振兴

人才振兴

组织振兴

政策解读

扎实推进乡村全面振兴

唐仁健

党的十九届五中全会对扎实推动共同富裕作出重大战略部署，明确提出到2035年全体人民共同富裕取得更为明显的实质性进展。在2020年底的中央农村工作会议上，习近平总书记作出“民族要复兴，乡村必振兴”的重大论断，要求举全党全社会之力推动乡村振兴。2021年8月，习近平总书记在中央财经委员会第十次会议上强调：“促进共同富裕，最艰巨最繁重的任务仍然在农村。”这些重要论述，充分体现了以习近平同志为核心的党中央对三农工作一以贯之的高度重视。我们要深入贯彻落实习近平总书记重要讲话精神，把全面推进乡村振兴作为全面建设社会主义现代化国家、促进全体人民共同富裕的一项重大历史任务，稳扎稳打、久久为功，促进农业高质高效、乡村宜居宜业、农民富裕富足。

一、充分认识新发展阶段全面推进乡村振兴的必要性和紧迫性

党的十八大以来，我们党带领全国人民，打赢了人类历史上规模空前、力度最大、惠及人口最多的脱贫攻坚战，历史性地解决了农村绝对贫困问题，亿万农民同步迈入全面小康，朝着共同富裕目标迈出了坚实的一大步。全面建成小康社会后，广大农民对美好生活的向往总体上已从“有没有”向“好不好”转变，对获得公平发展机会、共享发展成果、提升生活品质抱有更高期待，全面推进乡村振兴面临的任务更加繁重、挑战更加艰巨。全面小康路上一个都没有掉队，共同富裕路上也不能落下农民

农村。

（一）解决好发展不平衡不充分问题，重点难点在三农

当前，我国城乡发展不平衡、农村发展不充分仍然是社会主要矛盾的突出体现。不管经济如何发展、社会如何进步，未来还会有几亿人生活在农村，十几亿人还要靠农业解决吃饭问题。农业农村这个短板能不能补上，关系到社会主义现代化建设的成色，也关系到共同富裕的成效，迫切需要坚持农业现代化与农村现代化一体设计、一并推进，走中国特色乡村振兴道路，优先发展农业农村，确保在现代化进程中农业农村不掉队、同步赶上来。

（二）构建新发展格局，潜力后劲在三农

扩大内需，培育完整内需体系，农村是最广阔的增量空间。农民收入水平提升、农村社会事业发展，会释放出巨量的投资和消费需求。从国际大循环看，我国是全球第一大农产品进口国和第五大出口国，2020 年进口超过 1 700 亿美元的农产品，农产品进出口在平衡我国国际贸易收支等方面发挥着重要作用。迫切需要按照构建新发展格局的要求，加快拓展和畅通国内大循环，充分挖掘农村内需潜力，推动乡村振兴和城市更新“双轮驱动”，用好“两个市场、两种资源”，进一步增强产业链供应链韧性。

（三）应对国内外各种风险挑战，基础支撑在三农

稳住农业基本盘、守好三农基础是应变局、开新局的“压舱石”。2020 年以来，应对新冠肺炎疫情和部分地区严重自然灾害冲击，我国粮食和重要农副产品供给充裕，农村社会保持和谐安定，对保持经济社会稳定发展功不可没。当前，外部形势不确定性不稳定性增加，三农“压舱石”作用越来越凸显。在粮食安全等重大问题上，必须坚持大历史观，保持战略定力，切实强化底线思维，坚决稳住农业基本盘，为经济社会发展大局提供坚实支撑和回旋余地。

二、坚决扛起粮食安全“国之大者”的政治责任

习近平总书记强调，要牢牢把住粮食安全主动权，粮食生产年年要抓紧。保障国家粮食安全，是乡村振兴的首要任务。这些年，我国粮食连年

丰收，粮食产量连续6年稳定在1.3万亿斤[①]以上，粮食安全总体上是有保障的。但要看到，未来随着人口增长、消费升级，粮食需求还将刚性增长，紧平衡将会越来越紧。粮食安全是“国之大者”，必须抓紧抓实，确保粮食面积、产量不掉下来，供给、市场不出问题，真正做到以国内稳产保供的确定性来应对外部环境的不确定性。

（一）保障国家粮食安全关键在于藏粮于地、藏粮于技，要害是解决好种子和耕地问题

种子是农业的“芯片”，直接关系产业安全和粮食安全。当前，我国种业主要面临种质资源保护利用不足、自主创新能力不强等突出问题。必须加强农业种质资源保护开发利用，开展种源关键核心技术联合攻关，打好种业翻身仗，确保中国碗装中国粮、中国粮主要用中国种。耕地是粮食生产的“命根子”。现在一些地方存在耕地“非农化”和“非粮化”问题，务必坚决纠正。要严防死守18亿亩[②]耕地红线，采取“长牙齿”的硬措施，落实最严格的耕地保护制度，建设一批真正高产稳产、旱涝保收的高标准农田，保护好黑土地这个“耕地中的大熊猫”。同时，构建辅之以利、辅之以义的粮食安全保障机制。按照“政策保本、经营增效”的思路，坚持和完善最低收购价制度，稳定和加强对种粮农民的补贴办法，扩大完全成本保险和收入保险试点范围。落实地方抓粮的义务和责任，实行粮食安全党政同责，“米袋子”省长要负责，书记也要负责，确保主产区、主销区、产销平衡区共同扛起粮食安全政治责任。

（二）保供给既要保数量，也要保多样、保质量，关键是深入推进农业供给侧结构性改革

保多样就是满足消费者对丰富多样农产品的需求，进一步调整优化农业生产结构、区域布局和产品结构，统筹抓好棉油糖、肉蛋奶、果菜鱼等重要农副产品生产，提高供给体系的适配性。保质量就是强化质量兴农、绿色兴农、品牌强农，推动品种培优、品质提升、品牌打造和标准化生产，提升质量效益和竞争力，带动农民增收致富。

---

① 斤为非法定计量单位，1斤=500克，下同。

② 亩为非法定计量单位，1亩≈667平方米，下同。

三、做好巩固拓展脱贫攻坚成果同乡村振兴的有效衔接

习近平总书记强调，脱贫攻坚取得胜利后，要全面推进乡村振兴，这是三农工作重心的历史性转移。必须把脱贫摘帽作为新生活、新奋斗的起点，在巩固拓展脱贫攻坚成果的基础上，切实做好同乡村振兴的有效衔接，接续推进脱贫地区经济社会发展和群众生活改善。

一方面，守住不发生规模性返贫的底线。脱贫地区、脱贫群众虽然已经实现脱贫，但发展基础还较弱，巩固成果防止返贫任务仍然很重。党中央决定，对摆脱贫困的县，从脱贫之日起设立5年过渡期，过渡期内保持主要帮扶政策总体稳定，就是要扶上马、送一程，防止出现规模性返贫。健全防止返贫动态监测和帮扶机制，对易返贫致贫人口早发现、早干预、早帮扶。对有劳动能力的，坚持开发式帮扶方针，通过发展产业、促进就业，帮助他们用自己的双手勤劳致富；对没有劳动能力的，做好兜底保障。易地搬迁也要进一步强化后续扶持，确保搬迁群众稳得住、有就业、逐步能致富。同时，对于国家乡村振兴重点帮扶县以及各省确定的重点帮扶县，从财政、金融、基础设施、公共服务等方面给予集中支持，切实巩固脱贫攻坚成果。

另一方面，用乡村振兴的办法加快农村发展步伐。乡村要振兴，农民要富裕，归根到底靠发展。依托农业农村独特资源优势，加快推进乡村产业振兴，发展壮大富民兴村产业，让农民更多参与产业发展、分享增值收益。农民不仅要富口袋，更要富脑袋。加强农村精神文明建设，持续推进乡村移风易俗，建设文明乡风、良好家风、淳朴民风，实现物质富裕、精神富足。要认真总结借鉴脱贫攻坚积累的宝贵制度成果和精神财富，完善乡村振兴政策体系、制度体系和工作体系，逐步实现从集中资源支持脱贫攻坚向全面推进乡村振兴平稳过渡。

四、扎实稳妥推进乡村建设

实施乡村建设行动是党的十九届五中全会作出的重要部署，是推进农业农村现代化的一个重要抓手。乡村建设行动要切实落实到具体工程项目上、体现到真金白银支持上，积极稳妥推进，力争“十四五”时期见到明

显成效，逐步使农村具备基本现代生活条件。

（一）乡村建设要把握正确方向

2021 年习近平总书记对深入推进农村厕所革命作出重要指示，强调坚持数量服从质量、进度服从实效，求好不求快。这不仅是对农村厕所革命的要求，也是对乡村建设的总体要求，是推进乡村振兴的基本理念和工作方法。乡村建设是为农民而建，必须始终坚持农民主体地位，政府做服务不包办、给支持不越位，建立自下而上、村民自治、农民参与的乡村建设实施机制。

（二）乡村建设行动应坚持规划先行、依规建设

规划是乡村建设的“施工图”。如果没有规划约束，乱建违建还会冒出来，今后治理代价更大、成本更高。加快编制县域村庄布局和村庄建设规划，合理确定村庄布局分类，保持历史耐心，明确建设时序，避免在“空心村”无效投入、造成浪费。乡村建设不是搞大拆大建，重点是在村庄现有格局肌理风貌基础上，通过微改造、精提升，逐步改善人居环境，强化内在功能，提高生活品质。同时，注重保护传统村落民居，守住中华农耕文化的根脉。

（三）加强农村基础性、普惠性、兜底性民生建设

这些年国家不断加大投入，农村生产生活条件变化很大，行政村基础设施的问题基本解决，下一步要在向自然村组覆盖、往农户延伸上下工夫。继续把公共基础设施建设重点放在农村，启动实施农村人居环境整治提升五年行动，抓好农村厕所革命，全面改善农村水电路气房、防汛抗旱等条件。各地要从实际出发，合理确定公共基础设施配置和基本公共服务标准，重点推进通自然村道路、冷链物流等既方便生活又促进生产的基础设施建设，让广大农民群众在乡村建设中有实实在在的获得感。

（四）乡村建设既要重“硬件”也要重“软件”

现在城乡基本公共服务在制度层面初步实现并轨，“十四五”时期要按照需要和可能，适时提高标准和水平，持续推进城乡基本公共服务均等化。特别是针对农村人口结构、村庄格局的变化，加快县域内城乡融合发展，推动教育、医疗、文化、养老等公共资源在县域内优化配置，分级分层解决不同问题。乡村建设的过程，是组织农民、引导农民的过程，也是

加强和改进乡村治理的过程，通过不断健全基层党组织领导的自治、法治、德治相结合的治理体系，打造善治乡村。

五、围绕推动小农户与现代农业有机衔接深化新阶段农村改革

大国小农是我国的基本国情农情。促进农民农村共同富裕，首先要解决的就是小农户与现代农业发展有机衔接问题。“十四五”时期要加大力度，争取实现更大突破，用好农村改革这个法宝，完善农村产权制度和要素市场化配置机制，赋予农民更多财产权利，激发农村资源要素活力。

（一）巩固和完善农村基本经营制度

目前农村承包地确权登记颁证工作已基本完成。要用好确权登记颁证成果，稳步开展第二轮土地承包再延长 30 年试点，保持土地承包关系稳定并长久不变。积极推进承包地“三权分置”，发展多种形式适度规模经营，突出抓好家庭农场和农民合作社两类经营主体。农户家庭经营符合我国国情农情，适合粮食等大宗农作物生产，具有广泛的适应性和旺盛的生命力，要发展壮大各类农业社会化服务组织，通过提供更加多元化、多层次、低成本的社会化服务，将小农户导入现代农业发展轨道。持续深化农村集体产权制度改革，发展壮大新型农村集体经济。

（二）深化农村土地制度改革

新一轮农村宅基地制度改革试点已经在 104 个县（市、区）和 3 个设区市稳慎开展，在做好确权登记颁证、完善管理制度等基础工作前提下，推动取得一批实质性试点成果，探索宅基地所有权、资格权、使用权分置有效实现形式。同时，积极探索健全农村集体经营性建设用地入市制度。针对乡村用地难问题，完善乡村发展用地政策，挖掘农村内部用地潜力，探索灵活多样的供地新方式，优先保障乡村产业发展、乡村建设用地。

（三）推动城乡融合发展体制机制和政策体系落地见效

我国在现代化进程中逐渐形成了中国特色新型城镇化道路，一个鲜明特征就是“亦工亦农、亦城亦乡”，亿万农民可以在工农之间自主选择、自由转换，在城乡之间双向流动、进退有据。这不是短期的权宜之计，而是长期的根本之举。应坚持走中国特色城乡融合发展道路，为应对各种风

险挑战提供回旋余地和战略空间。同时，完善农业支持保护制度，精准调整优化支农政策，加快构建既适应金融市场规律又符合农业农村需要的农村金融体系。落实好提高土地出让收益用于农业农村比例的政策，确保到“十四五”期末用于农业农村的比例提高到50%以上。

农村改革要始终坚持土地公有制性质不改变、耕地红线不突破、农民利益不受损三条底线，看不准的先不要着急动，看得准的要大胆干起来。尊重基层创造，强化试点先行，充分调动广大农民积极性、主动性、创造性。

六、加强党对三农工作的全面领导

办好农村的事情，关键在党。全面实施乡村振兴战略的深度、广度、难度都不亚于脱贫攻坚，必须切实发挥党的领导和社会主义制度的政治优势，以更有力的举措汇聚更强大的力量，全面推进乡村振兴。

（一）切实增强做好三农工作的政治能力

全面推进乡村振兴，新情况新问题很多，涉及的面更广，面临的矛盾更加复杂。必须始终坚持用习近平总书记关于三农工作的重要论述武装头脑、指导实践、推动工作，把新发展理念完整、准确、全面贯彻到三农工作各方面各环节全过程。紧紧围绕“国之大者”抓主抓重，紧紧围绕党中央决策部署落细落小，不断提高政治判断力、政治领悟力、政治执行力，真正打造一支政治过硬、本领过硬、作风过硬的乡村振兴干部队伍。

（二）强化五级书记抓乡村振兴责任要求和工作机制

深入贯彻落实《中国共产党农村工作条例》，健全中央统筹、省负总责、市县乡抓落实的农村工作领导体制，层层落实五级书记抓乡村振兴责任。根据实际需要，将脱贫攻坚工作中形成的有效做法运用到推进乡村振兴上，建立健全上下贯通、一抓到底的乡村振兴工作体系。地方各级党委政府一把手要把三农工作扛在肩上、抓在手上，特别是县委书记要当好乡村振兴“一线总指挥”。充分发挥各级党委农村工作领导小组牵头抓总、统筹协调作用，加强党委农村工作机构建设。

（三）持续加强农村基层党组织建设

选优配强乡镇领导班子、村“两委”成员特别是基层党组织书记，切实发挥农村基层党组织战斗堡垒作用，健全党组织领导下的村民自治机制。在有条件的地方积极推行村党组织书记通过法定程序担任村民委员会主任，加强对村“两委”干部“一肩挑”的监管。继续向重点乡村选派驻村第一书记和工作队。把更多资源下沉到乡镇和村，切实减轻基层组织负担，让基层干部把更多精力放到帮助农民群众解决实际困难上来。

（作者系中农办主任，农业农村部部长）

乡村振兴战略的来龙去脉

陈锡文

一、农村改革的历程、经验和贡献

（一）改革的突破

邓小平同志讲：中国的改革是从农村开始的。习近平总书记讲：农村改革是从调整农民与土地的关系开启的。具体讲，农村改革是从打破集体土地只能由集体统一经营的僵化认识和体制后才取得突破的。之后，农村集体土地开始实行由农民家庭承包经营。农村基本经营制度的形成，最初是农民的自主自发行为，但党对农民的创造始终高度关注，不断对其进行总结、提炼和完善，并把其中具有普遍意义的经验提升为政策进行推广。

农村最初出现"包产到户""包干到户"时，中央并不赞成。1978 年 12 月 22 日，党的十一届三中全会原则通过的《关于加快农业发展若干问题的决定（草案）》明确提出："可以按定额计工分，可以按时计工分加评议，也可以在生产队统一核算的前提下，包工到作业组联系产量计算劳动报酬，实行超产奖励。不许包产到户，不许分田单干。"但这个《决定（草案）》在 1979 年 9 月四中全会正式通过时，就删除了"不许包产到户"这句话。这既体现了农民勇于创造的精神和敢于坚持的韧性，也反映出党在制定政策过程中尊重群众创造、实事求是、与时俱进的态度。因此，1983 年的中央 1 号文件指出，联产承包制是党的领导下我国农民的伟大创造，是马克思主义农业合作化理论在我国实践中的新发展。然而，农村改革中迅速普及的并不是"包产到户"，而是"包干到户"。这个转变极为重要。"包产到户"仍然保留着集体统一核算、统一分配的制度。而"包干到户"实行的是"交够国家的、留足集体的、剩下是自己的"，这就使农民家庭成了相对独立的经营主体，不必再实行集体统一核算和统一分配。这也就为撤销人民公社体制创造了条件，为普遍实行以家庭承包经营为基础、统分结合的双层经营体制奠定了基础。

（二）改革的贡献

农村改革所作出的贡献，既有物质方面的，更有思想观念、理论和制度方面的。从物质方面看，它在促进增产增收、解决吃饭问题和贫困问题等方面的效果极为明显。1978 年，我国粮食总产量 6 095 亿斤；1984 年达到了 8 146 亿斤，增长了 33.6%。人均粮食占有量，从 1978 年的 633 斤，增加到了 1984 年的 781 斤，增加了 23.4%。农民人均纯收入从 1978 年的 134 元增长到 1984 年的 355 元，扣除价格因素后实际增长了 1.5 倍，年均增长 16.2%。1978 年，我国农村贫困人口［标准为 100 元/(人·年)］为 2.5 亿人，到 1985 年农村贫困人口下降为 1.25 亿人［标准为 206 元/(人·年)］。

从观念、理论和制度方面看，家庭承包经营使农户成为相对独立的经营主体，这就引起了一系列更深刻的变化。第一，在“交够国家、留足集体”的后，农民不仅可以支配“剩下是自己的”那部分产品，还可以按照市场需求来自主决定自家承包地上的种植结构，于是就在农业资源配置上开始引入市场机制。第二，由于“剩下是自己的”那部分比重不断提高，农民就具有了积累自身资产的可能性，于是就开创了以公有制经济为主导、多种所有制经济共同发展的新局面。第三，农业的家庭承包经营，土地是集体所有的，但生产工具和其他投入品是农民家庭的，这就形成了改革初期的混合所有制经济。农村改革在思想、理论、制度创新上可谓贡献巨大。

2008 年，在农村改革 30 周年时，党的十七届三中全会通过的《关于推进农村改革发展若干重大问题的决定》指出：农村改革发展的伟大实践，极大调动了亿万农民积极性，极大解放和发展了农村社会生产力，极大改善了广大农民物质文化生活。更为重要的是，农村改革发展的伟大实践，为建立和完善我国社会主义初级阶段基本经济制度和社会主义市场经济体制进行了创造性探索，为实现人民生活从温饱不足到总体小康的历史性跨越、推进社会主义现代化作出了巨大贡献，为战胜各种困难和风险、保持社会大局稳定奠定了坚实基础，为成功开辟中国特色社会主义道路、形成中国特色社会主义理论体系积累了宝贵经验。

农村改革之所以能够率先突破、首战告捷，值得总结的经验很多。其中有四条尤为重要：一是党恢复了从实际出发、实事求是的思想路线；二是在总结历史经验教训的基础上，提出了处理国家与农民关系的准则，即“保障农民经济利益，尊重农民民主权利”；三是尊重客观规律，农业实行家庭承包经营、按市场需求配置农业资源、以公有制为主导多种所有制经济共同发展等，就是尊重农业规律、经济规律的结果；四是这样一场涉及8亿农民切身利益的深刻变革，没有引发社会的不安和动荡，最根本的是坚持了农村土地集体所有制、农村集体经济组织等农村基础性制度。

（三）改革的深化和拓展

农村改革毕竟是在微观层面推进的改革，虽然农民在重塑农业微观经营主体的过程中，创造了大量对全局改革具有重要借鉴和参考意义的宝贵经验，但要把改革引向宏观层面，则必须有党的决断和规划设计。实际上，在农村改革取得重大突破之后，党中央就一直在思考如何将改革进一步引向深化和拓展。

在1983年1月2日发出的第二个指导农村改革的中央1号文件中，明确提出：人民公社的体制，要从两方面进行改革。这就是，实行生产责任制，特别是联产承包制；实行政社分设。

1984年元旦发出的中央1号文件，提出了三大重要政策：一是土地承包期延长至15年以上；二是鼓励耕地向种田能手集中；三是要求各地开展试点，允许务工、经商、办服务业的农民自理口粮到集镇落户。这个文件强调：随着农村分工分业的发展，将有越来越多的人脱离耕地经营，从事林牧渔业等生产，并将有较大部分转入小工业和小集镇服务业。这是一个必然的历史性进步，可为农业生产向深度广度进军，为改变人口和工业的布局创造条件。不改变“八亿农民搞饭吃”的局面，农民富裕不起来，国家富强不起来，四个现代化也就无从实现。可见，从那时起，党中央就把深化和拓展农村改革，定位在实现农民富裕、国家富强和四个现代化这样一个关系党和国家前途、命运的宏伟目标上。

此后的改革进展，大体是循着这样的路径不断深化和拓展的：改革商品流通体制——改革资源要素配置机制——改革城乡二元分割的体制——

建立城乡统筹发展的体制机制。

重要商品实行统购统销、重要生产资料由国家统一分配、劳动力就业由国家统一安排等，这些都是计划经济体制的核心内容。改革农产品统购统销制度，允许乡镇企业异军突起，破除对农村劳动力外出流动就业的障碍，改革户籍制度等。这些方面的改革，实际就是改革计划经济体制、逐步发挥市场机制的作用，同时也是在逐步打破城乡分割的体制壁垒。把国家投资的基础设施建设和社会事业发展的重点放到农村，建立农村新型合作医疗、最低生活保障和社会养老保险制度，实行农村税费改革，建立农业支持保护体系等，实质就是统筹考虑城乡发展，让公共财政惠及农业农村农民，逐步推进城乡基本公共服务均等化。这些方面的改革已经取得了明显成效，但正如习近平总书记所指出的那样：农业还是“四化同步”的短腿，农村还是建设全面小康社会中的短板。中国要强，农业必须强；中国要美，农村必须美；中国要富，农民必须富。农业基础巩固，农村和谐稳定，农民安居乐业，整个大局就有保障，各项工作都会比较主动。所以，农村改革仍然任重道远。

二、中央为何此时提出实施乡村振兴战略

习近平总书记在2017年年底中央农村工作会议上的重要讲话和2018年中央发出的1号文件中都明确回答了这个问题。笔者认为，最重要的原因在于两方面：一是我国的基本国情，二是我国经济社会发展现阶段的基本特征。

（一）我国的基本国情决定了乡村不能衰败

城镇化是国家实现现代化的必由之路和强大动力，这是已被各国实践证明了的规律。但是，世界各国的资源禀赋、人口规模、发展水平、社会制度等各不相同，在现代化过程中人口城乡分布的格局和变化必然有很大差别，因此不能简单对别国的经验照抄照搬。提出振兴乡村，绝不是不要城镇化，也不是要把城乡发展对立起来，而是要从我国的实际出发，科学引领我国现代化进程中的城乡格局及其变化。

2016年年底世界上超过1亿人口的国家有13个，其中亚洲7个：中国、印度、印度尼西亚、巴基斯坦、孟加拉国、日本、菲律宾；非洲2

个：尼日利亚、埃塞俄比亚；北美洲 2 个：美国、墨西哥；南美洲 1 个：巴西；欧洲 1 个：俄罗斯。这 13 个国家中已经成为经济发达国家的只有美国和日本两个。但是，美国总人口 3.2 亿，不足我国的零头；日本总人口 1.2 亿，不足我国的十分之一。世界上所有经济发达体的人口都加在一起，大概是 10 亿人。因此，人口超过 10 亿的国家如何实现现代化，这在世界上还没有先例，当然也没有现成的经验。路怎么走，只能靠我们自己去探索。

随着城镇化的推进，农村人口必然逐步减少，有些村庄也会因各种原因而逐步消失，但这是一个渐进的历史过程。更由于城乡之间在经济、社会、文化、生态等方面具有不同的功能，城乡之间只有形成不同功能的互补，才能使整个国家的现代化进程健康推进。因此，不管城镇化发展到什么程度，乡村都不可能被消灭。我国的特殊性则在于人口总规模巨大，即使乡村人口的比重降到 30%以下，但总量仍将达到几亿人。有着几亿人生活的地方怎么能不把它建设好？如果城乡差距过大，怎么能建成惠及全体人民的全面小康社会和现代化国家？因此，实现乡村振兴是由我国国情所决定的必然要求。

习近平总书记 2013 年 12 月 12 日在中央城镇化工作会议上指出：在人口城镇化问题上，我们要有足够的历史耐心。他在 2013 年 12 月 23 日中央农村工作会议的讲话中指出：必须看到，我国幅员辽阔，人口众多，大部分国土面积是农村，即使将来城镇化水平到了 70%，还会有四五亿人生活在农村。为此，要继续推进社会主义新农村建设，为农民建设幸福家园和美丽乡村。在 2017 年 12 月 28 日的中央农村工作会议上，习近平总书记就实施乡村振兴战略作重要讲话时，再次阐述了他的这一观点，可见总书记对这一问题的判断和认识是一贯的。

一个国家的国土面积和人口规模，往往对它的城镇化道路和人口的城乡分布会有很大影响。我国民国时期的学者吴景超在 1937 年出版的《第四种国家的出路》一书中就分析到这个问题。他把世界各国分为四大类：一是人多地少，农业人口比重低，如西欧国家；二是人少地多，农业人口比重低，如美国、加拿大、澳大利亚等；三是人少地多，农业人口比重较高，如苏联；四是人多地少，但农业人口比重很高，如中国、印度及大多数亚洲国家。他认为，这第四类国家要实现现代化，难度最大，非走自己独特的道路不可！

此外，在对城镇化问题进行国际比较时，至少还有三个问题值得注意。第一，各国的城镇化具有不同的具体形式。既有大集中、小分散的，如日本，东京地区居住着约占全国四分之一的人口；韩国的首尔地区居住着约占全国一半的人口。也有大分散、小集中的，如德国，有60%的人口是居住在两万人以下的小镇上。第二，各国城镇化的统计口径各不相同。如按世界银行的统计，2016年日本人口城镇化率为92%。但日本认为这是按“市”的行政区域作的人口统计，而日本自身的统计中没有“城镇化率”这个指标，它使用的是“人口密度”的指标：每平方千米人口密度达4 000人以上、集聚的总人口超过5 000人即为“人口集聚区”。目前，日本全国居住在“人口集聚区”范围内的人口，约占70%。第三，在人口城镇化率不断提高的过程中，不少国家和地区都在关注如何保持乡村的活力。如韩国搞过“新村运动”，日本搞了“乡村重建”计划，我国台湾省也在2010年制定了“乡村重生条例”，目前仍在实行。所以，习近平总书记在2017年年底的中央农村工作会议上讲：我国实施乡村振兴战略也是为全球解决乡村问题贡献中国智慧和中国方案。

（二）我国发展的阶段性特征要求乡村必须振兴

经过改革开放以来的快速发展，我国经济增长已经进入了“新常态”，这意味着经济的增速会适当放缓，但对发展的质量要求会更高。我国城镇化的进程也必须跳出在高增长时期形成的思维惯性，主动适应这种变化。2017年我国户籍人口的城镇化率为42.35%，比常住人口城镇化率低约16个百分点，这就意味着有2.3亿农业户籍的人口虽已在城镇居住和生活，但尚未落户城镇。按“十三五”规划要求，到2020年年底，将有1亿已经在城镇定居的农民工及其家属落户城镇。但这也表明，现已进城的农业人口中，多数人到2020年年底还不能在城镇落户，何况今后还会有农业人口陆续进入城镇。解决好这个问题，正如习近平总书记讲的那样：要有足够的历史耐心。

我国发展已经进入了新时代，现阶段我国社会的主要矛盾已经转化为人民日益增长的美好生活需要和不平衡不充分发展之间的矛盾，而这种发展的不平衡不充分，突出反映在农业和乡村发展的滞后上。因此，党的十九大报告提出要坚持农业农村优先发展，要加快推进农业农村现代化。

解决我国的三农问题，要靠城镇化，但也不能只靠城镇化。一段时间以来，存在着这样一种认识，认为三农问题要靠城镇化来解决，只要让农民都进了城，三农问题自然就解决了。这样的看法不符合我国的实际。我国的农业、农村、农民将永远存在，农村发展除了借助外力之外，还必须发挥自身内在的活力。经济增速放缓、结构升级，对劳动力的需求出现了明显变化，所以农民工外出就业的增速放缓了；但居民收入增长，达到小康水平后必然会产生出许多新的需求，这就为农村创造新的供给提供了极大的机遇。为什么会有农民工返乡创业？为什么农村会发展新产业、新业态和实行一二三产业融合发展？就是农业、农村、农民在适应新形势，这也说明乡村振兴有其内在的客观要求。改革开放以来，为解决农民就业问题，有过乡镇企业异军突起，有过民工潮，而现在则要通过农村的产业兴旺为农民开辟“第三就业空间”——通过产业融合和发展新产业、新业态为农民在乡村提供主要不依赖于单纯农业的就业岗位。

实施乡村振兴，就必须全面、客观地看待当前农村的现状，比如关于农村的“空心化”“老龄化”问题。据国家电网公司对其经营区域内居民房屋空置率（年用电量低于20千瓦时）的统计，城镇居民房屋空置率为12.2%（其中大中城市为11.9%，小城市为13.9%），而乡村居民住房空置率为14%。据第三次农业普查的结果，在农业经营人员中，男性占52.5%，35岁以下人员占19.2%，36～54岁的人员占47.3%，55岁及以上人员占33.6%。这是动员了近400万人，逐村、逐户填报了2.3亿份农户普查表的汇总结果。我国农村各地的情况差别很大，对农村现状的了解必须全面，不能以偏概全、人云亦云。

更重要的是，农业生产有其自身的特殊规律。马克思讲，农业中生产时间与劳动时间的不一致，是农民从事副业生产的自然基础。随着农业机械化的普及和农业社会化服务体系的健全，农民在大宗作物生产上的劳动强度逐步降低，劳动时间不断减少，既使得老人、妇女比以往更能胜任日常的田间管理，又使得青壮年劳动力获得了更充裕的外出就业时间。这是技术进步背景下农业生产规律出现的新特征，对农民增收具有积极意义。

如果能使农民利用好比以往更充裕的剩余劳动时间，在农村创造新的供给、满足城镇居民新的需求，那意义就更大，而这也正是实施乡村振兴战略的本意所在。

三、实施乡村振兴战略值得注意的若干制度性问题

如何实现乡村振兴，习近平总书记的讲话和2021年中央1号文件中都已作了明确部署，这里对几个值得注意的制度性问题，谈一点个人的看法，供参考。

（一）关于巩固和完善农村基本经营制度

习近平总书记讲，农村基本经营制度是党的农村政策的基石。坚持党的农村政策，首要的就是坚持农村基本经营制度。他还讲，坚持农村基本经营制度，不是一句空口号，而是有实实在在的政策要求。具体讲，有三个要求：第一，坚持农村土地农民集体所有。这是坚持农村基本经营制度的“魂”，是农村基本经营制度的基础和本位。第二，坚持家庭经营的基础性地位。这集中体现在农民家庭是承包集体土地的法定主体，其他任何主体不能取代农民家庭的土地承包地位。农民家庭承包的土地，可以由农民家庭自己经营，也可以通过流转经营权由其他经营主体经营。但不论如何流转，集体土地承包权都属于农民家庭。第三，坚持稳定土地承包关系。农村现有土地承包关系要保持稳定并长久不变，党的十九大报告又明确了农村二轮土地承包到期后再延长30年。要看到，只有土地承包关系长久不变，才能实行“三权分置”。对农民土地承包经营权实行确权、登记、颁证后，农户流转承包土地的经营权才能踏实、放心。同时，农民承包土地的经营权是否流转、怎样流转、流转给谁，只要依法合规，都要让农民自己做主，任何个人和组织都无权干涉。

这里有一个值得深入研究的问题，就是关于“流转”的概念。我国农村土地在私有制时代，土地租赁现象就长期存在。“流转”与“租赁”是什么关系？1984年中央1号文件明确把土地承包期延长到15年后，同时做出了自留地、承包地不准买卖、不准出租、不准转作宅基地和其他非农业用地的规定。其他两个“不准”好理解，到现在也是如此。而不准出租，这是当时历史背景下的认识。但实际上，在农村人口流动、分工分业

不断发展的背景下，土地经营权的租赁就具有必然性。但政策规定不准“出租”，因此就逼出了“流转”这个概念。但承包土地经营权的流转，本质上应该就是承包土地经营权的出租。如今 30 多年过去了，对“流转”这个概念应当作出清晰的界定，否则容易混淆财产关系，不利于保障农民的合法权益。

（二）关于深化农村集体产权制度改革

除了享有公民权以外，我国农民还享有农村集体经济组织的成员权，这主要体现在三个方面：一是集体土地承包权，二是宅基地使用权，三是集体资产收益分配权。集体产权制度改革必须首先明确农村集体经济组织的基本性质。依据法律规定，集体经济所有的不动产和动产，属于本集体成员集体所有。因此，农村集体经济组织有两大基本特征：一是集体的资产不可分割到个人；二是集体组织成员享有平等权利。从这两个基本特征不难看出，首先，农村集体经济组织并不是共有制经济组织。因为法律规定，共有资产可以分割到人，也可以转让共有人持有的资产份额，因此共有制经济的实质是私有经济。有些同志说，集体产权制度改革，使农村集体经济组织的资产从“共同共有”变成了“按份共有”。这不正确，因为无论“共同共有”还是“按份共有”，都属于共有制经济，而不是我国农村的集体经济。其次，农村集体经济组织也不是公司、企业性质的经济组织。法律关于公司或企业发起、设立的规定完全不同于农村集体经济组织。在现实生活中，公司或企业破产、兼并、重组等情形不可避免，但农村集体经济组织显然不可能发生此类情形。因此，有条件的农村集体经济组织可以依法设立公司或企业，并依法从事经营活动和承担市场风险。但农村集体经济组织本身不能改制为公司或企业。

此外，在集体产权制度改革中，由于提倡实行“股份合作制”，于是就频频使用“股份”这个概念。但党和国家从来没有讲过要把农村集体经济组织改制为股份制经济组织。因此关于“股”的概念就要讨论清楚。一般意义上的“股”，代表的是资产，持有者有权依法对自己持有的“股”进行处置。但集体产权制度改革中出现的所谓“股”，其实只是指每个成员在集体资产收益中的具体分配份额，因为集体的资产是不能分割给个人的。对于“股”，农村基层作为约定俗成的口头表达，问题不大。但在制定政策和法律时应当对此有清晰、规范的表述，否则容易混淆农村集体经济组织的性质。

（三）关于实现小农户和现代农业发展有机衔接

东亚地区很多国家的农业经营都以小农形式存在，这是由国情所决定的。习近平总书记2016年4月25日在安徽省小岗村就深化农村改革所作的讲话中明确指出：一方面，我们要看到，规模经营是现代农业发展的重要基础，分散的、粗放的农业经营方式难以建成现代农业。另一方面，我们也要看到，改变分散的、粗放的农业经营方式是一个较长的历史过程，需要时间和条件，不可操之过急，很多问题要放在历史大进程中审视，一时看不清的不要急着去动。习总书记多次强调，农村土地承包关系要保持稳定，农民的土地不要随便动。农民失去土地，如果在城镇待不住，就容易引发大问题。这在历史上是有过深刻教训的。这是大历史，不是一时一刻可以看明白的。在这个问题上，我们要有足够的历史耐心。他在此前还曾强调过：创新农业经营体系，不能忽视了普通农户。要看到的是，经营自家承包耕地的普通农户毕竟仍占大多数，这个情况在相当长时期内还难以根本改变。据第三次农业普查的数据，2016年，实际耕种的耕地面积为16.8亿亩，其中流转面积3.9亿亩，占实际耕种面积的23.4%。由此可见，76.6%的耕地仍然是由承包者自家在经营。

有条件也符合农民意愿的地方，当然应当引导承包耕地的经营权流转、集中、发展适度规模经营。但农民愿意流转耕地的经营权，前提是要有更好的就业和收入。因此，发展规模经营，与其说是地的问题，不如说是人的问题。鉴于小农户还将长期存在的客观现实，需要研究如何实现小农户与现代农业发展有机衔接的问题。这方面各地都有很多好的做法和经验，如兴办合作社，公司加农户，土地托管、代耕，向农户提供完善的农业社会化服务等，要因地制宜地总结和推广成熟的经验。同时还要看到，除了要求土地密集型生产的大宗农产品外，并非所有的农产品生产都需要大规模的土地集中。从我国耕地分布的实际状况看，也并非所有的耕地都适合规模经营，关键是要向小农户的生产提供优良品种、栽培技术、储运营销和其他各种适合于他们的服务。更重要的是，正像习近平总书记所指出的那样：放活土地经营权，推动土地经营权有序流转，是一项政策性很强的工作。要把握好土地经营权流转、集中、规模经营的度，要与城镇化进程和农村劳动力转移规模相适应，与农业科技进步和生产手段改进程度相适应，与农业社会化服务水平提高相适应。

总之，小农户迄今为止仍然是我国农业经营的基本面，这不是偏爱小农户，而是客观现实。在发展现代农业的进程中，我们的功夫要更多地用在习近平总书记所讲的创造改变分散、粗放的农业经营条件上，这样才能走出一条中国特色的农业现代化道路。

（作者系第十三届全国人民代表大会农业与农村委员会主任委员）

关于实施乡村振兴战略的八个关键性问题

韩　俊

实施乡村振兴战略，是以习近平同志为核心的党中央着眼党和国家事业全局，深刻把握现代化建设规律和城乡关系变化特征，顺应亿万农民对美好生活的期待，作出的重大决策部署，是决胜全面建成小康社会、全面建设社会主义现代化国家的重大历史任务。实施乡村振兴战略，在我国三农发展进程中具有划时代的里程碑意义。党中央关于乡村振兴的大政方针已经明确，接下来就是要把这些战略部署落到实处，把宏伟蓝图一步步变为现实。

一、推动农业由增产导向转向提质导向

深化农业供给侧结构性改革，走质量兴农之路，必须深入推进农业绿色化、优质化、特色化、品牌化发展，调整优化农业生产力布局，推动农业由增产导向转向提质导向。当前，我国农业转型升级已取得明显进展。近年来，各地坚持以市场需求为导向，着力调整优化农业结构，绿色、生态、优质、安全的农产品生产和供给明显增加。但是应该看到，推动农业全面升级的任务依然艰巨。2021 年中央 1 号文件指出，我国农产品阶段性供过于求和供给不足并存，农业供给质量亟待提高。农业由增产导向转向提质导向要突出两大重点，处理好两个关系。

（一）两大重点

一是突出强基固本。粮食安全是战略性问题，必须时刻保持战略清醒。要牢固树立“以我为主、立足国内、确保产能、适度进口、科技支撑”的粮食安全观，深入实施“藏粮于地、藏粮于技”战略，严守耕地红线，全面落实永久基本农田特殊保护制度，确保谷物基本自给、口粮绝对

安全。要让种粮农民基本收益不受损、种粮积极性不减弱、地方抓粮积极性不放松。

二是突出提质增效。落实高质量发展的要求，制定和实施国家质量兴农战略规划，建立健全质量兴农评价体系、政策体系、工作体系和考核体系。利用现阶段国内外粮食供需关系相对宽松和库存充裕的窗口期，积极采取粮改饲、粮豆轮作等途径调整种植结构，对市场短缺的品种，努力扩大生产规模。扩大退耕还林还草和休耕轮作范围，加大黑龙江水田休耕、湖南重金属污染地区休耕治理、河北小麦季节性休耕力度，促进粮食供需结构与总量动态平衡。

（二）两个关系

一是处理好政府和市场的关系。坚持市场配置农村资源要素与提高农业支持保护效率相统筹，坚持市场化改革取向与保护农民利益并重，深化农产品价格和收储制度改革，完善农业支持保护政策。在当前生产者补贴、收入保险等一系列配套制度尚不完备的情况下，应稳定制度框架，完善定价机制。根据市场供求关系和价格波动情况，适度调整最低收购价水平，加大价格弹性，释放价格能涨能跌的信号。千方百计加快去库存。必须“存量”和“增量”双管齐下，在短期内加快消化现有库存，在长效机制上逐步减少增量。加快实现去库存由计划思维向市场观念转变，注重用经济手段调动地方和企业消化库存的积极性。加快构建新型农业补贴制度和支持政策。稻谷和小麦两大口粮是粮食安全的内核，在合理调整最低收购价水平的同时，按“降多少补多少”原则给予相应补贴，稳定农民收入预期，为分步推进市场化改革创造有利条件。同时，与粮食市场化改革方向相契合，积极运用农业保险这一市场化工具，探索推进粮食完全成本和收入保险，加快构建种粮收入安全网。

二是处理好统筹利用国际国内两个市场两种资源的关系。当前，我国农业贸易大国地位凸显，已经成为全球第一大农产品进口国和第二大农产品贸易国。总体看，农产品贸易的发展有效缓解了国内农业资源环境压力，保障了国内供应和市场平稳运行。但是，我国农业贸易大国效应还未充分体现。农业基础竞争力不足，低成本优势逐步削弱。农产品贸易话语权缺失，与农业贸易大国地位不相称。农业“走出去”任重道远，对外投资需要全链条布局。农业海外投资多数主要集中在附加值不高、技术含量低等劳动密集型行业和传统领域，没有从战略上建立农产品加工、仓储、物流和贸易一体化的全球农产品供应链。下一步，我们需要针对“一带一路”建设和地缘政治考虑，完善农业全球战略布局，明确我国利用国际市场国际资源的发展方向和重点领域，统筹处理与贸易伙伴国关系，兼顾保护国内农业产业安全和农民利益，该进的要主动进，该挡的要坚决挡，该出的要尽力出，最大限度发挥农业贸易在促进农业发展、服务国家对外战略中的作用。

二、促进小农户和现代农业发展有机衔接

这几年，我们强调发挥适度规模经营引领作用，出台了一系列扶持新型农业经营主体的政策，这些都是符合现代农业发展方向的。但越是这样越不能忽视小农生产这个基本面。人均一亩三分地、户均不过十亩田的小农生产方式，是我国农业发展需要长期面对的现实。处理好发展适度规模经营和扶持小农生产的关系，是乡村振兴的重大政策问题。要坚持家庭小农生产为基础与多种形式适度规模经营为引领相协调，既要把握发展规模经营是农业现代化必由之路的前进方向，也要认清小规模农业经营是很长一段时间内我国农业基本经营形态的基本国情农情。一方面，要实施新型农业经营主体培育工程，培育发展家庭农场、合作社、龙头企业、社会化服务组织和农业产业化联合体，发展多种形式适度规模经营。实践中，各地通过发展多种形式的社会化服务，依托土地股份合作、土地托管、代耕代种等有效形式，在不打破家庭经营格局情况下，实行统种统收、统防统治甚至统销统结，以服务规模化弥补经营细碎化的不足，实现了农业区域化布局、专业化经营、标准化生产，进而实现了基于社会化服务的节本增效、提质增效、营销增效。这种模式有效解决了亿万普通农户发展现代农业的问题，要认真总结、不断完善、加快推广。另一方面，必须立足农户家庭经营的基本面，注重发挥新型农业经营主体带动作用，采取普惠性的政策扶持措施，培育各类专业化市场化服务组织，提升小农生产经营组织化程度，改善小农户生产设施条件，提升小农户抗风险能力，扶持小农户拓展增收空间，着力强化服务联结，把小农生产引入现代农业发展轨道。

三、以绿色发展引领乡村振兴

以绿色发展引领乡村振兴是一场深刻革命。必须牢固树立和践行绿水青山就是金山银山的理念，落实节约优先、保护优先、自然恢复为主的方针，统筹山水林田湖草系统治理，严守生态保护红线，以绿色发展引领乡村振兴。近年来我国乡村绿色发展有了新进展。通过大力推行绿色生产模式，坚决打好农业面源污染攻坚战，农业资源利用的强度下降，农田灌溉水有效利用系数提高到0.55以上，退耕还林还草4 240万亩，耕地轮作休耕制度试点扩大到1 200万亩；农业面源污染加重的趋势减缓，以垃圾处理、污水治理为重点的农村人居环境整治全面提速，全国73.9%的行政村对生活垃圾进行处理。但是乡村环境和生态问题仍很突出，资源硬约束日益加剧。人多地少水缺是我国基本国情，耕地质量下降，黑土层变薄、土壤酸化、耕作层变浅等问题凸显，农田灌溉水有效利用系数比发达国家平均水平低0.2，华北地下水超采严重。环境污染问题突出。工业“三废”和城市生活等外源污染向农业农村扩散，上亿亩耕地不同程度受到重金属污染，农村垃圾、污水处理水平较低。生态系统退化明显。全国水土流失面积仍然有290多万平方千米，草原超载过牧问题依然突出，湖泊、湿地面积萎缩，生物多样性受到严重威胁，濒危物种增多。体制机制尚不健全，反映水资源稀缺程度的价格机制尚未形成。循环农业发展激励机制不完善，种养业发展不协调。农业生态补偿机制尚不健全，农业污染责任主体不明确，监管机制缺失，污染成本过低。以绿色发展引领乡村振兴，要突出四个重点：一是治理农业生态突出问题。大力推行农业清洁生产方式，切实做到该减的减下来，该退的退出来，该治理的治理到位。同时，要对症下药、综合施治，继续加大对水土流失区、地下水漏斗区、土壤重金属污染区的治理力度，分类有序退出超载的边际产能。二是加大农村生态保护和修复力度。把山水林田湖草作为一个整体来研究系统养护修复的有效措施，包括健全耕地草原森林河湖休养生息制度，进一步完善轮作休耕制度等。要继续把农业节水作为方向性、战略性大事来抓，大规模实施农业节水工程，推进农业水价综合改革，加快建立农业合理水价形成机制和节水激励机制。三是建立健全生态效益补偿机制。对于环境污染的治理，不但要坚持不欠“新账”，还应考虑如何逐步还上“旧账”。构建以绿色生态为导向的政策支持体系，让保护环境不吃亏、能得到实实在在的利益。四是以更大力度推动农村人居环境整治和美丽宜居乡村建设。要整合资源、锁定目标、确定标准，力争到2020年全面建成小康社会时，农村脏乱差的面貌得到根本改变，给农民一个干净整洁的生活环境。

四、焕发乡风文明新气象，提升农民精神风貌

乡村振兴，既要塑形，也要铸魂，要形成文明乡风、良好家风、淳朴民风，焕发乡风文明新气象。推动农村全面进步、农民全面发展，必须坚持物质文明和精神文明一起抓，提升农民精神风貌，不断提高乡村社会文明程度。在快速工业化城镇化大潮下，农村人口流动性显著增强，乡土社会的血缘性和地缘性逐渐减弱，农村由从熟人社会向半熟人社会加快演化。一些地方乡村文化特色逐步丧失，传统重义轻利的乡村道德观念淡化，人际关系日益功利化，人情社会商品化，维系农村社会秩序的乡村精神逐渐解体，一定程度上造成了乡村社会秩序的失范。一些农民社会责任、公德意识淡薄，与家人感情日益淡漠，家庭观念不断淡化，导致不养父母、不管子女、不守婚则、不睦邻里等有悖家庭伦理和社会公德的现象增多，家庭的稳定性不断被削弱。封建迷信有所抬头，陈规陋习盛行。一些地方农村红白喜事大操大办，攀比之风和过度消费盛行。在农村精神文明建设方面，缺乏一套适应农村社会结构特征、符合农民特点的有效方式、办法和载体，隔靴搔痒、流于形式的问题比较突出。乡村是否振兴，要看农民的精气神旺不旺，看乡风好不好，看人心齐不齐。必须以社会主义核心价值观为引领，坚持教育引导、实践养成、制度保障三管齐下，采取符合农村特点的有效方式，加强农村思想道德建设，加强农村公共文化建设，开展移风易俗行动，弘扬乡村文明。传承发展提升农村优秀传统文化，是乡村振兴的重要课题。要加强传统村落保护，深入挖掘农村特色文化，加强对非物质文化遗产的整理、提升展示和宣传。

五、坚持自治、法治、德治相结合

乡村振兴离不开稳定和谐的社会环境。要加强和创新乡村治理，建立健全党委领导、政府负责、社会协同、公众参与、法治保障的现代乡村社会治理体制，健全自治、法治、德治相结合的乡村治理体系，让农村社会既充满活力又和谐有序。当前，农村经济社会结构正在经历深刻转型。

一是农民持续流动。2017 年全国乡村人口比 2010 年减少了 9 081 万，比 2000 年减少了 3.127 亿。大量人口向城镇迁移，村庄空心化、农民老龄化程度加剧。青壮年劳动力外出务工，出现家庭分离，“三留守”问题严重。

二是农民出现分化。原来同质化的农民群体产生了明显的职业分化、收入分化、利益分化，带来农民意愿诉求多元化和行为方式多样化。2016 年全国第一产业从业人员为 2.1 亿人，比 2000 年和 2010 年分别减少 1.5 亿人和 6 000 多万人。处于不同阶层和群体的农民有着各自不同的利益诉求，也往往采取不同的利益表达方式，给农村社会发展和乡村治理带来新的挑战。

三是农民“原子化”。市场经济发展激发了农户个体发展经济、改善生活的积极性，同时瓦解了一些传统的经济和社会合作机制，强化了农民个体意识，弱化了农民对村庄生产生活共同体的意识。面对农村这些正在发生的变化，我国农村社会发展和乡村治理在体制、机制等方面，还存在诸多的不适应，面临一系列新的挑战。一是一些地方农村基层党组织软弱涣散现象比较严重；二是基层政府和组织的服务、组织、动员能力弱化；三是农村集体经济薄弱，管理权威和服务能力弱化。

四是村民自治机制难以有效发挥作用，组织农民的难度不断加大。农村许多社会问题都归结到一个“散”字。农民缺乏组织带动和联结，没有凝聚力和向心力；缺少利益纽带、情感纽带、互助纽带。坚持和创新乡村治理，提高农民社会组织化程度至关重要。从面上看，怎么把党支部的核心作用、自治组织的基础作用、集体经济组织和合作组织的纽带作用、其他社会组织的补充作用充分发挥出来，让农民得到各种组织的引导、教育、服务和管理，让农村家庭联系紧起来、守望相助兴起来、干群关系亲起来，需要认真研究。农村与城市不仅外在形态不一样，社会关系、治理方式也不会完全一样。乡村社会与城市社会有一个显著的不同，就是具有熟人社会或半熟人社会的特征。要采取符合农村特点的乡村治理方式，既要注重运用现代治理理念和方式，更要注重发挥农村传统治理资源的作用。比如，近年来，浙江率先探索自治、法治、德治相结合的治理模式，在完善自治、加强法治的同时，制定村规民约、行业守则、职业规范等道德章程，设置道德讲堂、德育基地、文化礼堂等各类载体，开展道德评议活动，提升德治水平，促进"三治"相结合，对化解社会矛盾、促进乡村和谐发挥了积极作用。要借鉴浙江等地经验，培育富有地方特色和时代精神的新乡贤文化，发挥其在乡村治理中的积极作用。

总之，以法治"定纷止争"、以德治"春风化雨"、以自治"消化矛盾"，以党的领导统揽全局，加快形成自治为基、法治为本、德治为先"三治"结合的治理格局，是乡村走向善治的必由之路。

六、不断提升农民的获得感、幸福感、安全感

乡村振兴，农民是主体。必须充分尊重农民意愿，切实发挥农民在乡村振兴中的主体作用，把维护农民群众根本利益、促进农民共同富裕作为出发点和落脚点，促进农民持续增收，持续缩小城乡居民生活水平差距，让农民成为有吸引力的职业，把乡村建设成为幸福美丽新家园。看农民钱袋子鼓不鼓是检验农民是否有获得感的重要标志之一。党的十八大以来，农民收入增速连年快于城镇居民，2017 年农民人均可支配收入首次突破 1.3 万元，比 2012 年增长 60.1%。城乡居民收入相对差距持续缩小，由 2012 年的 2.88∶1 缩小到 2017 年的 2.71∶1（城乡居民收入绝对差距从 2013 年 17 037 元扩大为 2017 年的 22 964 元）。农村居民恩格尔系数从 2012 年的 37.5%下降到 2017 年的 29.3%。但是受多重因素影响，当前农民增收形势严峻，继续保持较高速增长后劲不足。从农民收入增速看，农民增收已进入"减速带"。从农民收入结构看，由于农业生产成本提升，国际大宗农产品价格低迷，国内稻谷、小麦、玉米最低收购价政策调整，家庭经营性净收入增长乏力。同期，由于国内经济换挡降速，劳动密集型

产业转型升级，去产能、去库存、调结构涉及多个行业，农民转移就业空间收窄，工资性收入同步降挡减力。财产性收入在农民可支配收入中的比重不到3%，短期内难以成为农民增收的重要来源。对此，需要高度重视，要坚持富民为本、富民为先，结合实施乡村振兴战略，进一步研究优化政策环境，深入推进农业供给侧结构性改革，充分挖掘乡村价值，大力发展新产业新业态新模式，推进农村一二三产业深度融合，千方百计拓展农民增收渠道，确保城乡居民收入差距缩小的态势不逆转。近年来，农村基础设施和公共服务虽有明显改善，提高了农民群众的民生保障水平，但现阶段城乡差距大最直观的依然是基础设施差距大，城乡发展不平衡最突出的依然是公共服务不平衡，特别是在社会保障方面短板问题较为突出。下一步，要统筹公共资源在城乡间的均衡配置，建立全民覆盖、普惠共享、城乡一体、均等服务的基本公共服务体系。对于农村基础设施，不但要加大建设投入力度，还要研究如何完善管护机制，让农村基础设施建得好、护得好、用得久。对于农村基本公共服务，要研究怎样提挡升级，改善服务质量，真正实现从有到好的转变，促进城乡基本公共服务从形式上的普惠上升到实质上的公平。继续加大投入力度，推进新增教育、医疗卫生等社会事业经费向农村倾斜。以增强公平性和适应流动性为重点，推动社会保障制度城乡统筹并轨，统筹城乡社会救助体系，完善最低生活保障制度，完善养老体系。要加快农业转移人口市民化进程，落实好户籍制度改革措施，更好解决随迁子女上学、社保、医疗、住房保障等实际问题，使更多的随迁家庭融入城市生活。要加大对返乡创业农民工的政策扶持，使更多留守人群得到家庭团聚、亲人关爱。同时，建立健全留守人员关爱服务体系，在基本生活保障、教育、就业、卫生健康、心理情感等方面及时为他们提供有效服务。

七、健全城乡融合发展体制机制，强化乡村振兴制度性供给

长期以来，资金、土地、人才等各种要素单向由农村流入城市，造成农村严重“失血”。当前，城乡之间要素合理流动机制还存在缺陷，无论是进城还是下乡，渠道还没有完全打通，要素还存在不平等交换。实施乡

村振兴战略，必须围绕强化“钱、地、人”等要素的供给，抓住关键环节，坚决破除一切不合时宜的体制机制障碍，推动城乡要素自由流动、平等交换，促进公共资源城乡均衡配置，建立健全城乡融合发展体制机制和政策体系，加快形成工农互促、城乡互补、全面融合、共同繁荣的新型工农城乡关系。

（一）解决“地”的问题，关键是深化农村土地制度改革，建立健全土地要素城乡平等交换机制，加快释放农村土地制度改革的红利

要巩固和完善农村基本经营制度，落实农村土地承包关系稳定并长久不变政策，衔接落实好第二轮土地承包到期后再延长30年的政策，让农民吃上长效“定心丸”。完善农村承包地“三权分置”制度，在依法保护集体土地所有权和农户承包权前提下，平等保护土地经营权，发展多种形式适度规模经营。系统总结农村土地征收、集体经营性建设用地入市、宅基地制度改革试点经验，尽快把立得住、可复制、能推广的经验变为普遍实行的政策。要按照落实宅基地集体所有权，保障宅基地农户资格权和农民房屋财产权，适度放活宅基地和农民房屋使用权的要求，探索宅基地所有权、资格权、使用权“三权分置”，完善农民闲置宅基地和闲置农房政策。适度放活宅基地和农民房屋使用权，不是让城里人到农村买房置地，而是吸引资金、技术、人才等要素流向农村，使农民闲置住房成为发展乡村旅游、养老、文化、教育等产业的有效载体。要严格实行土地用途管制，不得违规违法买卖宅基地，严格禁止下乡利用农村宅基地建设别墅大院和私人会馆。实施乡村振兴战略，必须加快破解“农村建设用地自己用不了、用不好”的困局。要更好地盘活存量土地，通过村庄整治、农村空闲、零散建设用地整理等方式节约出来的建设用地，重点支持乡村振兴。要用好增量，调整优化用地规划和布局，将年度新增建设用地计划指标确定一定比例，用于支持农村新产业新业态发展。

（二）解决“钱”的问题，关键是健全投入保障制度，创新投融资机制，加快形成财政优先保障、金融重点倾斜、社会积极参与的多元投入格局

要建立健全实施乡村振兴战略财政投入保障制度，公共财政更大力度向三农倾斜，确保财政投入与乡村振兴目标任务相适应。乡村振兴，单靠

各级财政投入远远不够。为此，要支持地方政府发行一般债券、鼓励地方政府试点发行项目融资和收益自平衡的专项债券。下一步，要抓紧制定金融服务乡村振兴的指导意见，制定金融机构服务乡村振兴考核评估办法。工商资本是推动乡村振兴的重要力量，要落实和完善融资贷款、配套设施建设补助、税费减免、用地等扶持政策，明确政策边界，保护好农民利益，发挥好工商资本的作用。长期以来，土地出让收益主要是取之于乡、用之于城，直接用于农村建设的比重很低。为此，需要创新政策机制，把土地增值收益这块“蛋糕”切出更大一块来用于支持脱贫攻坚和乡村振兴。2018年中央1号文件提出，改进耕地占补平衡管理办法，建立高标准农田建设等新增耕地指标和城乡建设用地增减挂钩节余指标跨省域调剂机制，将所得收益通过支出预算全部用于巩固脱贫攻坚成果和支持实施乡村振兴战略。这是一项很大的政策，用好这项政策，不仅能对乡村振兴提供强有力资金支持，而且可起到“一石多鸟”的作用。一是通过开展高标准农田建设补充的耕地，数量是看得见摸得着的，质量是实实在在的优质耕地。这项政策还可以进一步拓宽高标准农田建设的资金来源，有利于加快高标准农田建设步伐。这几年，推进高标准农田建设，提高了耕地质量，也增加了耕地数量。据测算，“十二五”全国高标准农田建设新增耕地率接近4%，“十三五”新增耕地率略有下降，但一些地方新增补充耕地还有一定潜力。比如四川，在满足本省耕地占补平衡前提下，“十三五”期间大概可拿出70万亩指标用于跨省调剂。二是可以有效缓解一些地区耕地占补平衡的压力。目前，一些省份耕地后备资源普遍匮乏，补充耕地质量不高，省域内耕地占补平衡难度很大，迫切要求拓宽补充耕地来源。比如，浙江省全省可用于占补平衡的耕地后备资源仅40多万亩。江苏省可用于占补平衡的耕地后备资源仅90多万亩。三是有利于生态保护。过去把大量开垦未利用地作为补充耕地重要来源，这种方式已难以适应生态建设和保护的要求。综合多方因素慎重考虑，中央决定在经济发达省份逐步停止未利用地开垦，改进耕地占补平衡管理办法，把这方面的政策机制先建立起来。这样做，可以缓解一些省份耕地占补平衡的压力，可以拓宽乡村振兴筹资渠道，但要加强监管，切实保障通过高标准农田建设新增的耕地，数量是真实的，质量是可靠的，真正做到“占优补优”。

（三）解决“人”的问题，关键是畅通智力、技术、管理下乡通道

乡村振兴要靠人才、靠资源。要着力在“引”字上做文章，抓好招才引智，促进各路人才“上山下乡”投身乡村振兴。据农业农村部统计，目前全国返乡下乡双创人员已有700多万人，其中80%以上搞的是新产业、新业态、新模式。如果把城市的人才资源吸引到农村、留在农村，将对乡村振兴产生很大作用。要努力创造条件让农村的产业留住人，让农村的环境留住人。要打破城乡人才资源双向流动的制度藩篱，建立有效激励机制，把有志于农业农村发展的各类人才“引回来”，让城里想为振兴乡村出钱出力的人在农村有为有位、成就事业，让那些想为家乡做贡献的各界人士能够找到参与乡村建设的渠道和平台，在振兴乡村中大展身手。造就更多服务乡村振兴的人才，要在“育”字上下工夫。进一步整合资金资源，完善培训机制和内容，大力培育新型职业农民，全面建立职业农民制度，培养一大批乡村本土人才。要在“用”字上出实招，注重从高校毕业生、返乡农民工、退伍军人中选拔充实乡村干部队伍。

八、坚持和完善党对三农工作的领导，真正把农业农村优先发展落到实处

习近平总书记在中央农村工作会议上强调，办好农村的事情，实现乡村振兴，关键在党。必须切实提高党把方向、谋大局、定政策、促改革的能力和定力，确保党始终总揽全局、协调各方，提高新时代党领导农村工作的能力和水平。各级党委和政府要提高对实施乡村振兴战略重大意义的认识，真正把实施乡村振兴战略摆在优先位置，把实现乡村振兴作为全党的共同意志、共同行动，做到认识统一、步调一致，把农业农村优先发展原则体现到各个方面，在干部配备上优先考虑，在要素配置上优先满足，在资金投入上优先保障，在公共服务上优先安排，确保党在农村工作中始终总揽全局、协调各方，把党管农村工作的要求落到实处，为乡村振兴提供坚强有力的政治保障。完善党的农村工作领导体制机制。建立实施乡村振兴战略领导责任制，实行中央统筹、省负总责、市县抓落实的工作机制。县委书记要下大力气抓好三农工作，当好乡村振兴的“一线总指挥”。要加强各级党委农村工作部门建设，充分发挥其在乡村振兴中决策参谋、

调查研究、政策指导、推动落实、督导检查等方面的作用。各省（自治区、直辖市）党委和政府每年要向党中央、国务院报告推进实施乡村振兴战略进展情况。建立市县党政领导班子和领导干部推进乡村振兴战略的实绩考核制度，将考核结果作为选拔任用领导干部的重要依据。加强三农工作队伍建设。扎实推进抓党建促乡村振兴，建立选派第一书记工作长效机制，全面向贫困村、软弱涣散村和集体经济薄弱村党组织派出第一书记。把到农村一线工作锻炼作为培养干部的重要途径，注重提拔使用实绩优秀的干部，形成人才向农村基层一线流动的用人导向。强化乡村振兴规划引领和法治保障。要科学把握乡村的差异性和发展走势分化特征，要做到规划先行，对于哪些村保留、哪些村整治、哪些村缩减、哪些村做大，都要经过科学论证，做到分类指导、因村制宜、精准施策，彰显地方特色和乡村特点。要防止违背农民意愿，把城市建设的做法照搬照抄到农村，大搞合村并组、撤村并居、集中上楼，打乱传统村庄边界，使村民共同生产、共同生活、共同组织的基础逐渐丧失，造成基层政权、基层组织离农民越来越远，侵蚀村民自治基础。要完善规划体制，通盘考虑城乡发展规划编制，一体设计，多规合一，切实解决规划上城乡脱节的问题。强化乡村振兴法治保障，把行之有效的乡村振兴政策法制化，充分发挥立法在乡村振兴中的保障和推动作用。

（作者系吉林省省长，原农业农村部党组副书记、副部长）

农村集体产权制度改革的进展、问题与思路

韩长赋

一、农村集体产权制度改革进展情况

党中央、国务院高度重视农村集体产权制度改革。习近平总书记指出，这是党中央推出的一项重要改革，对推动农村改革发展、完善农村治理、保障农民权益、探索形成农村集体经济新的实现形式和运行机制具有重要意义，要深化农村集体产权制度改革，发展农村集体经济，着力推进农村集体资产确权到户和股份合作制改革。李克强总理强调，要坚持和完善农村基本经营制度，深入推进农村集体产权制度改革，全面开展农村集体资产清产核资等工作，赋予农民更多财产权利。各地区、各有关部门认真贯彻落实党中央、国务院决策部署，按照农村改革"扩面、提速、集成"的总体要求，把握正确改革方向，抓牢关键环节，强化责任落实，推动改革取得了实质性进展。

（一）不断强化集体产权制度改革工作措施，加强顶层设计

2014年，经党中央、国务院审议通过，出台《积极发展农民股份合作 赋予农民对集体资产股份权能改革试点方案》，在29个县（市、区）先行开展试点工作。2016年，中共中央、国务院印发《关于稳步推进农村集体产权制度改革的意见》（以下简称《意见》），对推进改革作出总体安排。广泛动员部署。召开全国农村集体产权制度改革电视电话会议和农村集体资产清产核资工作推进会议，对相关工作作出具体部署。各省（区、市）通过召开改革专题会、电视电话会、现场观摩会等形式部署推进改革工作。强化组织保障。经国务院同意，建立全国农村集体产权制度改革部际联席会议制度，中央财政累计安排清产核资专项转移支付6亿

元。各地成立由省领导牵头负责的改革领导机构或建立联席会议制度，省、市、县三级财政共安排改革专项经费57.45亿元。开展监督检查。农村集体产权制度改革督查列入中央有关督查检查考核计划，中央农办、农业农村部联合部际联席会议成员单位，先后赴28个省份开展实地督查，采取随机抽查等方式走访87个县（市、区）、165个村，推动改革任务落实落地。营造改革氛围。2017年以来，农业农村部共举行两次农村集体产权制度改革新闻发布会，开展25期专题轮训，确定20个县（市、区）为全国改革经验交流典型单位。各地采取进村入户宣讲、给农民一封信、播放宣传片等方式使改革政策家喻户晓，借助电视、报纸、手机APP、微信公众号等媒体，加大改革政策宣传力度。

（二）全面加强农村集体资产管理，按期完成清产核资

按照《意见》关于2019年底基本完成农村集体资产清产核资的要求，农业农村部会同有关部门研究制定清产核资政策文件、操作办法和报表体系，指导各地按照清查核实、公示确认、建立台账、审核备案、汇总上报、纳入平台“六大步骤”清查核实各类资产。目前，全国299.2万个拥有农村集体经营性、非经营性和资源性资产的清产核资单位完成数据上报，清产核资工作已经基本完成，共清查核实账面资产总额6.5万亿元，其中经营性资产3.1万亿元、非经营性资产3.4万亿元；集体资源性资产总面积65.5亿亩。加快建设监管平台。上线运行农村集体资产清产核资管理系统，全国1.2亿张各类资产报表实现在线填报、审核及汇总。鼓励各地充分运用现代信息技术手段，提高集体资产管理工作信息化水平。目前，全国农村集体资产监督管理平台已经列入《数字农业农村发展规划（2019—2025年）》，正在开展设计和建设。地方法规相继出台。顺应农村集体产权制度改革的要求，上海、江苏、浙江、广东等省份研究出台农村集体资产管理条例等地方性法规，为加强集体资产监督管理提供了法治保障。

（三）由点及面开展经营性资产股份合作制改革，压茬推进改革试点

2015年以来，中央农办、农业农村部会同有关部门共组织开展四批农村集体产权制度改革试点，试点单位包括15个省份、89个地市、442个县（市、区），其他省份还自主选择了部分县村开展省级试点，各级试点单位已覆盖全国80%左右的县（市、区）。确认集体成员身份。各地以

县或地市为单位制定符合实际的集体经济组织成员身份确认指导意见，明确政策底线，规范工作程序，并在成员身份确认中注重维护妇女合法权益。目前，全国已有超过36万个村完成改革，共确认集体经济组织成员6亿多人。合理开展折股量化。各地在清产核资、成员身份确认的基础上，将农村集体经营性资产以股份或者份额形式量化到本集体成员。有的地方还在推进脱贫攻坚工作中，把财政投入到村集体形成的资产确权到农民集体，并量化为本集体经济组织成员特别是贫困人口持有的股份。规范资产股权管理。对于经营性资产折股量化到成员形成的股权，多数地方实行不随人口增减变动而调整的方式，一些地方探索实行“量化到人、确权到户、户内共享、长久不变”的股权静态管理模式。积极深化试点内容。有的地方在基层党组织领导下，探索明晰村民自治组织与村集体经济组织的职能关系，实行村民委员会事务和集体经济事务分离；有的地方探索集体资产股份有偿退出的条件和程序，自主开展集体资产股份抵（质）押贷款试点，为深化改革积累了经验。

（四）因地制宜探索集体经济有效实现形式，开展扶持集体经济发展试点

2016年以来，中央财政通过以奖代补等方式，共支持28个省份和4个计划单列市开展扶持村级集体经济发展试点。2018年，中央组织部、财政部、农业农村部印发通知，计划到2022年在全国范围内扶持10万个左右的村发展壮大集体经济。支持贫困地区薄弱村发展提升。按照《中共中央、国务院关于打赢脱贫攻坚战三年行动的指导意见》有关要求，农业农村部研究制定贫困地区集体经济薄弱村发展提升计划，指导各地以发展特色产业、盘活土地资源等为抓手，探索薄弱村发展集体经济的有效路径。从2017年开始，浙江省在全省实施消除集体经济薄弱村三年行动计划，到2019年底已全面消除集体经济年收入低于10万元、经营性收入低于5万元的薄弱村。探索农村集体经济发展路径。有的地方利用未承包到户的集体“四荒”地、果园、养殖水面等资源，集中开发或通过公开招投标等方式发展现代农业项目；采取租赁、入股等形式，将农户承包林地吸纳进村集体股份合作林场，大力发展用材林、经济林、林下经济、森林旅游等产业；在符合规划前提下，探索利用闲置的各类房产设施、集体建设用地等，以自主开发、合资合作等方式发展相应产业；整合利用集体积累

资金、政府帮扶资金等，通过入股或参股农业产业化龙头企业、村与村合作、村企联手共建、扶贫开发等形式发展集体经济；在城镇规划区、经济开发区等优势区位，跨区域抱团建设仓储设施、商铺门面、标准厂房等“飞地”项目，实现集体经济可持续发展。

（五）逐步完善集体产权制度改革配套法律政策，赋予农村集体经济组织法人资格

2017 年，十二届全国人大五次会议通过民法总则，将农村集体经济组织列为一类特别法人，明确农村集体经济组织依法取得法人资格。2018 年，十三届全国人大常委会立法规划将农村集体经济组织方面的立法列为第三类项目。建立集体经济组织登记赋码制度。农业农村部会同有关部门制定登记办法，规范登记事项，统一证书式样，明确由县级农业农村主管部门负责发放农村集体经济组织登记证书，并赋统一社会信用代码。农村集体经济组织首次有了统一的“身份证”，目前全国已有超过 27 万个集体经济组织领到登记证书，并可凭此证到有关部门办理公章刻制和银行开户等手续，以便开展经营管理活动。明确集体经济组织税费优惠政策。财政部会同税务总局等部门细化落实在农村集体产权制度改革中免征有关契税、印花税的优惠政策，并明确农村集体产权确权免收不动产登记费。制定集体经济组织金融支持政策。中国人民银行、农业农村部会同有关部门出台金融服务乡村振兴的指导意见，要求各地结合农村集体经济组织登记赋码工作，加大对具有独立法人地位、集体资产清晰、现金流稳定的农村集体经济组织金融支持力度。

二、农村集体产权制度改革面临的困难和问题

从督查调研和基层反映情况看，当前农村集体产权制度改革仍面临一些困难和问题。

（一）各地改革不平衡不充分

一些地方对农村集体产权制度改革重要性认识不到位，行动迟缓，存在“上热下不热”现象。部分地方对非经营性资产运营管护、资源性资产开发利用等，主动探索和谋划不多，改革广度和深度不够。有的地方没有及时总结推广试点地区的经验做法，引领示范带动作用没有得到充分发

挥。受新冠肺炎疫情影响，有些地方入户调查摸底、集体开会表决等工作难以正常开展。

（二）部分地方改革工作不规范

少数地方在确认集体经济组织成员身份时，没有充分尊重历史、合理兼顾现实，将户籍仍在本村的外嫁女排除在外，造成“两头空”现象。有些地方对股权设置的要求与中央文件精神明显不符。有的村民小组集体资产较多，但村、组集体土地和经营性资产未能分账管理，组级资产存在被平调的隐患。

（三）集体资产经营管理水平不高

一些地方农村集体资产台账管理、经济合同管理不规范，民主程序履行不到位，集体资产存在一定流失风险。有的地方集体经营性资产运营管理能力不强，非经营性资产管护主体责任不明，未承包到户的土地等资源性资产经营效益不高。

（四）政策支持力度有待加强

试点地区反映，支持农村集体产权制度改革和集体经济发展的政策措施力度还不够。改革后成立的农村集体经济组织需要缴纳增值税、企业所得税等税费，影响了农民集体参与改革的积极性。

（五）有关法律制度不健全

国家层面还缺乏农村集体经济组织方面的法律，仅有少数省份出台了农村集体经济组织条例等地方性法规或地方政府规章，对集体经济组织成员身份确认的依法开展、集体经济组织及其成员权益的依法保障、集体经济组织功能作用的有效发挥等造成影响。

（六）与农村相关改革衔接还不够

农村集体产权制度改革是一项综合性、系统性很强的改革，与农村土地制度改革、农村金融改革等相关领域改革具有很强的关联性，但有些地方在试点内容衔接、试点组织实施等方面统筹协调不够，导致改革的整体效应未能充分发挥。

三、深化农村集体产权制度改革的思路和举措

推进农村集体产权制度改革，是全面深化农村改革的重要任务，也是

实施乡村振兴战略的重要抓手。今后一段时间，我们将以习近平新时代中国特色社会主义思想为指导，全面贯彻党的十九大和十九届二中、三中、四中全会精神，按照党中央、国务院决策部署，以明晰农村集体产权归属、维护农民集体成员权利为目的，以推进经营性资产股份合作制改革为重点，探索集体经济新的实现形式和运行机制，确保集体经济发展成果惠及本集体所有成员，为实现乡村全面振兴提供重要支撑和保障。重点抓好以下六方面工作。

（一）按期完成经营性资产股份合作制改革

组织已有的15个整省试点省份做好检查验收，部署13个非整省试点省份全面推开改革试点（北京、上海、浙江3省市已完成改革任务），在2020年实现改革试点省级全覆盖，力争改革覆盖面扩大到所有涉农县。指导各地在常态化疫情防控中做好经营性资产股份合作制改革，规范有序开展成员身份确认、资产折股量化、办理登记赋码等工作，预防并妥善解决外嫁女“两头空”等问题，确保到2021年底按期基本完成改革任务。支持地方结合实际开展集体资产股份有偿退出、抵押担保等方面探索，完善集体资产股份权能，激发农村资源发展活力。

（二）加大改革政策宣传贯彻力度

推介一批农村集体产权制度改革先进典型，宣传各地经验做法，充分发挥示范带动作用。开展多层次、多形式的农村集体产权制度改革培训，解读中央有关政策精神，提高基层干部的执行力。组织开展农村集体产权制度改革督查，督促各地把改革工作做实做深做好，确保各项任务按期保质完成。

（三）提升农村集体资产经营管理效能

进一步加强农村集体资产管理，加快全国农村集体资产监督管理平台建设，为盘活利用集体资产夯实基础。开展发展壮大集体经济试点示范，到2022年完成10万个村的扶持任务。推动贫困地区集体经济薄弱村发展提升，扶持村集体林场发展，推广资源变资产、资金变股金、农民变股东的经验。加强基层专业队伍建设，为管好用好集体资产、发展壮大集体经济提供人才支撑。

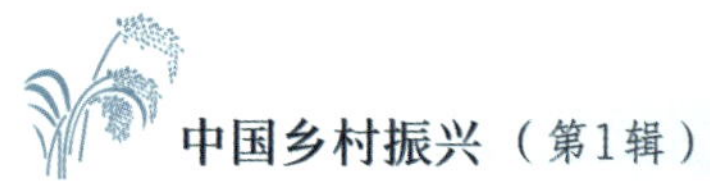

（四）健全完善改革支持政策体系

用好用活农村集体产权制度改革相关优惠和扶持政策。落实并完善支持农村集体经济组织发展的税收政策，探索创新金融机构对农村集体经济组织的融资担保政策，逐步增加政府对农村的公共服务支出，统筹安排农村集体经济组织发展所需用地，不断完善支持农村集体产权制度改革和集体经济发展的政策措施。

（五）加快农村集体经济组织立法进程

围绕农村集体经济组织的基本特征、法人属性、功能作用、内部运行机制等重大问题，深入开展农村集体经济组织立法理论研究，指导有条件的地方先行开展相关立法探索。制定出台农村集体经济组织示范章程，尽快修订农村集体经济组织会计制度，为农村集体经济组织规范有序运行提供制度保障。

（六）加强与农村相关改革的有效协同

以完善产权制度和要素市场化配置为重点，统筹推进农村各项改革。全面推开农村集体产权制度改革试点，开展第二轮土地承包到期后再延长30年试点，深化农村宅基地制度改革试点，推动完善农村集体经营性建设用地入市配套制度，加大金融服务农村改革力度，集成推广农村改革试验试点成果，促进改革试点有机衔接，切实增强农村改革的系统性、整体性、协同性。

（作者系全国政协经济委员会副主任。本文为作者任农业农村部部长时于2020年4月26日在第十三届全国人民代表大会常务委员会第十七次会议上所作的报告）

推进乡村振兴的理论前沿问题研究

黄承伟

党的十九大以来，习近平总书记多次发表重要讲话，作出重要指示，深刻论述乡村振兴的重大意义，系统回答了“建设怎样的乡村”“怎样建设乡村”等一系列重大理论和实践问题，形成了关于乡村振兴的重要论述。这一重要论述是习近平新时代中国特色社会主义思想和关于三农工作重要论述的重要组成部分，为实现巩固拓展脱贫攻坚成果同乡村振兴有效衔接、全面推进共同富裕目标导向下的乡村振兴提供了行动纲领，为走中国特色社会主义乡村振兴道路指明了方向。

习近平总书记强调，脱贫攻坚取得胜利后，要全面推进乡村振兴，这是三农工作重心的历史性转移。在从脱贫攻坚到乡村振兴实现历史性转移之际，系统研究乡村振兴的理论前沿问题，为相关决策和深化研究提供参考，具有重要的现实意义。

一、问题提出与分析框架

2021 年上半年，根据中央部署，全国扶贫工作机构重组为乡村振兴部门的工作基本完成。同年 6 月 1 日，我国第一部以“乡村振兴”命名的基础性、综合性法律——《中华人民共和国乡村振兴促进法》生效，与 2018 年以来中央 1 号文件、《乡村振兴战略规划（2018—2022 年）》《中国共产党农村工作条例》，共同构成实施乡村振兴战略的“四梁八柱”。随着《中共中央、国务院关于实现巩固脱贫攻坚成果同乡村振兴有效衔接的指导意见》以及各部门相关配套政策的相继印发，从脱贫攻坚到乡村振兴的历史性转移全面启动，乡村振兴战略的实施进入了新阶段。

习近平总书记强调指出，全面实施乡村振兴战略的深度、广度、难度都不亚于脱贫攻坚，必须加强顶层设计，以更有力的举措、汇聚更强大的力量来推进。为进一步凝聚思想共识，更加广泛开展社会动员，促进乡村振兴政策体系、工作体系和制度体系不断完善，着力提升乡村振兴机构队伍的能力，一项紧迫而重要的任务，就是在习近平总书记关于乡村振兴重要论述的指引下，深刻认识、全面理解、准确把握乡村振兴战略实施面临的一系列理论及实践前沿问题。

乡村振兴战略实施的长期性、复杂性和艰巨性，决定了全面推进乡村振兴面临的前沿问题呈现多样化特征。本文梳理和辨识的前沿问题主要侧重理论认识层面，遵循以下三项原则：

第一，坚持大局观。从脱贫攻坚到乡村振兴的历史性转移，是中华民族伟大复兴战略全局和世界百年未有之大变局的重要内容，必须立足新发展阶段、贯彻新发展理念、融入新发展格局的“三新”战略框架，服务提升政治判断力、政治领悟力、政治执行力的要求，聚焦“十四五”时期乡村振兴目标和产业、人才、文化、生态、组织“五大振兴”的具体任务。

第二，坚持时空观。从空间上，既考虑不同区域（如发达地区、发展中地区、脱贫地区、“三区三州”、革命老区等）之间的差异，重视国家区域重大战略、区域协调发展战略对乡村振兴的带动和影响，又特别关注城乡互动与发展融合。从时间上，基于“两个一百年”奋斗目标的历史交汇点，往前回顾是建党百年乡村建设的历史回顾与智慧汲取，往后展望是全面建设社会主义现代化国家新征程的战略谋划与战术设计。

第三，坚持系统观。与乡村振兴的系统性特征相适应，前沿问题的确定充分考虑顶层设计、总体布局、统筹协调、整体推进、督促落实等工作体系要素，也关注重视理论、战略、政策、实践等不同层面研究和多种思维方法的要求，还包含专家学者、基层干部群众、各类帮扶主体的视角。

按照以上三个维度，本文界定了十个方面的理论前沿问题，分别是：乡村振兴的历史方位、指导思想、战略定位、战略重点、精准方略、工作格局、内生动力、重点难点、治理体系和党的领导。这些问题既相互独立，又相互关联。对这十个问题的全面论述，实际上是共同构成了乡村振兴认识论。根据这些问题的层次性和内在关联程度，本文从推进乡村振兴的历史方位与战略定位、理论指导和基本方略、战略重点和关键路径、治理体系和根本保障等四个方面，逐一进行全面分析、深入论述，旨在为参与、关心乡村振兴战略实施的理论和实践工作者，特别是各级领导干部提供参考，也尝试为学界深化相关研究提供基础。

二、推进乡村振兴的历史方位与战略定位

（一）准确把握历史方位是全面理解乡村振兴战略体系的出发点

历史方位是指一个民族、国家在历史进程中的前进方向、所处位置及发展状态，乡村振兴的历史方位就是指我国农业农村现代化发展进入了一个新的历史发展阶段。党的十九大提出乡村振兴战略，这是以习近平同志为核心的党中央从党和国家事业全局出发，着眼于实现“两个一百年”奋斗目标、顺应亿万农民对美好生活的向往作出的重大决定。实施乡村振兴战略是中国特色社会主义进入新时代做好三农工作的总抓手。我们要认真总结改革开放特别是党的十八大以来三农工作的成就和经验，准确把握三农工作新的历史方位，把党中央提出实施乡村振兴战略的战略意图领会好、领会透。

（二）多维度认识和准确把握乡村振兴的历史方位

一是从历史交汇点维度看。“十三五”时期，农业农村发展取得新的历史性成就，全面建成小康社会的目标如期实现，特别是新时代脱贫攻坚战的全面胜利，为乡村振兴奠定了重要基础。在“两个一百年”奋斗目标交汇之际，党的十九届五中全会把“脱贫攻坚成果巩固拓展，乡村振兴战略全面推进”作为“十四五”时期经济社会发展主要目标进行部署，实际上明确了乡村振兴就是开启全面建设社会主义现代化国家新征程的重大战略举措。

二是从发展目标维度看。我国社会主要矛盾的变化决定着乡村振兴的历史方位和发展方向。社会主要矛盾的变化，要求我国在继续推动发展的基础上，着力解决好发展不平衡不充分问题，更好满足人民日益增长的美好生活需要。这就需要通过全面的乡村振兴强化以工补农、以城带乡，推动构建工农互促、城乡互补、协调发展、共同繁荣的新型工农城乡关系。

三是从发展方向和实现路径维度看。全面推进乡村振兴需要以习近平新时代中国特色社会主义思想为根本遵循，践行以人民为中心的发展思想，把乡村建设摆在社会主义现代化建设的重要位置，全面推进乡村的产业、人才、文化、生态和组织振兴，促进农业全面升级、农村全面进步、农民全面发展，加快农业农村现代化。

（三）乡村振兴的战略定位是乡村振兴历史方位的具体呈现

实施乡村振兴战略，是中国共产党领导的中国特色社会主义事业的本质要求，是中国特色社会主义事业应变局开新局的必然要求，是开创中国特色农业农村现代化道路的内在要求。乡村振兴的战略定位集中体现在坚持走中国特色社会主义乡村振兴道路。这条道路具有鲜明的时代特征。

一是始终坚持党的领导。党的领导是中国特色社会主义道路的本质特征和最大政治优势，是中国特色社会主义乡村振兴道路的突出特点和根本政治保障。坚持党的领导，才能够坚持正确方向，坚持农业农村优先发展的战略定位，凝聚最广泛合力，确保攻坚克难、实现共同富裕。

二是始终坚持人民至上。实施乡村振兴战略是解决发展不平衡不充分问题的关键和难点，是推进中国特色社会主义现代化强国建设的重中之重，是中国发展的最大潜力所在。高质量的乡村振兴，不断满足人民对美好生活的向往，是中国共产党的属性决定的，也是巩固执政根基，保证社会主义事业立于不败之地的根本方法。

三是始终坚持共同富裕的方向。共同富裕是人民至上的自然延伸，是中国特色社会主义的鲜明特征和乡村振兴的内在目标，是实现马克思主义关于人的全面发展理想的基础和保障。这一发展方向将凝聚共建共享的发展共同体，最大限度调动和激发各种生产要素的积极性和创造力，走一条符合我国人多地少、资源匮乏基本国情的新型农业农村发展道路。

四是始终坚持绿色振兴理念。绿色振兴是绿水青山就是金山银山“两山”理念的具体体现，是实现可持续高质量乡村振兴路径的必然选择。只有实现生态价值、人的需要与经济价值统一的乡村振兴，才可能创造出人民群众的高品质生活。

五是始终坚持城乡融合发展。建立城乡融合发展体制机制和政策体系，是打破城乡二元发展模式，实现城乡共生发展共同繁荣的关键。只有促进要素在城乡之间合理配置、公平流动，开拓发展空间、培育新的发展动力，才能真正逐步实现共同富裕。

六是始终坚持改革创新。创新是发展的动力之基，改革是发展的活力之源。统筹绿色发展、共享发展、城乡融合发展的乡村振兴，必须用改革的办法，破解发展的障碍，提升发展效能，用创新的办法，孵化新的业态，创造和满足新的需求。

七是始终坚持文化繁荣。用高尚的文化涵养人心，用高雅的文化滋养生活，实现人的解放，以及人与人、人与自然的和谐，是马克思主义的思想精髓，是中华农耕文明的底色，是中国特色社会主义乡村振兴的重要精神力量。

三、推进乡村振兴的理论指导和基本方略

（一）习近平总书记关于乡村振兴的重要论述为全面推进乡村振兴提供了根本遵循

习近平总书记在党的十九大上首次提出实施乡村振兴战略以来，就乡村振兴战略、三农工作等发表了一系列重要论述。这些重要论述是习近平新时代中国特色社会主义思想的重要组成部分，为新时代坚持农业农村优先发展、做好三农工作提供了思想指导和行动指南。特别是习近平总书记关于乡村振兴战略的总目标、总方针、总要求和制度保障等重要论述，为全面推进乡村振兴提供了根本遵循。全面系统、深入理解、准确领会习近平总书记关于乡村振兴的重要论述的思想体系，以这一思想武装参与乡村振兴的各级干部和社会各方面人员的头脑、指导实践、推动工作，是有力有序推进乡村振兴的前提。习近平总书记关于乡村振兴的重要论述内涵丰富，深刻、系统地回答了为什么要振兴乡村、建设什么样的乡村、怎样建设乡村等一系列重大历史性课题，指出：实施乡村振兴战略是党和国家的重大战略部署，是一篇全面振兴的大文章，是推动农业农村与国家同步实现现代化、顺应亿万农民对美好生活向往的必然要求。明确了坚持农业农村现代化的总目标，就是要坚持农业现代化和农村现代化一体设计、一并推行，补齐农业农村发展短板，实现农业大国向农业强国跨越。确定了坚持农业农村优先发展的总方针，就是要在资金投入、要素配置、公共服

务、干部配备等方面采取有力措施，不断缩小城乡差距。提出产业兴旺、生态宜居、乡风文明、治理有效、生活富裕的总要求。以产业兴旺为解决农村一切问题的前提，以生态宜居为内在要求，以乡风文明为紧迫任务，以治理有效为重要保障，以生活富裕为主要目的，走中国特色社会主义乡村振兴道路。指明了产业振兴、人才振兴、文化振兴、生态振兴、组织振兴等重要内容和实现路径。

（二）习近平总书记关于乡村振兴的重要论述具有鲜明的理论品格

这一重要论述体现了马克思主义的根本立场、贯穿辩证唯物主义和历史唯物主义的世界观和方法论，是在科学方法论指导下党的理论创新重要成果，是马克思主义中国化的巨大飞跃，充分体现了理论的科学性。这一重要论述是一个系统全面、逻辑严密、内涵丰富、内在统一的科学理论体系，系统回答了乡村振兴是什么、怎么做等一系列问题，从乡村振兴规划制定到实施全过程，提供了科学的行动纲领，充分体现了理论的系统性。这一重要论述来源于习近平同志长期主政地方的经验及成长经历，源于习近平同志基于长期实践及对乡村振兴的深入思考，源于脱贫攻坚的伟大实践和历史性成就，充分体现了理论的实践性。这一重要论述既有效衔接脱贫攻坚的理论创新，更重要的是为“到 2035 年，乡村振兴取得决定性进展，农业农村现代化基本实现；到 2050 年，乡村全面振兴，农业强、农村美、农民富全面实现”提供理论指导，充分体现理论的时代性。习近平总书记关于乡村振兴的重要论述是马克思主义、中国共产党乡村发展理论的继承与创新。这一重要论述坚持科学社会主义基本原则，是对中国共产党初心使命的坚守，是对人民主体地位的坚持，是对带领人民创造美好生活、走向共同富裕奋斗目标的赓续。此外，这一重要论述也是对一系列国际乡村发展理论的丰富和创新，必将为世界发展中国家正确处理城乡关系、推动乡村现代化贡献中国智慧和中国方案。

（三）习近平总书记关于乡村振兴重要论述的方法论要求坚持精准方略

2013 年习近平总书记首次提出“精准扶贫”重要理念，党中央把精准扶贫方略确定为中国新时代脱贫攻坚战的基本方略。精准扶贫实际上是我国国家减贫治理体系因应新时期减贫形势变化和打赢脱贫攻坚战所做出的减贫战略调整，也是国家减贫治理体系和治理能力现代化的重要进展。

随着经济社会全面发展及国家治理现代化的持续推进，“精准”成为社会运行及公共管理的迫切要求和必然趋势。精准扶贫、精准脱贫，坚持分类施策、因人因地施策、因贫困原因施策、因贫困类型施策，体现了习近平总书记精准施策的方法论。习近平总书记多次强调“精准是要义”，不仅体现在脱贫攻坚上，还体现在治国理政实践中。比如，把精准施策作为疫情防控的重要方法，强调要精准研判、妥善应对经济领域可能出现的重大风险，要精准发力确保完成就业目标，更精准地推进全面深化改革对接发展所需、基层所盼、民心所向，全面从严治党要抓住要害和关键、点准穴位、打准靶子，干部教育要开展“精准化”的培训，要更加精准地贯彻新发展理念，等等。可见，从精准扶贫、精准脱贫，到精准施策，“精准”要义已成为指导“十四五”时期高质量发展、指导全面建设社会主义现代化国家的重要方法。精准方略已成为乡村振兴战略实施的基本方略。

（四）全面推进乡村振兴必须坚持精准方略

一是要坚持以习近平总书记关于乡村振兴的重要论述为根本遵循。习近平总书记关于乡村振兴战略内涵、目标、意义，乡村振兴总目标、总要求，乡村振兴的路径、理念、体制机制、共富发展等方面的重要论述，为新时代乡村振兴提供了认识基础、方法基础和实践遵循。

二是要坚持梯次推进、区域协调发展。《乡村振兴战略规划（2018—2022年）》提出“梯次推进乡村振兴”的原则，推动不同地区、不同发展阶段的乡村有序实现农业农村现代化。发挥东部沿海发达地区、人口净流入城市的郊区、集体经济实力强以及其他具备条件乡村等引领区的示范作用。聚焦攻坚区如革命老区、民族地区、边疆地区、集中连片特困地区的乡村振兴精准发力，充分考虑区域发展的差异性。

三是要精准回应乡村振兴存在的突出问题。如农村人口大量流出与农村空心化、原子化的农民与消解的公共精神、快速城镇化与区域发展不平衡、乡村振兴的复杂性与多样性等方面的问题，都需要因问题因原因精准施策、精准解决。

四是要深化驻村精准帮扶工作。坚持有序衔接、平稳过渡，在严格落实脱贫地区“四个不摘”要求基础上，合理调整选派范围，优化驻村力量，拓展工作内容，逐步转向全面推进乡村振兴。

五是要提高东西部协作的精准度。通过市场、资本、技术、资源的优化整合，实现东中西部联合发展。东部沿海发达地区要以中西部落后地区的产业兴旺为帮扶工作重点，用自身的发展经验盘活中西部发展活力。通过帮扶交流链接资源，促进城市种养业、物流管理、医疗康养、决策咨询、农产品深加工等都市农业和对口定点地区的现代服务业对接。中西部贫困地区发挥劳动力、土地、厂房、资源优势，承接劳动密集型行业的转移，促进新型材料制造、食品饮料、新能源运用与储能研发、轨道交通、生物医药、装备制造等领域的发展，推动产业结构升级，为乡村振兴打基础。立足当前、面向长远，深入实施东、中、西部人才协作，着力完善贫困地区的人才“造血”功能。

六是要促进大数据与乡村振兴融合。做好现代农业大数据发展的顶层设计，建设信息共享体系与数据标准体系，促进大数据与农业产业深度融合，发挥大数据助力乡村振兴绩效评价的作用。

七是要充分发挥社会工作的作用。稳步构建以乡镇社工站为主体的农村社会工作服务体系，促进社会工作在农村社会场域的本土化，政府发挥定向、赋权、监督、展能等功能，建立双方合作伙伴关系。

四、推进乡村振兴的战略重点和关键路径

（一）全面推进乡村振兴必须把握好战略重点

理解乡村振兴的战略重点至少有四个维度：

一是战略目标的全局性。乡村振兴的战略目标是要聚焦农业农村的长远发展和农民生活幸福指数的全面提升。既要追求看得见的近期发展成效，更要遵循乡村建设规律，坚持科学规划和高质量发展。

二是战略内容的整合性。乡村振兴的战略内容是涉及“产业、人才、文化、生态与组织”的多维发展战略的集合体，也是涉及多个政府部门、企业、社会力量和社区居民参与的多主体协同式乡村振兴体系，需要各方共同努力。

三是战略方式的系统性。乡村振兴的战略方式是集“人才配置、政策配置、资金配置、服务配置”等为一体的理论和实践创新，需要统筹谋划、精准施策、分类推进，科学把握不同乡村的发展差异和特点，提升工

作方式的针对性。

四是战略过程的递进性。巩固拓展脱贫攻坚成果、实现巩固拓展脱贫攻坚成果与乡村振兴有效衔接、全面推进乡村振兴，接续推进。这实际上是为准确把握全面推进乡村振兴的战略重点指明了方向。第一，要把巩固拓展脱贫攻坚成果作为乡村振兴的基础，保持主要帮扶政策总体稳定，健全防止返贫动态监测和帮扶机制，加强农村低收入人口常态化帮扶，完善开发式救助和社会保障兜底分类帮扶机制，继续强化脱贫地区产业的人才、技术和政策支持，规避各类市场风险，促进产业的内生性发展，优化易地扶贫搬迁后续帮扶机制。第二，要把促进巩固拓展脱贫攻坚成果与乡村振兴有效衔接作为乡村振兴战略实施的关键，做好政策衔接，出台更多兼具普惠性和区域性的发展政策；做好组织和人才衔接，健全中央统筹、省级总负责、市县乡抓落实的工作机制，做好第一书记、驻村干部和本土人才的衔接和培育；结合脱贫攻坚的完成情况和乡村振兴新的目标要求，制定并衔接好各类规划；做好产业发展的衔接，完善利益联结机制，促进脱贫人口稳定就业。第三，要把全面推进乡村振兴作为乡村振兴战略实施的方向，妥善处理农民和土地的关系、城市和农村的关系、中央顶层设计和地方基层实践的关系、外部帮扶和内部资源挖掘的关系。此外，要把保障好、维护好农民合法权益作为乡村振兴的出发点和落脚点，坚持为农民而建、为农民而兴，尊重农民意愿、坚持因地制宜，确保乡村振兴在法治轨道上有序推进、行稳致远。

（二）构建乡村振兴战略实施大格局是全面推进乡村振兴的关键路径

乡村振兴的艰巨性复杂性决定了构建以政府为主导、市场与社会力量广泛参与、具有多元化主体的乡村振兴战略实施大格局的必然性。这一格局通过政府决策引导、市场经济互补及社会主动参与等多样化实施方式，形成产业振兴、生态振兴、文化振兴、人才振兴及组织振兴“五大振兴”、体系化的实施机制，有力有序推进乡村振兴战略实施大格局的形成。一是要完善顶层设计，各地各部门通过宣传、引导以及政策支持等方式推动市场主体与社会主体从脱贫攻坚实践逐渐转向乡村振兴行动，提高各方面主动参与乡村振兴战略实施的主动性、积极性。二是中央和地方要协同明确各主体在乡村振兴战略实施大格局中的角色定位和作用，细化市场主体、社会主体参与乡村振兴战略实施的方式路径。三是要创新、优化相关体制机制，引导和促进政府、市场与社会力量各个主体，按照系统理念，把产业、生态、文化、人才、组织等要素振兴有机结合，逐步系统化，形成“1+1>2”的合力。乡村振兴战略实施大格局的形成是一个渐进过程，需要持续发挥政府在规划引导、政策支持、市场监管、法制保障等方面的积极作用；需要以市场需求为导向，遵循市场的决定性作用，不断增强乡村地区发展的竞争力；需要创新完善多元主体协同参与乡村振兴的机制与模式，更广泛挖掘、激发更多社会主体参与乡村振兴的潜力和动力。

（三）把广大农民对美好生活的向往转化为推动乡村振兴的内生动力

乡村振兴内生动力，是指在全面推进乡村振兴过程中，通过农民个体的自我发展、基层干部的主动作为、基层组织的积极引领等多重合力，共同激发乡村经济社会发展的潜能和活力。乡村振兴的内生动力在目标上体现为内生动力与外源推力的协同发展，在方式上体现为乡村农民群众、基层干部、基层组织多元共治格局，在机制上体现为将传统文化和现代文明有机融合到乡村发展进程中。激发培育乡村振兴内生动力需要久久为功。首先，要着力培育农民的主体意识，这是激发培育乡村振兴内生动力的基础。坚持人民至上的根本立场，构建激发乡村振兴内生动力的政策体系，将农民纳入到政策体系的中心位置，对不同地区和不同低收入群体制定差异化政策，以外部政策体系干预提升其内生发展能力。充分发掘乡村和农民的内部潜能，重视农民内生性需求，探索以农民为主体的内生性发展。其次，要着力强化基层党组织建设和重塑乡村社会组织，这是激发培育乡村振兴内生动力的关键。以乡村社会为主体吸纳整合各类资源，重塑乡村社会组织的凝聚力和组织力，培育乡村内生发展动力，实现城乡融合发展，促进多元共治。为此，需要夯实基层党组织，保持基层干部队伍的稳定性，发挥实施乡村振兴战略的主心骨作用。需要发展壮大村级集体经济，增强乡村发展动能，筑牢乡村可持续发展基础。需要培育乡村内生组织，例如乡贤会、红白理事会等，打通农民利益诉求表达的多元化渠道。再次，要着力推进乡风文明建设，这是激发培育乡村振兴动力的保障。乡村是传统文化和乡土文化的载体，激发乡村振兴的内生动力需要以文化振兴作为精神基础。全面推进乡村振兴，需要坚持以社会主义核心价值观为引领，深入挖掘优秀乡土文化的丰富内涵，凝聚农民共同的价值取向、道德规范、精神风貌，培育文明乡风、良好家风、淳朴民风，提高乡村社会文明程度，焕发乡村文明新气象。

（四）把解决好产业、人才、文化、生态、组织“五大振兴”面临的重点难点问题摆在推进乡村振兴突出位置

乡村振兴是“五位一体”总体布局、“四个全面”战略布局在三农工作中的体现。全面推进乡村振兴，需要统筹推进农村经济建设、政治建设、文化建设、社会建设、生态文明建设和党的建设，促进农业全面升级、农村全面进步、农民全面发展。“五大振兴”，每一个振兴都存在需要解决好的重点难点问题。

破解乡村产业振兴的重点难点问题需要从四个方面着力：一是深化农业供给侧结构性改革，使产业发展更适应农产品市场需求；二是拓展土地、特色资源、农业农村文化的市场价值，用好生态资源优势；三是加大资本投入，大力发展智慧农业和电子商务；四是调动各种经营主体的积极性，处理好农业企业、合作社、家庭农场、小农户的关系，构建优势互补、协同发力的农业现代化组织体系。

聚焦两类人才培育及其作用发挥，解决好乡村人才振兴的重点难点问题：第一类是生产经营及创业类人才的振兴。要以制定实施产业发展优惠政策为抓手，引导相关人才投身产业振兴实践，在市场的洗礼中获得成长、实现振兴。第二类是公共管理公共服务类人才的振兴。要以改善待遇和创新用人机制为突破口，让优秀人才有积极性竞争乡村治理等管理岗位，让教育、科技、卫生、文化等领域专业技术人才能够在服务乡村中成就事业并在城乡间自由流动。

破解推进乡村文化振兴的重点难点问题关键在于赋予乡村生活以灵魂：一是大力发掘发展乡村特有文化，通过村庄规划建设，将乡风乡韵以物化形态呈现出来。推进优秀传统民俗文化传承创新以及与社会主义核心价值观的融合，打造新时代乡村生活精神家园。发展乡村文化产业和文化旅游业，以乡村文化资源的市场价值反哺乡村文化的发展。二是有效提供便利化现代文化生活条件。支持乡村地区因地制宜建设现代化文化场馆，加强数字化技术应用，让乡村居民就近享受各种先进的文化服务。乡村文

化振兴的目标在于，使乡村成为不同于城市的另一种有吸引力的生活方式。

推进乡村生态振兴的重点难点在于统筹好生态建设和环境保护：一是持续加强生态建设。继续巩固退耕还林等生态建设工程成果，推进农业产业结构调整，大力发展林果业、生态旅游、康养等生态友好型产业，走生态建设与农业发展良性互动道路。二是持续加强环境保护。推广应用低残留、可降解等新技术，减少农业面源污染，严格控制农村工业排放，大力发展绿色经济循环经济。完善农村垃圾收集、转运和集中处理体系，尽快实现生活污水无害化处理全覆盖。

破解乡村组织振兴的重点难点问题在于分类促进各种组织振兴：对于政治与公共管理类组织，主要是在增加公共服务供给的过程中，不断增强其联系农民、组织农民的能力，进而走向振兴；对于经济类组织，充分发挥其在农村土地等资源盘活、工商资本下乡创造机会中的作用，鼓励这些组织在市场竞争中发展壮大，走向振兴；对于各类社会组织，包括红白理事会、村民议事会等自我管理类组织和社会工作等方面社会服务类组织，充分发挥这些组织在各类资源支持乡村振兴过程中的作用，逐步构建一个有利于各种组织发挥自身优势、实现多元协同治理的组织生态与格局。

五、推进乡村振兴的治理体系和根本保障

（一）推进实现乡村治理体系和治理能力现代化是国家治理体系和治理能力现代化的重要基石

乡村治理体系和治理能力现代化实际上就是在推进国家治理体系和治理能力现代化进程中，坚持人民主体地位，以加强农村基层党组织建设为抓手，充分发挥基层党组织战斗堡垒作用，运用法治思维和法治方式服务群众、化解矛盾，保障和实现村民民主自治权利，同时注重激活和调动社会各方面积极性，健全党组织领导的自治、法治、德治相结合的城乡基层治理体系，实现乡村治理现代化中的多元民主参与，实现政府治理和社会调节、居民自治的良性互动。可见，实现乡村治理体系和治理能力现代化，既是全面推进乡村振兴的根本目标，也是全面推进乡村振兴的重要内容。统筹推进乡村振兴同逐步实现乡村治理体系和治理能力现代化，一是

要尊重村民主体地位，完善村民自治制度。通过提高农民主动参与村庄公共事务的积极性，依托村民会议、村民代表会议、村民议事会、村民理事会、村民监事会等，形成民事民议、民事民办、民事民管的多层次基层协商格局，凸显农民在乡村治理中的主体地位。二是要加强农村基层党组织建设，发挥好战斗堡垒作用。强化村党组织对村级各类组织的领导，加强基层党组织的力量，优化农村基层党组织设置，加强农村基层党组织的思想建设、人才建设和制度建设，为乡村治理体系和治理能力现代化提供人才、组织和制度保障。三是要推进法治乡村建设，完善农村矛盾纠纷排查调处化解机制。以法治指引乡村治理实践，坚持在法治化轨道上统筹社会力量、平衡社会权益、调节社会关系，促进基层经济、政治、文化、社会、生态文明等一切活动制度化、规范化、程序化，提高乡村治理法治化水平。四是要发挥社会主义核心价值观和优秀传统文化的引领作用，培育文明乡风。建立道德激励约束机制，引导农民自我管理、自我教育、自我服务、自我提高，实现乡村社会和谐有序健康发展。

需要注意的是，乡村振兴战略下的乡村治理体系和治理能力现代化建设，需要保持历史耐心。因为与城市治理相比，农村人口众多，基础设施较差，居住环境相对恶劣，为农村治理带来极大障碍。从宏观国家治理的角度看，目前乡村振兴存在治理主体能力有限、治理体系不利于农业现代化发展、治理效能与治理目标相脱节三大问题。从乡村治理的主体来看，存在基层公共服务供需分离、乡村内生基础薄弱、村级组织行政化趋势凸显等方面的困境。从乡村治理体系看，党的十九大报告提出健全自治、法治、德治相结合的乡村治理体系，目前还存在着自治能力弱、法治体系不健全、公共精神缺失等问题。从乡村治理的理念和方式看，当前治理体系和治理能力现代化还停留在局部甚至细枝末节，存在各自为政的封闭保守状态以及传统思维定式，缺乏中国式现代化发展思路和方法，离体系化、科学性、全局性、战略眼光、资源共享、合作共赢、中国式现代化等还有很大距离。总的来看，乡村治理需要完成完善治理体系、提升治理能力两大任务。乡村振兴中的农村治理体系和治理能力现代化是一个有着更高要求的宏伟目标，是现代化进程的必然要求，也是中国特色乡村治理理念实践与创新的结果，是一个渐进的、与国家治理体系和治理能力现代化同步的历史过程。

（二）坚持党的集中统一领导是全面推进乡村振兴的根本保障

党管农村工作是我们党弥足珍贵的优良传统，是中国特色社会主义显著制度优势，是实现中华民族伟大复兴中国梦的根本基础和政治特色，也是必须坚定不移牢牢把握的基本国情。办好农村的事情，加快农业农村现代化，实现乡村振兴，关键在党。党的十八大以来，我们党带领全国人民摆脱了绝对贫困，创造了彪炳史册的人间奇迹，充分彰显了党的领导这一制度优势的强大力量。2018 年 9 月习近平总书记在十九届中共中央政治局第八次集体学习时的讲话指出："实施乡村振兴战略，各级党委和党组织必须加强领导，汇聚起全党上下、社会各方的强大力量。要把好乡村振兴战略的政治方向，坚持农村土地集体所有制性质，发展新型集体经济，走共同富裕道路。要充分发挥好乡村党组织的作用，把乡村党组织建设好，把领导班子建设强，弱的村要靠好的党支部带领打开局面，富的村要靠好的党支部带领再上一层楼。"这些重要论述强调，党的领导是乡村振兴战略实施的根本政治保障、组织保障、力量保障，指明了加强党对乡村振兴领导的方向、重点和路径，是坚持党对乡村振兴全面领导的根本遵循。

（三）坚持五级书记抓乡村振兴和党委农村工作领导小组统筹领导

以贯彻落实《中国共产党农村工作条例》为抓手，健全党领导农村工作组织体系、制度体系、工作机制。将脱贫攻坚工作中形成的组织推动、要素保障、政策支持、协作帮扶、考核督导等工作机制，根据实际需要运用到推进乡村振兴实践中，建立健全上下贯通、精准施策、一抓到底的乡村振兴工作体系。建立中央统筹、省负总责、市县乡抓落实的管理体制，充分发挥各级党委总揽全局、协调各方的作用，完善省市县乡村五级书记一起抓的工作机制，为全面推进乡村振兴提供坚强政治保证。压紧压实各方责任，确保乡村振兴各项政策举措落到实处。坚持各级党委农村工作领导小组牵头抓总、统筹领导，充分发挥党委农村工作领导小组办公室决策参谋、统筹协调、政策指导、推动落实、督促检查等作用。制定实施乡村振兴标准体系、统计体系和评价考核指标体系，对市县党政领导班子和领导干部开展乡村振兴实绩考核，纳入党政领导班子和领导干部综合考核评价内容，把巩固拓展脱贫攻坚成果纳入乡村振兴考核，强化乡村振兴绩效评价、考核和监督。

（四）把提升党的执行力贯穿全面推进乡村振兴的全过程

充分发挥党组织引领作用，统筹和引导相关行政部门、村庄共同体、小农户、市场力量、社会力量等多元主体共同参与村庄规划，确保乡村振兴回归乡村本位，保留乡村振兴乡土底色，完成“有用、好用、管用”乡村规划的编制。充分发挥基层党组织的主心骨作用，重点做好应对在地化产业的可持续、易地扶贫搬迁、自然风险、外部经济环境影响等可能带来的规模性返贫风险。强化基层党组织的组织力向“服务力”延伸，特别是组织引导各方力量着力建设针对农村“一老一小”、社会救助群体的社区服务体系，着力建设乡村产业发展的技术、市场、信息服务体系，着力建设村庄公共事务管理与公共文化体系。引导村民有序参与村庄治理事务，将基层党组织的“服务力”转化为农民参与乡村振兴的团结力、凝聚力。强化党组织在人才振兴方面的作用，将提升人才的业务能力和政治素质结合起来。发挥基层党组织监督作用，在乡村振兴的资源投入、政策执行、利益联结机制建设等方面，确保外来主体与本地农民共享发展收益，确保发展机会的共享。在乡村振兴实践中，既要充分发挥组织优势，加强干部队伍的监督、考核、评价等机制建设，也要加强作风建设和使命教育，提升干部队伍的政治担当和开拓创新精神，鼓励干部根据地区特点尤其是当地农业农村的具体实际，创新、探索，求真、求实，激发他们干事创业的积极性和担当，使敢于作为、敢于创新的干部队伍建设有坚定的组织和制度保证。

（作者系国家乡村振兴局中国扶贫发展中心主任）

关于乡村振兴的若干重大导向性问题

党国英

乡村振兴战略的实施将对中国城乡社会经济发展产生重大长远影响。乡村振兴战略的总目标确定以后，如何真正落实好相关政策，是一个重要的现实问题。本文认为，城乡关系的演化及乡村发展有其规律，认清规律，因势利导地推进乡村振兴，才能在乡村振兴战略实施过程中少出偏差，避免发生基本导向性问题。笔者基于对世界农业、农村发展的思考以及对近期各地出台的乡村振兴具体政策的考察，提出并讨论了推进乡村振兴战略过程中，与社会、经济、政治的效率、平等、可持续发展有关的重大导向性问题。

一、如何应对农业规模经营“天花板”与农民增收的矛盾

大部分发达国家农业专业化水平很高，家庭农场的经营规模很大，但家庭农场的兼业收入仍然十分重要。以美国为例，在农场主的平均收入中，地头农业生产（on-farm）的收入占总收入的比重从 1960 年的 50%左右下降到目前的 15%左右。这意味着，美国农场主的收入大部分来自地头生产以外的其他领域（off-farm）。欧洲与日本的农场主收入构成大体也是如此。这种情况实际上反映了现代农业经济的如下特点。

第一，农场主家庭的经营规模虽然越来越大，但规模变化与农场主的收入变化并没有形成水涨船高的关系。从理论上来说，在充分竞争条件下，同一水平的劳动者无论从事何种职业，在足够长的时间里，每一个工作日的收入会趋于一致。同时，劳动生产率提高与单位商品的价值量（价格）成反比的规律也在起作用，农场规模越大，资本、技术、装备水平越高，单位产出的成本越低，农场主越能接受较低的竞争价格。发达国家资

本价格（利率）也有一个缓慢下降的过程，并成为拉动产品成本下降的因素。总之，竞争产生的群体游戏，使农场规模有一个加速成长的过程，但它并没有成为农场主增收的主要因素。

第二，农场经营规模也有一个“天花板”，只是刚性不强而已。数据表明，美国大农场经营规模的增长率在 2012 年之后明显下降。农业的季节性和农业设备的边际效率下降规律决定了家庭农场规模过大会出现“规模不经济”，同时，农业生产的不确定性因素较多，监督成本较高，相当多的农业生产项目不适合雇工经营，农场主增收遇到“天花板”。

第三，政府补贴对农民收入的构成有一定影响，但对提高经济效率没有明显促进作用。笔者注意到，发达国家的恩格尔系数与政府对农民的财政支持力度（按农民收入占比计算）大体成反比。2017 年美国联邦政府的食品与农业支出占财政支出的比例约为 3%，其中，约 75%用于居民的食品补贴，投入农业生产的资金每亩地约为 80 元人民币，能直接影响农民收入的比例约为 20%。日本财政支出中，农业占比较大，每亩地的分摊额远超中国，但近年来日本的恩格尔系数不降反升，达到 26%左右，是美国的 2 倍。总之，政府大量的支农支出不利于农业经济发展，长远看不利于农民增收。

第四，农民增收的主要渠道越来越集中于直接农业生产以外的农村产业链的价值创造和分配。按以上分析，如果地头农业生产特别是种植业生产，不容易使农业收入成为农场主的主要收入，使其总收入达到全社会平均水平，且政府补贴不足以弥补差额，那么，农场主就不得不在非农产业兼业来提高收入。从价值增值看，食品产业链大于农业产业链，农业产业链大于农村产业链。美国农村产业链的价值大约是地头农业的 10 倍以上，在规模总收入中的占比接近美国的恩格尔系数以及美国农村人口在总人口中的占比。美国和欧盟国家的农村都居住着大量非农业人口，农户兼业不必背井离乡去远处城市打工，农村产业链的价值延伸空间可以使农户通过就近兼业得到超过地头农业的收入。在发达国家，控制农村产业链的重要主体是规模巨大、既能在国内农产品市场上执牛耳也能在国际市场上纵横捭阖的农户合作社，合作社经营已经是农户收入增长的主要渠道。目前世界排名前 10 位的国际乳业巨头中，有 7 个与合作社有密切联系或者原本就是农户合作社。有的合作社跨国吸收会员成为国际性合作社，通过资本结构和分配关系的改革，经营效率与一般跨国公司并无二致，可以说，大型合作社在世界市场上就是跨国公司。

发达国家的农业、农村经济运行情况，应当引起我们对中国现代农业发展导向的思考。依靠农业经营规模的扩大，中国农户能否解决收入难题？如果中国实行以家庭农场为农业经营主体的制度，农户不兼业就可以消除城乡收入差距吗？答案是否定的，但不推进农业规模化经营，维持小农经营格局，更难以提高农民收入水平。未来中国大量的职业农民也需要兼业，但不是“候鸟式”的兼业，应该是高度依从农村产业链的就近兼业。目前，中国尚未形成适应这一要求的导向性政策思路。中国现有200多万个农民合作社，平均每个行政村几个，但真正意义上的合作社凤毛麟角，虽然名称叫合作社，因其规模过小，无法在农村产业链中开展经营活动。中国农村产业链中真正活跃的是农业龙头企业，实际国有的国家供销合作总社、国家烟草局，私营的温氏集团、伊利集团、双汇集团，都是活跃在农村产业链上的企业，它们固然对推动中国农业产业化发挥了重要作用，但不是以农民为社员的合作性经营组织，而是国有资本或社会资本控制的一般企业。

为真正建立农民分享农村产业链价值的机制，在农民收入增长与国家经济增长之间形成强有力的纽带，今后的改革应形成下述政策导向：

一是要坚定地推进农业规模化经营，不断提高经营水平，实现小农户向家庭农场的转变。不能把小农户看作现代农业的长期基础。小农户不可能真正与合作社形成紧密的利益联结，由小农户构成的合作社不会是真正的合作社。要改变对合作社的理解，不能把当代农民合作社混同于改革开放前的农业合作社。

二是推进农民合作社跨行政区发展，培育跨省市的巨型合作社。相较于中国200多万个农民合作社，美国仅有几千个，欧盟内部农业发达国家的合作社也只有十余个。合作社机制必须改革，资本构成及分配关系不必拘泥于旧的合作社传统，而应大胆地吸收跨国公司的经营机制。

三是探索将有条件的农业龙头企业由国资或私人公司转型为农民合作社。这种转型需要顾及国内相关参与者的利益以及国际贸易规则，是一项较复杂的工作。

四是调整有关城市布局的引导政策，特别注意通过多种政策引导可能崛起的巨型合作社总部驻扎农业产区，方便农户就近从事农村和农业产业链上的各类工作。

二、如何应对专业农户居民点小型化与公共服务规模化要求的矛盾

近年来，中国农村研究越来越重视城乡居民在公共服务方面的平等问题，乡村振兴战略规划也主张在农村地区积极部署公共服务设施。城乡基本公共服务均等化已经成为农村发展的一项基本政策。与欧美农业发达国家的相关实践做比较，笔者发现，我们对这项政策的理解存在偏差。

理解乡村公共服务设施建设的意义，要从对乡村性质的认识开始。与欧美发达国家相比，中国缺乏有关城乡区划的合理政策，城乡边界不清，对政策的实施有不利影响。

欧美城市与乡村的人口分布状况，可以从政府机构对相关概念的定义及学术文献的隐含定义中看出端倪。这种定义和讨论在各国均不相同，甚至同一国家不同时期也不相同。如美国人口普查局把人口规模小于 2 500 人的独立小镇定义为乡村地区，不论其是否具有城市建制。事实上，美国不同州对建立一个具有法人资格的“城市”的规定不同，对人口规模的要求也不同。美国政府机构，包括美国人口普查局以及政府管理与预算局，出于工作目标的不同，对乡村也有不同定义。

在关于乡村的多种定义中，一个共性是将乡村看作人口密度很低的地区。对于典型的农业生产功能区，欧美学者倾向于将其看作除道路和电力设施之外，基本没有公共服务设施的区域。这一特别定义具有合理性。对于规模化经营的农场，农场主分散居住十分必要。但很多公共服务设施的建设和维护有规模经济的要求。在分散居住的居民点，政府不必设立学校、医院和其他文化服务设施，通常也不会建立污水处理管道系统，道路只做简单的非硬化铺装，甚至可能不会铺装道路。如住在日本北海道农村地区的非农业居民通常不会与较大的农场主做邻居，他们更倾向于聚居在历史悠久、交通便捷的地方。非农业人口与农民混合居住是人口布局演化

水平较低的一种情形。

农业生产功能区不可能大幅度向远延伸，也不可能远离能够最低限度承载主要公共服务设施的人口聚居点（如按行政区划分类的中国县以下的镇区、美国政府管理与预算局划分的 micropolitan areas）。在城乡自然演化趋势下，镇区的辐射半径最好在 30 分钟车程内。这种人口分布格局不仅有利于提高农业的现代化水平，还能解决城乡公共服务均等化问题。

概括地说，在欧美发达经济体，涉及基本权利的公共服务，例如居民社会保障，不需要考虑地理和空间因素；涉及设施建设的公共服务，只是在较大空间尺度上实现公共服务均等化，小的空间上并不追求均等化。基本趋势是，除简易道路（有条件的地方包括电力和自来水）之外，专业农户或农场主在不同规模的城市必须与城市居民共享公共服务，而不是在家附近获得便利的公共服务。这是农村公共服务事业发展中兼顾效率与平等的合理路径。

中国推进乡村振兴战略应该重视在乡村公共服务中兼顾效率与平等。解决好中国问题的前提是对未来中国城乡人口布局作出正确判断。未来中国还会有三四亿人口生活在农村，高峰期的人口总量约 15 亿，如果乡村人口达到 3 亿，意味着城市化率约为 80%，这已经是发达国家的城乡人口布局特征。在农村人口中，非农业居民会倾向于到规模较大和公共服务设施较好的居民点居住，如中国现有的大部分建制镇。按现有统计口径，中国人口迈向 15 亿时，还有 3 亿人口进入城市。在农村的 3 亿人口中，约 1 亿农业从业人口分布在拥有传统名称的大约 600 万个居民点上，这种平均四、五户人家的小型居民点不需要财政提供道路、供水和供电以外的公共服务。另外 2 亿非农业人口大部分会集中居住，形成约万人规模的镇区，需要建立小学、医院、文化体育设施以及行政服务机构，维护成本相对低廉。

中国的现实情况是，每一个行政村的人口平均不到 1 000 人，这既不是适合现代农场主居住的小型居民点，也不是有效建设和维护公共服务设施的万人左右的大型农村居民点，更不是小城市，而是一种不稳定的规模状态。长远看，居民区的数量会大幅度减少，大部分会分化为小型专业农户居民点和万人左右的镇区。乡村振兴中的公共服务设施建设要高度重视这种分化，建立这样一种理念：未来让大部分专业农户到附近的城市或镇区获取公共服务，而不是把所有专业农户集中起来获得公共服务，更不是给小型专业农户居民点提供完善的公共服务。只要专业农户居民点与城镇的距离平均在半小时车程内，这种机制就可以有效运行。

笔者调查发现，因人口规模小，农村居民点公共服务的投资效率和服务水平很低，如因污水量不足，有些村庄的排污管道及污水处理设施难以正常使用；因铺装的道路使用率低，有农户把路面挖走，粉碎为碎石卖给筑路商；农村放电影时普遍观众较少，“农村书屋”门可罗雀。长远看，与人口规模不适应的公共服务投入，不能吸引农户留在农村。如果不能根据城乡人口布局合理安排乡村公共服务，会造成极大浪费。图 1 证明了这一判断。

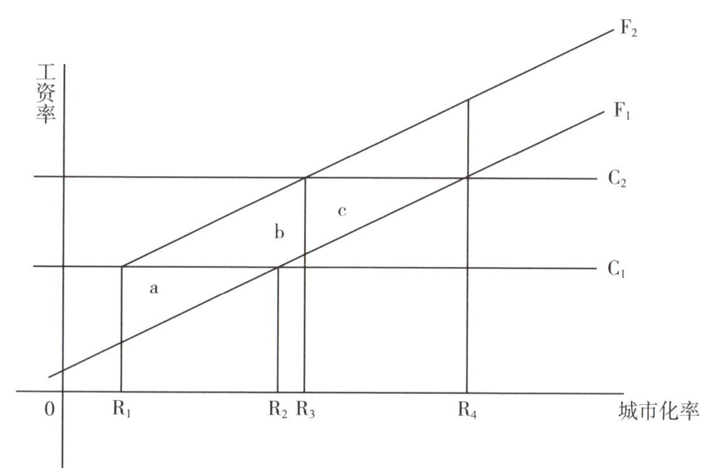

图 1　城市化率、工资率与农村人口转移的变化

假设：①农户的工资率随城市化水平提高而提高，农村人口减少，规模经营水平和劳动效率提高，农户的工资率为 F_1；②城市工资水平的提高由外生变量决定，城市工资率为 C_1。

在城市化率 R_1 时，政府通过建设农村公共服务设施提高了农民的实际收入，使农民的实际工资水平达到 F_2。此时，两种工资率相等，城市化率暂时稳定在 R_1，低于没有政府投入时的均衡城市化率 R_2。

随着城市工资率进一步提高，达到 C_2，两种工资率出现新的均衡，

城市化率稳定在 R_3。但在 C_1 变化到 C_2 的时间段里，乡村人口减少，维护乡村公共服务设施的成本上升，品质变差，农民的实际工资降低，假设农民工资率降回 F_1，则城市化率不是稳定在 R_3，而是提高到 R_4，由此，产生两个消极后果：①农民向城市转移变得不均衡，$R_1 \sim R_2$ 之间因农村公共服务设施改善而推迟进城的农民，在后期 $R_2 \sim R_4$ 之间进入城市；②这种情况下实际上形成了国民财富的损失，如图 1 中 a、b、c 所示。

三、如何应对恩格尔系数下降要求与发展多功能农业的矛盾

恩格尔系数下降得益于现代经济的发展。如果恩格尔系数降低到15%以下，不仅食物便宜，还有利于政府利用食物购买补贴的办法帮助贫困人口，改善其营养状况，消除代际贫困。中国目前的恩格尔系数是30%左右，为了达到富裕社会的标准，恩格尔系数还需要下降，但农业的多功能导向可能与恩格尔系数下降产生矛盾。

从欧美国家的经验看，大宗农产品实现规模化经营，有利于提高劳动生产率，降低农产品生产成本，从而降低恩格尔系数，乡村旅游业和一些高附加值农业，可能不利于提高农业的总体效率，使恩格尔系数难以下降。

产业成长有其规律：①在较长的时间里，同等水平劳动力的日工资相近，农业领域尤其如此；②食品之间的可替代性较高，劳动生产率提高缓慢的食品会成为奢侈品，一些农业产品看似单位价值高，但有可能退出市场，如欧美国家的农业竞争保留了劳动生产率高的生产品种，而劳动生产率低的品种则退出了市场。随着科学普及程度的提高，食品之间的边际替代率会更小。在农业发达国家或地区，真正劳动生产率较低的有机农产品占比并不高。有机农产品在欧盟发达国家的种植面积不超过总面积的10%，美国有机食品的销售额在食品销售总额中的占比为 4.2%（2014年）。若统一为农业 GDP 指标，这个数值还会更小。如果重视大宗农产品的安全无公害生产，有机食品对普通食品的替代性就会下降。

农业观光旅游是发展多功能农业的重要模式。贫困地区的政府官员更重视乡村观光旅游对脱贫的效力。但从学术研究看，这种效力未得到证

实。Deller 分析了 1990—2000 年美国乡村的贫困率变化情况，发现乡村休闲旅游在解释贫困发生率变化方面的作用很小。

对工商业发达国家而言，过分发展乡村旅游甚至对农业经济有一定负面影响。如有学者认为，日本对乡村旅游的促进政策导致农业发展存在严重问题。乡村旅游业在第二次世界大战后一段时期对保持和提高日本农民收入发挥了一定作用，但随着日本经济的崛起，大量旅游者改赴日本国外旅游，乡村旅游业发展减速，对农业产生的影响却难以消除。一方面经营旅游业的农户不愿意推动土地流转，致使土地细碎分割，难以形成规模经营；另一方面城市与农业区在空间上相互交错，使日本（特别是几个都市地区及周边）难以形成中国农业“小农户＋社会专业化服务”的经营体系。日本的小农场主拥有较先进的现代化机器设备，但绝大部分只适用于小块土地，大型机器很难通过城市街道转移到另一个农场。这种多功能农业还造成农场土地价格上升，使一些事实上脱离农业的居民不愿意转让土地，日本农业被“园艺化”，经营成本提高，致使农产品价格居高难下，恩格尔系数上升。日本总务省的家庭收支调查（2 人以上家庭）显示，2016 年日本的恩格尔系数平均值超过 26%。1993—2013 年，日本的恩格尔系数一直保持在 24%以上，显著高于欧美发达国家，2014 年后更是快速上升。如果没有农产品对外贸易的补偿，日本的食品供应情况会更加严重。

我们有理由为中国农业在未来一定时期的“园艺化”担忧。一是城市房价居高不下，在大中城市务工的农民居住环境差，粮食主产区的留守老人或妇女成为土地看守人，土地流转的意愿不高。二是农村居住环境逐步改善，乡村旅游业和养老产业的发展降低了农户土地流转的意愿。农民与逆城市化人口混合居住，使一些村庄占地规模扩大，连片土地有可能被居民区分割，增加了农业生产使用大型农机的难度。乡村振兴战略实施过程中，一些地方政府的农村基础设施投入预算呈现“软化”或“政治化”特征，使一定时期里可进城的农民不愿意进城，一些农户即使在县城买了房，在农村照旧盖房，阻碍土地流转。笔者调研不同地区的“农业综合园区”发现，大量非农业设施与农地夹杂布局，降低了农地的连片性，甚至有的地方在占地二三百亩的农业综合体中部署多项需要使用硬化地面的项目。三是地租率过高影响农业规模经营。高价的工商用地对农业用地的地租有牵动作用，在高地租的压力下，投资人倾向于“高附加值”农业，银行向投资者贷款，形成农业经营风险。

因此，需要对多功能农业有一个权衡。首先，要确立国家重点支持大宗农产品生产现代化、市场决定农业衍生功能的方针。农业的衍生功能固然要考虑，但政府财政支持要慎重。其次，要适当预判农村各类居民点的前景，调整农村居民点布局，实现规模化的农田连片经营。可以通过有分别的农村基础设施和其他公共服务项目建设政策，引导“逆城市化”居民与专业农户分开居住，提高前者的集中度，使后者逐渐形成小型居民点。最后，要建立放管有度、分权合理的土地规划管理政策体系和运行机制，提高农村土地用途的可预期性，降低农业地租，使地租真正反映各类土地的稀缺性。适当归并、整合现行几种土地保护区的政策设置，强化与大宗农产品生产相关的土地的保护。

四、能否实现城乡社会本质无差异

乡村振兴战略针对的是消除城乡二元结构、实现城乡协调发展这一根本任务。完成这一任务需要对政策导向作出判断。城乡协调发展机制要从效率、平等和社会可持续发展这几个约束条件去定义。

（一）城乡协调发展的效率机制

如果要素投入不同的领域能获得大体相等的边际报酬，就可以实现要素配置效率最大化。农业是国民经济的一个部门，要素在农业部门投入的边际效率不能长期显著低于其他部门。人们把农业当成一个特殊的部门，认为其中存在“必要的闲暇”，将其看作有效工作日的一部分，允许农业存在低劳动生产率，这是一种错误的认识。如果农民只能远离家乡兼做其他非农业劳动，但出于就近观察农产品生产的必要而牺牲兼业机会，就可以看作为一种必要的低效率。如果不存在政府对城乡人口布局的不合理干预，非农业投资者就会形成寻求廉价劳动力的竞争，产生适合农民兼业的产业布局，建立城乡各部门同等劳动者单个工作日收入均等化的机制。

关于小农存在意义的认识以及相关政策的推进影响了上述机制的生成。小规模农户的存在是事实，但对这个事实的判断有一定失真。在农业主产区，特别是粮食主产区，实际农业经营者是服务专业户。拥有承包地的农户从事农业生产的时间越来越少，成为“地畔农民”，由家庭的老人或妇女“守房守地”。他们不仅是“伪小农”，还是“在家地主”，不愿意将土地流转。农业收入占家庭总收入比重越小的农户，越倾向于成为守着土地但不从事农业生产的特殊农村居民。

真正的小农也大量存在。有学者认为，小农能给社会带来“外部收益”，但事实上，大农场比小农户更容易采用循环农业技术。小农构成的熟人社会也不如想象中美好，尤其是低收入水平的熟人社会，容易产生人身依附，难以保护隐私。

因此，小农需要相当长的时间才能在整体上转化为农场主，但不能因为时间和过程较长，就将小农这一庞大群体固化。

（二）城乡协调发展中的国民收入公正分配机制

通常把效率与平等看作一对矛盾，其实，如果定义平等时考虑到产生收入的投入因素，平等与效率并不矛盾。与效率发生冲突的是平均主义分配。一般而论，在国民收入的初次分配中，即要素市场的交易环节上，让市场发挥调节作用，可以保证效率。政府如果干预，也应是通过增加教育投入提高劳动者技能，通过产业升级提升各行业的工资水平。其他直接干预要素价格的行为，都会损害经济效率。

对于初次分配之后仍然存在的收入差异问题，理论上通常认为不存在满足利益最大化的经济均衡。如果要在国民收入再分配中发现公正性，需要引入其他不同的参照系，例如，把“共同体命运”作为分析基础。笔者尝试提出一种国民收入再分配的“公正解”，并做一定的延伸分析（图 2）。

假设富人的收入会通过政府的转移支付，成为贫困人口的收入。在双方效用一减一增的过程中，边际效用递减；富人效用减少过程中，边际效用递增，符合边际效用规律。二者效用之和，有一个最大值，此时，最大值对应的转移支付率，是体现社会利益的“均衡点”。但这并不是真正的主流经济学通常说的均衡，因为在这一过程中，富人的利益最大化是不给贫困人口钱，贫困人口利益最大化是把富人的钱全部转移过来。可以假设，在这一过程中，富人与贫困人口之间发生“尊敬”或“名望”交易，即贫困人口得到钱财，富人得到名望。这个假设其实有普遍的现实性。但

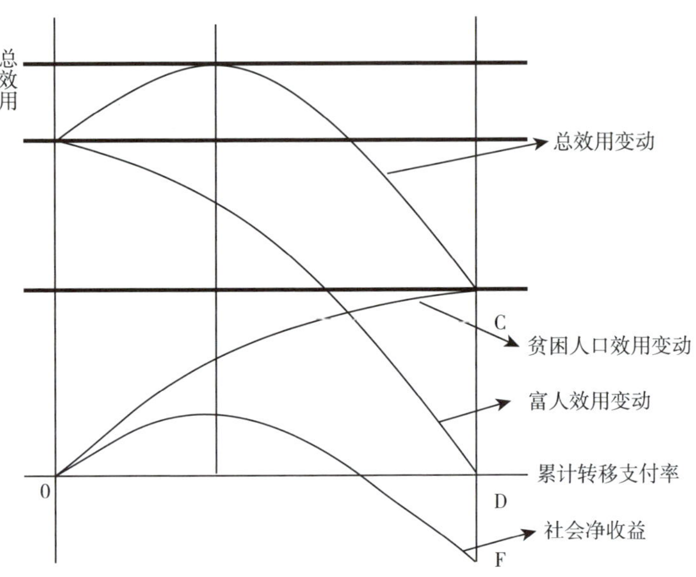

图 2　转移支付中的平等与效率

名望的交易多在熟人社会有效，在大尺度的社会里，实现转移支付要依靠来自国家的压力。

中国城乡间的收入分配有特殊性。在理论上形成的关于国民收入总体分配的公正性条件，如果用来分析中国的城乡收入差距问题，要考虑更多因素，也容易发生导向性问题。笔者调研发现，如下三种情形值得注意。

一是广泛动员各类组织和企业扶贫，存在预算软约束或政治约束的问题。抽象地说，容易发生直接干预要素市场价格的问题，如重庆的“地票制度”，不同区域的土地，形成同样的地票价格，没有反映土地的稀缺性，但重庆政府认为，这有利于帮助偏远地区的贫困人口。笔者认为，在经济活动中发生的土地交易，价格应由市场决定，对农村贫困人口的帮助应该借助国民收入的再分配渠道。

二是帮助农村贫困人口脱贫的机制存在问题。在村庄中开展的慈善、扶贫活动应借助熟人社会的“名望交易”机制，由村庄里走出去的富人做扶贫行为的主体；对村庄贫困人口的一般性帮助，应借助各类社会保障制度，由政府作为行为主体。现阶段广泛推行将“壮大集体经济”产生的收入，作为村庄居民福利增长的来源，但村庄没有预算严格的公共财政，这种做法实际上是农村“政企不分”的表现，应予改变。

三是如何帮助农村分散已有的“顽固性”贫困农户。社会中存在这样一种荒诞的判断：把贫困与懒惰、劣根性等似是而非的概念联系在一起。绝大多数情况下，人们会对贫困人口形成刻板印象，甚至会编出很多模式化的故事，以讹传讹，将其格式化、类别化。从进化论的观点看，世界上不会存在把好吃懒做当作价值追求的人。假设有过这种人，他们也会面对很多生存难题，基因有效扩散的概率很小，即使基因有变异，淘汰机制也会使变异人群限制在很小的范围内。贫困是一个相对概念，绝对贫困在世界范围内各不相同，相对贫困则比比皆是。贫困的发生有三种情形：第一种情形如普通美国人比墨西哥人总体上要富裕，是因为他们完全不在一个生产系统中，美国人处在高度专业化的社会分工系统中，能低成本地生产大量商品，实物工资水平更高，墨西哥则完全相反；第二种情形与歧视有关，如印度的私营企业不愿意雇佣低种姓人群，按照法律规定，政府部门必须雇佣低种姓人口，却通常将他们安排在低收入岗位上，这种情形在新兴部门有所变化，但总体上还很严重，被歧视的人群往往不容易摆脱贫困；第三种情形则与健康状况有关，有学者指出，贫困人口的身体疼痛指数更高，他们睡眠不好，晚上醒来的次数更多。此外，贫困人口易于吸食麻醉类物质也与身体状况有关。

以上三种情况的发生还可以再追溯深层次的原因。一个高度集权的社会可能由少数人垄断各种经济资源，市场公平交易受到限制，社会分工难以扩张，普通人很容易陷入贫困；市场不发达，凝固的社会等级秩序不容易受到冲击，贫困人口的境况不易改善；社会流动性弱，地方性不良习惯使一部分人难以摆脱病痛。

第三种情形下的贫困人口，就是脱贫很难的“顽固性”人口，他们不适合居住在农村，政府应将他们安排在城市适当的岗位上，但这不是目前脱贫、扶贫工作的导向。推进城乡协调发展的正确导向，应是逐步将农村地区转变为三种人居住和工作的区域：第一种是专业化水平比较高的农民，如农场主；第二种是在农业产业链其他环节工作的人群，他们已经不是严格意义上的农民；第三种是对农村有特殊偏好的“逆城市化人口”。第一种农村居民适合分散居住，后两种居民适合适当集中居住，居民点大小应尽可能达到能够支撑基本公共服务设施有效运行的规模。

（三）城乡协调发展中的社会可持续发展机制

所谓“乡愁”即“社会友好”感受。决定“乡愁”能否生成的因素很多，其中之一是一定空间的人口密集程度。中国学者关于这方面的研究较少，甚至没有对“社会友好”“乡愁”的合适的翻译。“乡愁”本来是公共品，但正在成为必须“交易”的对象，城市不能承载“乡愁”，要花钱到农村去“购买”。能不能让“乡愁”成为城乡居民共同的免费物品？这也是一个很重要的导向性问题。

城市居民的居住环境过于拥挤，“社会友好”感难以生成。居住过于拥挤时，人们的工作业绩会显著下降，形成挫折感，性情沮丧，失去创造活力。中国城市的平均人口密度不算高，但居民区的密度非常高。有利于居民心理健康的容积率不应超过 2，平均在 1.5 左右，中国居民区的容积率超过 5 的情形十分多见。可见，中国的土地规划管理制度存在问题，但与“人多地少”毫无关系。

“乡愁”的城乡不对称分布，长期看是一个严重的问题，这是城乡发展中的“城市失败”。要解决这一问题必须深化城乡规划管理制度改革。

五、延伸讨论与结论

在工业革命前的几千年中，气候等因素发生变化，人口就会迁移，并且常常引发战争。草原民族向农业区迁移的过程更是一部血腥历史。战争是政治的继续，在传统农业社会是一个常态。农业领域集中了大量人口，劳动力过度供应，难以产生对劳动替代技术的需求，形成低劳动生产率陷阱。经过“圈地运动”，英国大量公地被开发，实现了私有化，改善了人地比例，产生了对劳动替代技术的需求，也为英国工业革命扩大了工业品市场。这是英国农村人口明显增加、而非农村人口被驱赶到城市的过程。英国工业革命及其向欧洲大陆的扩展产生了人类历史上最大规模的人口迁移。这种没有引起争夺土地战争的人口迁移，根本性地改变了人类历史。成功实现工业化的国家，城乡居民福利差距都经历了形成、扩大、消失的过程，这也是脱离农业的人口进入城市由慢到快、最后逐渐趋缓的过程。工业革命后也有战争，但战争与人口迁移不再关联，新的人口迁移是由农村走向城市。工业革命以及此后连续发生的技术革命不断助推城市迸发活力，农业中的劳动替代技术持续进步，食物相对价值降低，为福利社会的形成奠定了物质基础。食物廉价还减少了人的依附性，扩大了自由，实现了社会转型，为政治民主奠定了社会基础。工业革命使社会分工国际化，市场将不同国家紧密联系在一起，甚至使国家主权在紧密型共同市场中发生重组。我们由此看到了形成人类命运共同体的曙光。

上述趋势包含了当代国家城乡建设政策选择的基本要求。中国乡村振兴的政策导向要以继续推进城市化为基准，减少农业人口，使农业成为具有国际竞争力的行业。要将城乡社会一体化作为核心目标，合理布局城市人口和农村人口，建立有中国特色的城乡区划制度，形成小型化和分散化的专业农户居民点，构建非务农的农村人口适当集中居住的空间格局；要依照效率优先、兼顾平等的原则，部署农村公共服务设施，在各类城市适度均衡分布的前提下，使专业农户更多地在城市与市民共享公共服务；要改革土地规划管理体制，为城市承载“乡愁”开辟制度空间，使城乡居民共同形成“社会友好”心态，建设和谐社会。

（作者系中国社会科学院农村发展研究所研究员、博士生导师）

中国乡村的未来应追求“九园之乡”

刘　奇

建设什么样的乡村，是乡村振兴的元问题。中国的乡村与非洲及南美洲的乡村不同，他们是“原始型落后”，我们是“文明型落后”。有着五千年文化积淀的中国乡村，在漫长的岁月磨洗中，逐渐生成了各自独特稳定的居住环境、社会结构、风俗习惯、人际关系及运行机制等。复杂多元深厚的历史背景昭示我们，实施乡村振兴战略，不是像在一张白纸上作画，可以随意挥洒，而应立足原风貌、原生态，做好传统与现代的衔接，古典与时尚的互融，传承与创新的契合。中国乡村的变迁，是迭代而不是换代，要宜居还需要宜业，保障食物更应有多种功能。因此，精准把握未来乡村建设的发展走向、功能定位、价值逻辑及思维方式，是乡村振兴稳步推进的关键。“产业兴旺、生态宜居、乡风文明、治理有效、生活富裕”是中央乡村振兴的宏观大政，要将这五大目标任务细化、实化、具体化，应以“九园之乡”的价值追求和思维逻辑，设计架构，定位功能，引领走势。

一、农民宜居宜业的家园

给农民一个既宜居又宜业的家园，这是乡村振兴最重要最核心的内容。宜居宜业关键在于两个方面：一是生产、生活、生态、生意“四生契合”。有些地方进行村庄大规模整合，把老百姓安置到一个新地方集中居住，农民生活质量提高了，但种自己的田要跑十几甚至几十千米，骑摩托或开车的油钱比卖农产品的钱还多，农民不满意。不仅要生产、生活契合，还要和生态、生意相契合。要创造“身在青山绿水间，心在唐诗宋词里”这样一个宜居的环境，同时还要做好市场开发，有好产品，能卖得出去，卖个好价钱；有好景点，能引来游客，让风景产生价值。不然，再好的生产生活生态条件，市场不活跃，也是死水一潭。二是“三产融合”。中国人多地少，小农户需要兼业，应在发展粮食和特色种养业的同时，大力发展乡村的二、三产业。新鲜农产品采摘后，最好马上装进冷库。很多农产品加工应在乡村完成，如果把工厂建到城里，不仅成本高而且不合理。农业服务业，尤其是生产型服务业，是当前我国农业最短的短板，美国农民300多万，但美国为农业服务的从业人员却占美国总人口的17%～20%。应破除“谈农色变”的旧观念，大力发展农业服务业，为农民开拓“离土不离乡”的第三就业空间，为兼业者减少背井离乡的远征打工。只有“四生契合”“三产融合”，农民才能就近就地就业、宜居宜业、安居乐业。尤其需要关注的是，宜居宜业是当地农民的宜居宜业，不是外地人、城里人的宜居宜业。鞋子合不合脚，只有穿鞋子的人自己知道。因此，乡村振兴一定要突出农民的主体地位，让农民说了算，不能只顾宜居不顾宜业，更不能以旁观者的眼光去定位是否宜居宜业，这是我们未来乡村建设的大逻辑、关键点、要害处。

二、农品高效生态的田园

高效、生态是未来农业发展的方向。现代科技的植入，使农业生产效率大大提高，而农业的生态化远未成形。要实现农业的高效生态目标，应坚持以低端传统产业对接高端现代需求的发展理念。中高端现代需求就是有机、健康、绿色产品，目前我国的有机农业只占世界的6%，美国占47%。我国的有机肥施用占比不到10%，美国占比已高达50%以上。一亩高标准土壤，应有16万条蚯蚓，300千克的真菌细菌，5%～12%的有机质含量。好土壤才能产出好产品。我国推行“减肥增绿”计划大见成效，但是和社会的实际需求差距还远，化肥、农药施用量依然很大。目前世界上农药有3万多种，食品添加剂也有3万多种。乌克兰人体清理专家做了一个实验，将死人身体上有毒的垃圾清理出来，平均3～5千克，占人身体重量的4%～6%。另据我国科学家研究，使用化肥生产的小麦，与使用有机肥生产的小麦相比，钙含量减少76%。100年前，美国农业部土壤所专家写了一本《四千年农夫》，记载了中国、日本、韩国的农民如何运作循环农业、生态农业，认为这是东亚地区农业的奥秘。这本书现在还被美国农民当作“圣经”来读。而我们却把祖先创造的“天人合一”哲学思想和有机农业经验扔在一边，大学连美国农民都认为过时了的所谓现代农业，这是从学术界到政策界都应认真反思的大问题。从有利于人的健康视角看，生态农业也是高效农业，世卫组织研究表明，现在全世界有30多亿人吃不起营养平衡的健康饮食，我国就有3亿多人处在“隐形饥饿”状态，表面上吃得很好，但食物中缺乏必需的营养成分。要把“病从口入”变成“病从口出”，让人们吃出健康来，最简便廉验的办法就是变开发植物动物的“二物思维”，为开发植物动物微生物的“三物思维”，发展生态有机健康农业，直接通过饮食调节营养平衡。坚持以低端传统产业对接高端现代需求的发展思路，也是提高农产品价值的最佳捷径，中高端现代需求的农产品价格必然高于一般农产品。中央提出农业供给侧结构性改革，就是要求发展既讲高产又讲高质的生态有机绿色农业，只有高产高质，才能高效。

三、市民休闲养生的逸园

纵观历史，人类财富积累的演进分为五个阶段：第一阶段是土地，第二阶段是机器，第三阶段是金融，第四阶段是教育，第五阶段是康养。如今人类正处于第五阶段，有人戏称现在是“忙人进城，闲人下乡；穷人进城，富人下乡；为生存的人进城，为生活的人下乡”，虽为戏言，但却折射出休闲养生已成为人们对于高品质生活的追求。有关资料表明，中国人均每日休闲娱乐时间约为2.2个小时，而欧美国家约为5小时，这表明我国的康养产业拥有巨大的上升空间。而且，如今的消费结构与以往有很大不同，物质奢侈消费已逐步减少，健康养生消费比重正稳步增加。未来到乡村休闲养生的人群主要有四类：富人、老人、闲人以及高智商的人，其中老人为主要群体。我国“未富先老”的状态已经呈现，农村老龄化进程比城镇更快。德国哲学家海德格尔将人类理想的生活环境概括为“诗意地栖居”，富有诗意的环境，能够点燃激情、激发活力，让人产生诗情画意的美感，比如看到一片荷塘，马上就有“接天莲叶无穷碧，映日荷花别样红”这样的诗句呈现出来。这种“诗意地栖居”才会让人产生和美恬静、舒适安逸的幸福感，才是适合人类休闲养生的理想状态。人类已经进入

“大（大数据）、云（云计算）、移（移动互联网）、物（物联网）、智（人工智能）”时代，未来乡村建设，既要尽力而为，又要量力而行，因地因时制宜加强现代化基础设施配套建设，让“逸园”中人跟上时代，“逸”得现代。

四、人与自然和谐的乐园

人与自然的不和谐始于工业革命。工业文明理念追求“人定胜天”，笃信人是自然的主宰，人可以改造自然；而生态文明认为“人是自然中的一员”，应与自然和谐共处。未来乡村建设要从根本上解决人与自然不和谐的问题，就必须破除“驾驭规律”“人定胜天”的旧理念，树立遵循规律、天人合一的新思维。规律只能被认识而不能被打破，只有尊重规律，才不会被规律惩罚。我们现在面临的水、土、空气污染等问题，就是不尊重规律的后果。工业革命超越限度，即成危害，塑料问世曾被认为是最伟大的发明，今天已经成为最严重的公害，科学家研究表明，我们每人每天都在吃塑料微粒，每人每周平均要吃进 5 克，相当于一张信用卡，这对人体会造成多大危害尚不得而知。塑料残留在土壤里会改变土壤性状和土壤结构，导致农作物减产。更严重的是，土壤里的塑料，可能几百年都降解不了。水多、水少、水脏，是人之与水关系越来越僵的矛盾点，很大程度上源于人与水争空间。有调查显示，我国改革开放以来 70%的城市化都是建在跟洪水争空间的区域。生态恶化，河水断流，2013 年，流域 100 平方千米的河流 2.3 万条，20 世纪 50 年代是 5 万多条，半个多世纪减少一半多。乡村振兴在生态环境问题上，最紧要的是做好三件事：改土、治水、净化空气，使动物植物各安其家，快乐生长；让人与自然各美其美，和谐相处，创造一个山水田林河湖草、鸟兽虫鱼微生物共生共荣的生态环境。

五、游子寄托乡愁的留园

乡愁是中国人对家乡的特有感情。游子“叶落归根”，商人“衣锦还乡”，官员“告老还乡”。泱泱大国，炎黄子孙，对于家乡的情感关系可以用两个“真好”概括，年轻时终于离乡出游，“真好”！年老时终于归乡安居，“真好”！南怀瑾“三千年读史，不外功名利禄；八万里悟道，终究诗酒田园”是他的人生心得。纵观历史，古往今来，从贩夫走卒到文人雅士，从乡野渔樵到庙堂乌纱，他们的心路历程都表明“吾心归处是故乡”。今天我国正在高速推进城镇化，新中国成立伊始城镇化率仅约为16%，发展到今天已经超过60%。自20世纪40年代到80年代，跨越半个世纪，从乡村走进城市的几代人是一个庞大的群体，很多人还长期处于“一脚城里一脚乡”的两栖状态，他们对乡村的记忆和怀念深深地刻在脑海里，乡愁也是这几代人特有的情感，是属于他们的集体记忆。留住乡愁，就是为他们留下那段挥之不去的集体记忆，让他们在人生的后半场能够找寻到“于我心有戚戚焉”的场景缅怀。因此，乡村建设，必须坚守“迭代”而非“换代”的理念。“迭代”即在原有的基础上进行改造，决不可推倒重来，务必尽可能多地保持当地特有的原生态格局、原乡土风貌、原民俗韵味。传统村落是中华传统文化的基因宝库，中国的自然村落从改革开放前的400多万个已经减少到目前的200多万个，每个村落都蕴藏一种独特的文化基因，一个传统村落的消失也将意味着一种传统文化基因的消亡。保护传统，留住乡愁，并非排斥现代，尤其民房的改造，应遵循“外面五千年”（保持传统）、“内里五星级”（追求现代）的理念，让传统与现代融为一体。

六、农耕文化传承的故园

乡村文化是中华民族文明史的主体，村庄是中华民族文明的载体。在高科技迅猛发展的今天，传统农耕文化正遭遇断崖式沉没。随着人们认识的深化，对传统农耕文化的保护呼声渐高，重视程度渐深，但在具体保护与传承的过程中更多关注的是其表象，如传统的生产生活用具、工艺品、木雕、戏曲、刺绣等等的收集、整理，这些都是我们迫切需要做好的工作，但更为重要的是对传统文化中思想理念、思维方式以及制度建设的传承。例如，“天时、地利、人和”是中国农民经过长期实践总结出来的农业哲学思想，它是中国农民对人类文明做出的巨大贡献，被国外学者称之为放之四海而皆准的“人类文明的黄金定律”。遵循自然规律是中国农业得以万年传承、生生不息的根本，中国农民想问题、办事情从来都按照这一思维方式谨言慎行，不越雷池。这些思想的精华、思维的逻辑，应成为我们乡村建设必须继承和发扬的核心。历经成百上千年积淀，一些切实可行、长盛不衰的乡里制度，耕读传家的家风、家训、家教等优秀传统文化，都有着极大的现实意义和历史价值，需要我们收集、整理、传承、活化。总之，传承农耕文化不可只重表象，丢弃本质；只重形式，失去精髓。

七、缓解社会压力的后园

民谚云“小乱避城，大乱避乡”。这是因为乡村可以长期与外界隔绝，自我形成一个封闭的内循环系统，一代人甚至几代人都能够在那里繁衍生息。陶渊明笔下“不知有汉、无论魏晋”的桃花源便是明证。这次新冠肺炎疫情流行期间，一些人便搬离城市，到乡间别墅居住躲避疫情。人类正面临诸多难以预测的移动性背景，当突发性新型灾难降临时，人口密集的城市没有退路，乡村的救助疏解功能显而易见。从更宏观的层面看，人与劳动的关系根据时代不同而呈现出不同的特点，农业文明时期是“人与无偿劳动的抗争”，工业文明时期是“人与无益劳动的抗争”，计划经济时期是“人与无效劳动的抗争”，人类正进入人工智能时代，将出现“人与无处劳动的抗争”。以色列学者赫拉利预测，未来世界是“1%的神人和99%的闲人”组成。如何解决“无处劳动”的矛盾？重要途径之一就是发挥乡村的人口“蓄水池”和内循环作用，让赫拉利笔下的“闲人”到乡村去寻找生活的意义、价值和乐趣，使乡村成为缓解社会压力的后园。在大力推进城镇化进程中，有一种声音认为要“终结村庄”，这是不符合中国国情的论调。有研究表明，我国的城镇化率上限为70%左右，意味着未来将有几亿人仍然生活在乡村，目前世界人口超过一亿的国家也只有13个。只要人类还需要吃饭，就必须有农业，有农业就必须有农民有农村，面对一个14亿张口的庞大群体，吃饭永远是头等大事。中国的村庄不会消失，因此，不可盲目终结村庄。城与乡就像一对夫妻，各有功能，谁也不能取代谁。

八、民间矛盾调处的谐园

中国农民聚族而居，世代沿袭，形成村落。经过漫长的历史积淀，社会关系相对稳定。大规模撤村并居，一旦打破这种稳定与平衡，就会产生新的社会矛盾，乡村就会面临更多新的挑战。中国乡村的治理，历来依靠的是正规制度和非正规制度共同作用形成的合力，被称之为“第三领域”。自古以来，遇到兵荒马乱，王朝更替，只要某地有一位德高望重者利用这种力量鼎力维护，就能稳住一方，偏安一隅，待到新的王朝建立，便又马上和新生力量对接。城里人发生矛盾，靠的就是利用正规制度打官司，乡村如果单靠正规制度解决问题，恐怕一村设一个法庭，天天开庭都解决不完。乡村调处矛盾绝大多数靠的就是一些德高望重者出面调停，上升到法律层面的十分有限。他们可以说是国与家、上与下、官与民、公与私的对接枢纽，是乡村各种矛盾的缓冲带。中央提倡自治、法治、德治的“三治”结合，把自治放在首位，就是对乡村这一传统治理精神的发扬光大。有学者指出，新乡贤通过调解民间纠纷、评判是非获得权威，通过参与村庄公共事务提供公共产品获得声望，通过维护村庄共同利益获得地位，在村庄治理方面发挥了重要作用。这正是当下需要挖掘培育的乡村治理新动能。“乡村落后，需要按照城市文明的思维加以改造”，这是西方人的逻辑，是一种野蛮文明，在中国水土不服。地相近，人相亲，心相通，情相牵，邻里和睦，乡风文明，才是乡土中国的特色，才是治理有效的社会生态。

九、累积家园红利的福园

中国乡村是一个熟人社会，“远亲不如近邻”，邻里在长期相处中建立起彼此信任、互帮互助的紧密关系，这是乡土中国的宝贵资源，它像是一座无形的“村庄银行”，诚信就是一个人、一个家庭的“存款”。在这个熟人环境里只要讲承诺守信用，严格用熟人社会的游戏规则约束自己，就会积累成一种取之不尽、用之不竭的社会福利，即“家园红利”。这个看不见、摸不着，却又无时不在、无处不在的“家园红利”，在资源配置、矛盾调处、邻里互助、临时救危等诸多方面都发挥着不可替代的重要作用，而且代际传承，福荫子孙。遇到急难险事，不须号召动员，邻里就会立即伸出援手。乡里乡亲，急需用钱，“家园红利”积累丰厚的人家不需要写借条、找抵押、付利息，马上伸手可得。反之，一旦在这个熟人圈子里失信，他将被熟人社会的成员集体抛弃，甚至祸及子孙。一般没有人敢用“诚信”作为抵押物，做一些违背公序良俗的勾当。这种熟人环境积淀的社会福利，是乡村社会自我平衡、自我净化、自我发展的有效机制，是乡村德治的重要内容，对于完善乡村治理价值巨大、意义深远。在乡村人口大流动的背景下，熟人社会建立在诚信基础上的“家园红利”逐步弱化，校正乡村迷茫的世界观、人生观、价值观，已成当务之急。当前，在开展社会主义核心价值观教育的同时，应充分挖掘这一世代积聚的宝贵资源，大力弘扬这种诚信为本的传承精神，重构乡规民约，加强乡村的信用体系建设，让“家园红利”成为打造幸福乡村价值链的重要环链。

（作者系国务院参事室特约研究员，博士生导师，中央农办、农业农村部专家咨询委员会委员）

乡村产业兴旺的三个要素

朱启臻

如何才能实现乡村的产业兴旺，是乡村振兴的重点和难点。以往乡村产业发展尝试过诸如产业结构调整、规模化、专业化、高效农业等措施，但都没有成为促进乡村产业兴旺和农民增收的普遍有效措施。乡村产业振兴要发挥乡村产业要素的整体优势，必须研究产业要素之间的关系。在乡村除了种植业、养殖业，还有乡村手工业、乡村服务业和乡村文化产业等，共同构成产业兴旺的基础。就农业而言，可以从三个维度来讨论。一是产业链延伸，二是产业融合，三是产业功能的扩展。

一、产业链延伸

所谓农业产业链延伸是指农业向农业生产的产前、产后环节延伸。向产前延伸，包括农资的生产与经营环节。向产后延伸则涵盖贮存、加工、运输、销售等环节。按照经济学观点，农产品价格低和农民收入增长缓慢的一个重要原因是农业产业链太短，延长农业产业链，可提高农产品附加值，让农民充分享有农业生产、加工、流通等全链条的增值收益，是促进农业增效、农民增收的必然选择。实际上，农业产业链延伸并不必然增加农民收入，更多的情景是减少中间环节增收更有效，如农产品直接从田间到餐桌，当地销售，减少长途运输，更符合农产品消费规律。需要指出的是，农业产业链延伸不是一条直线，而是可以产生多个分支，如糯稻生产，可以把糯稻加工成糯米，糯米再做成米酒或其他糯米制品，进入市场销售，这是一个链条。同时，还可以衍生出稻田景观、草编手工艺品、秸秆制作饲料发展养殖业等多种分支，形成类似“树状”的产业链结构，进而衍生出为产业链配套服务的相关产业。

二、产业融合

日本学者今村奈良臣在 1996 年提出要推进与农业相关的一二三产融合发展的主张，鼓励农户搞多种经营，不仅从事种养业，而且从事农产品加工和农产品流通、销售及观光旅游等二三产业，从而可以提升农产品附加值和农民收入。这是对产业融合的较早表述。我国学者把产业融合界定为不同产业或同一产业不同内容相互渗透、相互交叉，最终融合为一体，逐步形成新产业的动态发展过程。产业融合的形式有产业渗透、产业交叉和产业重组等类型。所以，有学者把农业产业融合界定为与农业紧密相关的产业或者农业内部不同行业之间，通过产业交叉和重组结合为一体的整合过程。其实，农业产业融合在乡村有多种不同类型和层次的融合方式。首先，可以在农业内部不同农业类型之间实现融合，如种植业与养殖业的融合，形成有机循环农业，稻鱼共作，立体农业等，是可持续农业的重要条件；其次，产业融合可以发生在农业产业链不同环节，即我们常说的一二三产融合，实现产加销一体化；其三，产业融合也可以体现在农业与非农业之间，如农业与艺术结合形成创意农业、稻田艺术，与旅游结合形成旅游农业，与互联网结合形成互联网农业等；其四，农业产业融合可以发生在农业与乡村之间，农业与乡村本来是不可分割的整体，体现为农民生产与生活的融合、农产品与乡村文化的融合等。产业兴旺意义上的农业产业融合只有发生在乡村内部才有意义，产业融合发展的目的是让农民获得较以往更多的收益。这种收益可通过产业融合提高资源的利用率来实现，如发展农产品加工业、农业旅游等可以使因农业季节性而闲置的乡村资产和要素得到充分和反复的利用，进而给农民带来收入。产业融合也有效缩短了农业生产与消费者之间的距离，出现了供需一体化的倾向，从而降低交易成本，使农民获益。

三、农业功能的扩展

农业多功能理论提出以后，利用、开发和拓展农业功能就成为增加农民收入和提高乡村活力的热点。我们总结了农业的五大功能：一是产品生产功能，这是农业的基本功能，产业兴旺意义上的农业生产以满足当地消费需求为主，突出质量提升和结构优化，强调农产品的地域特色。二是农业生态功能，农业生产本来是生态的，对涵养水源、净化空气、调节气候、防风固沙等均具有重要作用，还可以为人们提供多种多样的农业景观。由于长期以来对农业生态功能以及农业文化的忽视，加之片面理解现代农业，导致了农业的面源污染，解决这些问题需要从传统循环农业理念中寻找智慧。三是农业的生活功能，农业生产不仅为生产者提供优质农产品，满足其去货币化消费的需要，同时，农业劳动也是人们获得情感寄托、满足心理需求的重要途径，是乡村生活的重要组成部分。四是农业的文化功能，农业生产过程蕴含着丰富的农业文化，是很多传统优秀文化的有效载体。传统农耕经验，耕作制度、优秀农耕文化遗产、乡土知识以及现代农业科技知识，与传统村落、民族村寨、传统建筑等一道可以成为产业兴旺的重要内容。五是农业教化功能，在农业生产过程中，人们可以深刻理解人与自然的关系，获得尊重自然和利用自然的智慧；体验劳动的艰辛，养成尊重劳动成果的品质；农业生产过程也是培养诚实守信、耐力与忍耐力以及节俭品质的有效途径。因此，农业被教育学家认为是全人培养的重要载体。

实际上，农业产业链条的每一个环节其功能都可以得到扩展，与乡村的各类产业要素实现融合，构成纵横交错的立体产业体系。

（作者系中国农业大学教授，中国农业大学农民问题研究所所长，博士生导师）

乡村振兴的九个观点

刘守英

一、乡村振兴需破解四大问题

第一，人。一个最大的问题是乡村老人的绝望，这是非常让人心寒的一件事。二是年轻小孩的问题。年轻小孩的问题我们原来一直讲他们是留守儿童，现在很多孩子小学是被家长带到城市，这些孩子家长实际是照顾不了的，初中回到本镇，高中回到本县。三是 70 后的问题。70 后到底是不是跟 40 后、50 后、60 后一样回到乡村，还是在城市里落下来？这些人基本没搞过农业，也没种过地。

第二，业的问题。整个中国农业的业这个问题不解决的话，农业的回报是上不去的。现在农业的问题越来越单一，回报越来越低，也进行了土地的流转，也进行了规模化，但是从事规模化的这些人越来越内卷。农业的回报越来越低，就越没有新的要素进来做农业。

第三，地。大量的土地被占用，主要是两块。一是农民的房子往路边去盖，这是非常好的现象，原来传统农耕村落的聚落形态开始向更交通便利的地方转变。二是坟地。现在农村的坟地基本上把原来的菜地都占光了。

第四，村庄。农民过去积累的资本全部回到乡村去盖房子。

这四大问题看上去是乡村问题，实际上是我们城市化模式的问题。城市化模式本质是回村的模式，不管你在城市干多久，最后还得回村。如果城市化的模式继续按照原来回村的模式发展，我觉得乡村振兴的路是无解的。

二、需要关注与研究城乡关系

乡村用什么东西来跟城市交换，这是城乡关系的起点，而不是城市去乡村做什么。作为我们思考城乡问题的基础，乡村到底用什么跟城市去建立这个有机联系？

现在很多人关注的是什么呢？城市到了哪，哪里的乡村就能活，现在都是这种思维。你仔细想想是这样的吗？乡村没有东西与外面去交换，就断掉了。城市再多的东西进到乡村，乡村也起不来，核心是乡村到底什么东西可以跟城市对流与交换。

我前面提醒大家一定要关注乡村的新变化，这其中也包括农业。农业是我们误解最深的一件事，我们认为农业就是让人吃饱肚子，把人从瘦子吃成胖子，这是有问题的。如果农业就是种植业，农业就停留在这个概念上，乡村是不会有希望的。

到底什么是农民？什么叫农业？是什么样的乡村？我们一定要认真研究，研究它们的变和不变。现在是到了真正开始做乡村研究的时候，不管城市化到80%、90%，以乡村作为本位来研究乡村问题现在才开始。

三、从三个方面实打实地推进乡村振兴

乡村产业目前没有发展的空间，乡村产业被极其窄化，这导致乡村衰败。所以，我们一定要考虑乡村振兴如何实打实地推进。实打实地推进主要表现在以下方面：

一是乡村的产业一定要有回报。为什么要素只往城市走，不往农村走？非常重要的一点是，乡村产业的回报低，报酬低，资本、人力就不往农村去配置。要解决乡村产业的回报问题，就要提高乡村产业科技含量，要素组合和配置效率提高，回报率就会上升，乡村产业跟城市产业就一样具有竞争力了，资本就愿意到乡村去。

二是让整个要素在城乡之间流通，这样资本就会下乡，高素质的人力资本就会往乡村走，土地资源使用在乡村才有回报。城乡之间要素打通以后，乡村和城市之间的发展才能平衡。

三是对乡村老人的救助。这是我们在这次疫情之后要尽快解决的。我们原来一直讲是留守儿童，留守儿童现在已经有所变化。现在年轻夫妇去城市，一般孩子跟着去城市，孩子回去也是在当地的县城读书。所以现在农村最困难的群体就是乡村的老人，心理、生理、收入等都处于被忽略的状态。对乡村老人的救助，他们的归宿、基本保障，应该是我们发展的重点。

四、把城市和乡村作为一个系统来对待

解决中国的乡村问题，一定要把城市和乡村作为一个系统来对待。如果仅仅是从现在看到的乡村的问题来解决乡村问题，是无解的。比如说现在乡村老人多，那就让年轻人回来。年轻人为什么要回来呢？产业不行，那就振兴起来。怎么振兴呢？资本为什么要下乡？

城乡的系统一定是一个要素互通的系统。进城的农民工开始打通这个系统，但打通以后制度上的“墙”没有拆，大量的人口如果还得回去，农业的要素重组就不可能发生。

五、乡村振兴要改革回村的城市化模式

乡村已经形成这种状态，下一步怎么办？怎么去振兴？得找到出路。光批判它没有用，光唱赞歌也没有用，光每天喊城市化再提高多少，也解决不了这些问题——城市化率再高，这些人还是没有“落”。

整个中国乡村问题，是在城市化的模式上。乡村支付的这个代价，是做乡村振兴的起点。能解决的办法，就是渐进式的“落”。

城市化的问题，是人的城市化。现在核心的问题是，一定要把原来回村的城市化模式在代际开始进行改革，解决已经落城、不可能回村的这些农民的城市化，不能让70、80、90和00后继续走上一辈的老路。

70后回去不会搞农业了。如果指着这些人回去，就会变成去县城、镇上买个房，做点小生意、做点非正式的经济活动。县城和乡镇，容纳得了那么大的经济活动吗？我们现在看到，有些人回到了镇和县城，但县城、镇的凋敝跟乡村一样。原因在哪儿？它支撑不了那么大的经济活动，这些人在镇和县城经济活动的价值没有体现。

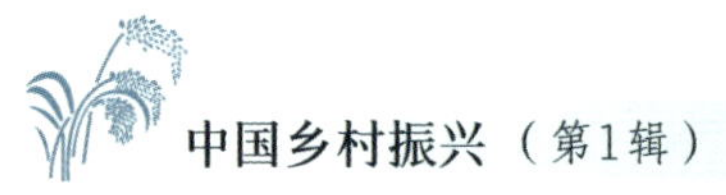

六、乡村振兴要看“体面”和“效率”

我现在越来越常反思，发达国家走过的路，仅仅用城市化作为现代化排他性的指标是有问题的。城乡关系的正常化，比简单追求城市化更有意义。

乡村的变革到底由什么力量推动？这是要好好思考的。如果想简单地通过行政力量，通过财政、项目等，解决几十万个村庄的振兴问题，现在开始就要对这种思想提高警惕。乡村的问题千奇百怪，而且复杂程度远远大于绝对贫困人口问题。乡村振兴的过程，一定是要有多方力量介入。

乡村的现代化，有没有统一的指标？乡村现代化很难用衡量农业效率的指标来衡量，如果乡村现代化用效率指标来衡量，就容易搞出问题来。有时候会说，一个乡村创造了多少 GDP，其实乡村不是创造 GDP 的地方。如果你要乡村去创造 GDP，那就错了。

乡村振兴到底效果怎么样，我觉得第一个指标就是体面，体面的居住、公共服务和人，还有整个乡村的民风体面，乡村治理好，大家到这里就很舒服。第二个指标就是效率——农业的现代化，农业一定是高效的、高质量的、高回报的。

七、要警惕“浪漫主义”

乡村振兴提出来后，我觉得现在有点过度“浪漫主义”，试图以一种脱离农村现实、理想主义的思维，去推进乡村振兴。

现在有两种声音，一种是让更多年轻人回农村，还有一种就是需要培养更多新的经营者。但是新的经营者怎么培养呢？核心问题一定是要素组合，老人也可以组合到要素里去。

产业方面，现在很多人说一二三产业融合——一产回报低，那就从事二产，还可以加上三产，比如乡村可以开发旅游。听起来非常完美的一幅图像，问题是怎么会发生一二三产业的融合呢？没有需求就没有三产。

一些乡村开发了很多旅游线路，开发了很多用于婚纱摄影的田地。能持续吗？谁去呢？一定要从浪漫的情怀里清醒过来，踏踏实实的，从乡村本身的状况出发，好好地认识乡村，然后再来寻找乡村振兴的出路。

八、切忌靠单一的行政力量推动乡村振兴

乡村振兴并不是一个简单的政策，它涉及经济社会的方方面面。要注意，政策的制定和施行不能过于简单，不能让乡村振兴跑偏了。乡村振兴中最忌讳的就是靠单一的行政力量推进各种运动。这会导致很大程度的混乱。

总体来看，目前，“乱动”与“不动”并存。但是，不求变也不行。不求变，或者单单依靠行政力量介入其中，都会出现问题。在变动时，一定要非常非常小心谨慎。

未来的乡村依然是有各种功能的。比如，乡村是一种生活方式，它不仅是“农一代”落叶归根的地方，也是现在的“农二代”“农三代”偶尔要回来寄托乡愁的地方。因此，在我看来，未来的乡村肯定不能再是以农业环境为主的单一村落，它应该转向一种适度聚居的、满足各类新需求的新村落。

但是，这个过程一定是一个慢变的、渐进的过程。这就要求我们，一定是根据发展出现的新需求来对乡村进行功能定位，进而进行制度设计，而不能简单地做一些行政规定。

九、农村的事，最怕的就是极端

乡村问题的解决，不能快、不能急，但不能没办法，一定要把乡村振兴的路径想明白。如果症结没找到、没有路径、没办法，还每天催官员搞乡村振兴，那就会变成各种指标。基层政府手上也没有几把米，还得干事，可不就是折腾农民、乱作为嘛。他能想到的办法，就是拆村子、合并。要堵住这些问题，得给他路。

农村的事，最怕的就是极端，危害非常之大，因为农民没有话语权。极端化跟导向有关，是政府在推。任何一次政府强力在乡村推政策，不管用意多好、主观意愿多好，都会出问题。乡村经不起过强力量的主导，它是一个慢变量，也很脆弱，自身修补自己的能力很弱。

未来整个村落集聚以后，也会牵扯到治理问题。但现在一定要注意，不能把乡村的集体经济发展和乡村治理混淆。很多人都试图用发展集体经

济来解决乡村的产业问题，这是错误的。乡村的产业发展、经济发展，不能简单地靠集体归堆经济来解决。

乡村治理和乡村的互助、合作，很多文化活动、乡村公共服务的提供，是需要集体来做的。我们现在工资都给到了村干部这一级，让他们来干这个。至于搞集体经济，是另外一件事，不是你是村主任就有能力搞集体经济。搞集体经济要闯市场，要把产业搞起来，把农民组织起来、合作的纽带建起来。并且，集体经济也不是所有地方都能搞起来的。

经济能人当村主任，也可以，但治理结构要讲清楚，公权力的行使和边界约束要解决、要清晰。不能把所有政治、经济都交给一个能人，没有任何制约，那这个人迟早也要出事。现在很多人讲，要壮大集体经济、能人治村，但不解决权力的边界和约束，最后把一批能人也“治”进去了，集体经济也搞死了。

（作者系中国人民大学经济学院院长、原国务院发展研究中心农村部副部长）

全面推进乡村振兴需要补齐哪些短板

林瑜胜

一、补齐人口结构变化带来的人力资源短板

第七次人口普查结果显示，我国乡村人口在10年间从6.7亿左右下降到大约5.1亿，占全国总人口的比重从50.32%下降到36.11%。农村人口快速下降的背后是流动人口的大幅增加。2010年全国人户分离人口2.6亿，2020年是4.9亿，增加88.52%。虽然其中也包括城镇人口的流动，但农村人口的流动相信还是占据多数。除了人口总量减少，劳动年龄人口减少和老年人口增多同样会影响乡村振兴战略实施。第七次人口普查结果显示，与2010年相比，15～59岁劳动年龄人口比重下降6.79个百分点，60岁及以上人口比重上升5.44个百分点。这一数据表明，乡村振兴正面临着人口总量、劳动年龄人口和老年人口“两少一多”的短板，存在产出和支出失衡带来的社会资源挤压风险。同时，第七次人口普查数据还显示，与2010年相比，东部地区人口所占比重上升2.15个百分点，中部地区下降0.79个百分点，西部地区上升0.22个百分点，东北地区下降1.20个百分点。也就是说，人口向经济发达区域、城市群进一步集聚，欠发达地区、城市群较少地区乡村振兴所需的农村人力资源短缺更加明显。这种人口年龄、地区分布的结构变化所造成的人力资源短板不是加大外力输入性工作投入就能改变的，必须进行一系列社会政策和产业政策调整，增加农村人力资源总量、优化农村人口年龄和地区分布结构，提高农业产业吸引力，扩大农村市场空间，有针对性地制定不同农村地区的发展规划，通过增强农村发展内生动力培植乡村振兴人力基础。

二、补齐农村自治能力不高带来的乡村治理短板

良好的乡村治理有利于实现乡村自然资源、文化资源、人力资源的聚

合效应，是提高乡村振兴实施效果的重要保障。村民委员会是基层群众自治性组织，村民自治是我国农村社会治理的基础形式。面对农村居民日益丰富和标准更高的美好生活需要，村民委员会在组织农民生产、引导农村发展方面的能力需要进一步提升，村民自治的实现形式、实施手段面临着信息化、数字化等现代技术的挑战，也面临着农村社会个体化的结构转型冲击，村民自治的效果与反馈链更加短促。这些都要求村民委员会在组织实施村民自治时，要坚决与生产发展中的“等”“靠”“要”思想、社会交往中的关系主义、存在滑坡倾向的公共道德、个人主义上升等不良倾向作斗争，迅速提高应对外部环境变化和市场挑战的能力，增强全面推进乡村振兴达到共同富裕的信心。党的十九大报告明确提出，要健全自治、法治、德治相结合的乡村治理体系。乡村振兴的主体是广大农村居民，乡村治理的主体也必须是广大农村居民。创新乡村治理体系首要的是尽快调动和提升广大农村居民参与乡村治理的意识和能力，实现早参与、早治理、早受益。村民委员会要更好发挥村民自治领导者作用，严格遵守法律和各项规章制度，做到村务公开、财务公开，依法治村；善于识人、知人、用人，发挥基层“土专家”“土秀才”等技能型人才的技术引领和致富示范作用，发挥农村各类先进模范人物的道德感召作用，通过自治、法治和德治的创新性实践，引导广大农村居民自觉参与乡村治理，实现乡村善治。

三、补齐城乡发展不平衡带来的社会发展短板

城乡发展不平衡是我国社会发展中的一个长期问题和难题。全面推进乡村振兴，就是解决这一问题和难题的重要行动。乡村振兴战略的总要求是产业兴旺、生态宜居、乡风文明、治理有效、生活富裕，由于历史和现实的种种原因，相对城市，我国农村发展更为封闭和落后，不仅总体发展程度不及城市，而且各层面发展均衡性也更加不足。长期以来，在很多语境中的农村发展主要是指农村经济发展，其他方面就自顾不暇。这种偏颇和失衡的发展观无法支撑农村经济发展的可持续性，导致农村社会发展的失衡性无法及时矫正，农村发展的动力和潜力也因此被各种弊端所羁绊和阻滞。实现乡村振兴，就是要改变过去重经济轻社会发展模式，坚持和贯彻新发展理念，不断加强党对农村发展工作的全面领导，统筹推进经济建

设、政治建设、文化建设、社会建设和生态文明建设“五位一体”的总体布局，尽快改变农村地区发展的失衡状态，努力朝着产业兴旺、生态宜居、乡风文明、治理有效、生活富裕的方向迈进。

四、补齐农村居民小农意识带来的社会观念短板

安土重迁、小富即安等都是我国农村居民积淀已久的心理意识。在农耕文明时代，这种意识有利于稳定农业生产和增强农民社会适应性。但随着工业化和城镇化的快速发展，农业作为第一产业，其产值和在国民经济结构中的意义已经大为不同。农业深加工、农业产业园区、体验式农业、农业旅游等新型农业业态的涌现，使农业作为第二产业和第三产业的属性特征不断加大和凸显。农村劳动力快速转移和长期流动造成空心村、留守村现象增多。土地撂荒和变相撂荒、农村宅基地和农村房屋大量闲置等现象也都造成了农村土地资源和农民资产浪费。一些农民由于传统社会观念，对将土地、宅基地、房屋等闲置资源交给商业资本运营信任不足，或者不愿意签署长期托管和运营协议，一方面影响了商业资本对农村闲置资源的市场化再利用，另一方面也影响了农民自身的财产性收入获得。这种社会观念短板不是短期内能解决的，要借助政府和农村集体的力量，利用社会信用体系，为农村居民吃上“定心丸”，最大限度挖掘农村土地资源和农民资产潜力，增加农民财产性收入比重。只有不断经历市场化的财富增值和社会信用体验，农村居民的小农意识才能逐渐减弱和消退，进而有利于畅通农村资源整合渠道，优化农村劳动力转移人口就业结构，丰富乡村振兴产业选择，增强资本下乡意愿，乡村振兴的广阔空间才能进一步打开。

（作者系山东社会科学院当代宗教研究所研究员）

乡村振兴要处理好六大关系

冯海发

一、处理好粮食生产和结构调整的关系

乡村振兴，产业兴旺是重点。只有产业振兴了，才能筑牢乡村振兴的物质基础。粮食生产和农村产业结构调整优化，都是乡村产业振兴的重要内容。稳定粮食生产和推进结构调整二者不可偏废，不能因调整农业结构、推进农村一二三产业融合发展而忽视甚至削弱粮食生产。

粮食生产是农村最基础、最重要、最广泛的产业，关系国计民生和社会稳定。对于我们这样一个有十几亿人口的大国来说，解决好吃饭问题，始终是治国安邦的头等大事。粮食安全是国家安全的重要基础。失去粮食安全，国家安全将无从谈起。保障国家粮食安全，是一个永恒课题，任何时候这根弦都不能松。十几亿人口吃饭所依赖的粮食，靠国际市场是靠不住的，必须把供给的着力点放在国内生产上。要坚持把粮食生产放在推动乡村产业振兴的突出位置，不断增加粮食生产投入，改善粮食生产条件，巩固粮食生产能力，提升粮食生产水平，注意防止乡村产业振兴中出现忽视甚至削弱粮食生产的偏向。

要在稳定粮食生产的基础上，围绕市场消费需求变化，积极调整优化农业结构，深化农业供给侧结构性改革，深入推进农业绿色化、优质化、特色化、品牌化，增加高附加值、高品质农产品生产，大力发展现代畜牧业、园艺业、水产业。大力发展农产品加工业和流通业，大力发展农业社会化服务业，积极发展休闲农业和乡村旅游，推进农村一二三产业融合发展，加快构建现代农业产业体系、生产体系、经营体系。积极推进特色农产品优势区创建，建设现代农业产业园、农业科技园。实施产业兴村强县行动，推行标准化生产，培育农产品品牌，保护地理标志农产品，打造

"一村一品、一县一业"发展新格局。推进农业由增产导向转向提质、增效导向，满足人民群众不断提高的对农产品的需要。

二、处理好农民主体和政府主导的关系

乡村振兴，农民群众是主体。农民群众既是乡村振兴的受益主体，也是乡村振兴的建设主体。只有把农民群众的积极性调动起来了，才能为乡村振兴提供强大力量、注入强大活力。推动乡村振兴，要把政府主导和农民主体有机统一起来，把两个方面的作用都充分发挥好，注意防止政府缺位和政府代替农民偏向。

政府主导，就是要做好乡村振兴总体规划，提出乡村振兴任务，明确乡村振兴目标和要求，制定具体政策措施，发动和组织各方面开展工作，引导乡村振兴沿着正确方向发展。按照 2018 年中央 1 号文件的要求，各级党委和政府要加强对乡村振兴工作的领导，把实施乡村振兴战略摆在优先位置，建立实施乡村振兴战略领导责任制；五级书记抓乡村振兴，党政一把手是第一责任人，县委书记要当好乡村振兴"一线总指挥"；要研究建立市县党政领导班子和领导干部推进乡村振兴战略的实绩考核制度，将考核结果作为选拔任用领导干部的重要依据；各部门要按照职责，加强工作指导，强化资源要素支持和制度供给，做好协同配合，形成乡村振兴工作合力。

农民主体，就是要充分尊重农民意愿，调动农民积极性、主动性、创造性，充分发挥农民作用，让农民群众广泛参与到乡村振兴中来。乡村振兴要坚持以农民为本，把维护农民群众根本利益、促进农民共同富裕作为乡村振兴工作的出发点和落脚点，把农民对美好生活的向往转化为推动乡村振兴的原动力，充分尊重农民选择，多采用引导、示范、扶持的方法凝聚农民群众力量，切忌简单代替农民选择，防止乡村振兴重物不重人、见物不见人偏向。

三、处理好产业发展和生态保护的关系

乡村振兴，生态宜居是关键。良好生态环境是农村最大的优势和宝贵财富，也是农村产业发展和农民生活提高的重要基础。

乡村振兴在产业发展上要科学规划，突出绿色发展，走人与自然和谐之路，不能搞大干快上，不能因发展产业而使农村生态环境遭到破坏。历史上曾经出现过的毁林开荒、毁草开荒、围湖种田、砍树炼钢，以及推山建厂、填湖建房、耕地种树和挖鱼塘等，都是因盲目发展产业而破坏生态的行为。其中的深刻教训，要认真汲取。

要统筹产业发展和生态保护。乡村产业振兴要建立在生态良性循环基础上，以不伤害生态环境为基线。要把山水林田湖草作为一个生命共同体，进行统一保护、统一修复，开展河湖水系连通和农村河塘清淤整治，加强农村水环境治理和农村饮用水水源保护，实施农村生态清洁小流域建设。加强农业面源污染防治，开展农业绿色发展行动，实现投入品减量化、生产清洁化、废弃物资源化、产业模式生态化。推进有机肥替代化肥、畜禽粪污处理、农作物秸秆综合利用、废弃农膜回收、病虫害绿色防控。加强农村环境监管能力建设，落实县乡两级农村环境保护主体责任，严禁工业和城镇污染向农业农村转移。乡村振兴在建设上要注意乡土味道，体现乡村特点，保留乡村风貌，留住乡村原生态，不能照搬照抄城镇建设那一套，决不要把乡情美景都弄没了，而是要让它们同现代生活融为一体，要慎砍树、禁挖山、不填湖、少拆房，保护好文物古迹、传统村落、民族村寨、传统建筑、农业遗迹、灌溉工程遗产，让良好生态环境成为乡村振兴的重要支撑点和展现点。

四、处理好规模经营和小微农业的关系

乡村振兴，经营主体是载体。规模经营主体和小微农业经营主体，都是乡村振兴的重要载体，都是推动乡村振兴的重要力量。乡村振兴在扶持政策上要覆盖各类经营主体，防止向规模经营主体过度倾斜和忽视小农户偏向。

规模经营是实现农业现代化的有效途径，是增加农民收入、提高农业竞争力的有效途径，是推动乡村振兴的有效方式。像家庭农场这样的新型经营主体，还有专业大户、农民合作社、产业化龙头企业、农业社会化服务组织等，是建设现代农业的新生力量，要鼓励发展、大力扶持，发挥其在现代农业建设中的引领作用。但推进农业规模经营不能操之过急，不能

脱离我国人多地少的基本国情，要顺势而为，不要揠苗助长。要把握好土地经营权流转、集中、规模经营的度，土地经营权流转要与城镇化进程和农村劳动力转移规模相适应、与农业科技进步和生产手段改进程度相适应、与农业社会化服务水平提高相适应，不能片面追求快和大，不能单纯为了追求土地经营规模强制农民流转土地，更不能人为垒大户。

乡村振兴不能忽视了普通农户。要看到的是，经营自家承包耕地的普通农户毕竟仍占较大部分，这个情况在今后一个时期内难以根本改变。还要看到，有不少地方的农户，因自然条件限制，生产活动即便只能解决自身温饱问题，那也是对国家作出的贡献。所以，要统筹兼顾培育新型经营主体和扶持小农户，不能嫌弃小农户，采取有针对性的措施，帮助小农户发展生产和增加收入，着力扶持小农户发展生态农业、设施农业、体验农业、定制农业，发展多样化的联合与合作，提升小农户组织化程度；注重发挥新型农业经营主体带动作用，开展农超对接、农社对接，帮助小农户对接市场；改善小农户生产设施条件，提升小农户抗风险能力，把小农生产引入现代农业发展轨道，促进小农户和现代农业发展有机衔接，让乡村振兴政策的阳光和雨露惠及广大小农户。

五、处理好农民自力和资源回乡的关系

乡村振兴，资源回乡是条件。要把依靠农村内部力量和外部支持有机结合起来，引导资源回乡，增加外部资源注入，为乡村振兴创造有利条件。

乡村振兴要靠广大农民奋斗，依靠农村内部力量推动，这是推动乡村振兴的重要基础和条件。没有内在积极性和主动性，仅靠外部支持和帮扶，乡村振兴是实现不了的。要让广大农民明确，乡村振兴等不来、也送不来，要靠自己奋斗。要着力避免和纠正一些农民的“等、靠、要”思想，注重激发群众的积极性和主动性，防止出现“干部干，群众看”“干部着急，群众不急”现象。要注重培育农民发展生产和务工经商的基本技能，注重激发农民发展经济的内在活力，注重提高农民自我发展能力。在实践中，政府部门要改进工作方式方法，改变乡村振兴就是对农民简单给钱、给物、给牛羊的做法，多采用生产奖补、劳务补助、以工代赈等机

制，不大包大揽，不包办代替，不喧宾夺主，教育和引导广大农民用自己的辛勤劳动实现乡村振兴。

乡村振兴离不开外部支持。要健全投入保障机制，加快形成财政优先保障、金融重点倾斜、社会积极参与的多元投入格局。要建立健全实施乡村振兴战略财政投入保障制度，公共财政更大力度向三农倾斜，确保财政投入与乡村振兴目标任务相适应。充分发挥财政资金的引导作用，撬动金融和社会资本更多投向乡村振兴。通过财政担保费率补助和以奖代补等，加大对新型农业经营主体支持力度。强化担保融资增信功能，引导更多金融资源支持乡村振兴。探索地方政府发行一般债券用于支持乡村振兴、脱贫攻坚领域的公益性项目。要积极拓宽资金筹集渠道，调整完善土地出让收入使用范围，进一步提高农业农村投入比例。建立高标准农田建设等新增耕地指标和城乡建设用地增减挂钩节余指标跨省域调剂机制，所得收益通过支出预算全部用于巩固脱贫攻坚成果和支持实施乡村振兴战略。推广一事一议、以奖代补等方式，鼓励农民对直接受益的乡村基础设施建设投工投劳，让农民更多参与建设管护。要加大金融支持乡村振兴力度，提高金融服务乡村振兴水平。把更多金融资源配置到农村经济社会发展的重点领域和薄弱环节，更好满足乡村振兴多样化金融需求。要鼓励引导支持工商资本参与乡村振兴，落实和完善融资贷款、配套设施建设补助、税费减免、用地等扶持政策，让更多工商企业和工商资本为乡村振兴贡献力量。要鼓励社会各界投身乡村建设，建立有效激励机制，吸引支持企业家、党政干部、专家学者、医生教师、规划师、建筑师、律师、技能人才等，通过下乡担任志愿者、投资兴业、包村包项目、行医办学、捐资捐物、法律服务等方式服务乡村振兴事业。高等学校、职业院校综合利用教育培训资源，灵活设置专业（方向），创新人才培养模式，为乡村振兴培养专业化人才。探索高等院校、科研院所等事业单位专业技术人员到乡村和企业挂职、兼职和离岗创新创业制度，吸引更多人才投身乡村振兴，形成乡村振兴的强大社会合力。

六、处理好统一推进和因地制宜的关系

乡村振兴，因地制宜是大原则。“百里不同风，十里不同俗。”农村情

况千差万别，全国如此，一省也如此。要科学把握各地差异和特点，在统一规划、统一推进的总体部署下，充分发挥各地积极性和创造性，因地制宜，精准施策，分类推进，不搞一刀切，不搞统一模式，注重地域特色，尊重文化禀赋，体现乡土风情，以多样化为美，打造各具特色的乡村振兴实践模式。

统一推进乡村振兴必须强化规划引领。要科学编制包括总体规划和专项规划在内的乡村振兴规划，细化实化工作重点和政策措施，部署若干重大工程、重大计划、重大行动。加强各类规划的统筹管理和系统衔接，形成城乡融合、区域一体、多规合一的规划体系。要根据发展现状和需要分类有序推进乡村振兴，对具备条件的村庄，要加快推进城镇基础设施和公共服务向农村延伸；对自然历史文化资源丰富的村庄，要统筹兼顾保护与发展；对生存条件恶劣、生态环境脆弱的村庄，要加大力度实施生态移民搬迁。

推动乡村振兴要实事求是，既尽力而为，又量力而行。不下指标，不人为提档加速、追求短期速效，避免“高大上”，避免负债搞建设，坚决杜绝形象工程。乡村振兴是一项长期性工作，要循序渐进，不可急躁冒进。要按照乡村振兴时间表有序推进，不层层加码，时间服从质量，稳扎稳打，久久为功。

（作者系中共中央政策研究室农村局局长）

乡村振兴须谨防五大误区

陈　杰

一、以增加乡村人口为目标

一些基层干部，认为乡村振兴的标志是本乡本村人越来越多了，就是兴旺了，就是振兴了。笔者认为，这个思路是错误的。乡村最大的矛盾是人地矛盾，吸引几个能人回乡可以，吸引太多青壮年回乡，一定出乱子。乡村振兴是要把人均收入提上去，而不是把规模做上去。不要被所谓农村“空心化”的说法误导，事实证明，农村空心化（青壮年都外出了、只留老人妇幼在家）确实带来农村衰败，但并没有带来农村崩溃，农村没有乱。大量农村青壮年、剩余劳动力进城了，把就业压力、治安压力、维稳压力转移到城市，然后通过打工收入反哺滞留农村的父母妻儿，保障后者的生活水平也有所提高，这也许不是最优，但起码是次优。决不能做大而不强的乡村，更不能以考虑乡村回流人口作为振兴考核指标。乡村振兴一定是减少农民而不是增加农民，一定是减少非农就业而不是增加农业就业。所以，乡村振兴绝对不是逆城镇化，而是要与新型城镇化国家战略紧密协同，共同促进高质量城镇化的实现。

二、以扩大产业规模为目标

乡村产业，首先要环保、生态，其次才是要赚钱、能切实给农民增加收入，第三是解决就业，尤其是“老弱病残”的就业。但目前来看，乡村就业压力并不急迫，主要是增收压力大。片面追求乡村产业规模，把乡村看作是城市之外的又一个生产基地，就违背了乡村与城市的分工体系。乡村振兴是为了生态（环境生态、社会生态、文化生态），而不是为了生产。振兴什么样的乡村产业，要达到什么样的目标，要想清楚，是解决就业问题，还是解决收入问题；收入方面，是解决农户个人收入，还是集体收入、政府收入，这直接涉及发展劳动力密集型产业，还是资源密集型、资本密集型或技术密集型产业。不同产业的效果很不一样，需要的政策扶持也很不一样。

三、所有乡所有村都要振兴

乡村振兴是整体上的振兴，不意味着所有乡村都一定要保留、都要振兴。有条件的、基础好的特色村，应该支持做大做强和鼓励周边乡村向其靠拢乃至合并。基础条件很差、地处偏远的村落，要努力动员整村迁居。动员不了，也起码顺其自然，全国已经有数万个自然村消失，该消失的村庄就要让其消失。

四、将振兴与脱贫相互混淆

脱贫解决的是绝对贫困，乡村振兴是长期事业，包括一部分绝对贫困的脱贫，但更多解决的是相对贫困。相对贫困是不可能完全消失的，只要有人在，就有差别和分化。希望一次分配就抹平差别，不客观不现实，违反经济规律。只能通过二次分配来缓解初次分配的差别分化。

五、政府要背负所有的责任

政府对脱贫和保障基本生活水准有责任，对秩序治理和提供教育等基本公共服务有责任，但对乡村能否兴旺，尤其是具体某个村、某个乡的产业能否兴旺并没有责任，不能做无限政府。基层社区可以通过政府公共服务购买引入社会组织社会力量，但并不应该具有“造血”功能，就应该以转移支付和保障功能为主。村干部乃至乡干部都不应该承担经济发展的职责，客观上没有这个能力，不能没有条件也要上。基层干部管经济，自背包袱，越陷越深。同时，各种补助要量力而行，做到可持续发展，财政压力已经越来越大，不能盲目高标准和高承诺。

（作者系上海交通大学国际与公共事务学院长聘教授）

乡村振兴必须坚守的五条底线

陈文胜

一、不能把战略远景当成可一蹴而就的政绩

党的十九大报告提出“坚持农业农村优先发展”，把农业农村摆在前所未有的国家战略高度，实现了从优先满足工业化和城镇化需要到优先满足农业农村发展需要这样一个历史转轨。

从实现“两个一百年”的奋斗目标出发，2018 年中央 1 号文件明确乡村振兴战略的时间表、路线图：到 2020 年，乡村振兴取得重要进展，制度框架和政策体系基本形成；到 2035 年，乡村振兴取得决定性进展，农业农村现代化基本实现；到 2050 年，乡村全面振兴，农业强、农村美、农民富全面实现。

乡村振兴战略是一项长期的历史性任务，不仅伴随着全面现代化建设的全过程，更是一个自然的历史发展进程，在不同时期、不同阶段的具体任务、发展思路、实施路径各不相同。

一个地方的经济社会发展，同样是一个自然的历史进程。中国幅员辽阔，地区间由于地理位置、资源禀赋、历史基础、政策取向等多方面原因，发展不均衡，呈现出多元形态，处于不同的经济社会发展阶段，存在的主要问题不尽相同。既然发展水平不一，处于现代化进程的发展阶段不一，发展的目标、任务、发展形态和发展方式就必然不同，不可能一个目标、一个模式同步推进。

2018 年中央 1 号文件提出的基本原则之一就是坚持因地制宜，循序渐进，“科学把握乡村的差异性和发展走势分化特征，做好顶层设计，注重规划先行、突出重点、分类施策、典型引路。既尽力而为，又量力而行，不搞层层加码，不搞一刀切，不搞形式主义，久久为功，扎实推进。”

而一些地方为了搞出“乡村振兴样板”，不顾实际大规模大范围大拆大建，某种程度上是用工业化、城镇化的思路来推进乡村振兴，其背后是急于求成的政绩观驱动。这种把战略远景当成一蹴而就的“攻坚战”打法，不仅严重损害了农民利益，也违背了乡村自身的发展规律。

农业和农村的逻辑是一种分散的逻辑，是一种生命的逻辑。乡村散居也许是全面现代化后最优的人口分布方式，不仅是现代化进程中经济危机的人口缓冲区，而且能应对大型瘟疫和不确定性灾难冲击，这次疫情就是明证。

二、不能偏离农民利益不受损的底线

实施乡村振兴战略，必须以农民主体地位为立场，站在属于农民的乡村，去聆听农民需要什么样的生活、什么样的乡村，给乡村社会以充分的话语权、自主权。激发农民的主体作用，让农民成为乡村振兴的真正主体，创造真正属于他们自己的生活。韩国的“新村运动”，政府就只提供指导性意见，具体乡村规划和建设主要由农民自己决定。

强迫农民上楼，在全国各地不同程度都出现过。在农民看来，这形同于由地方政府统一进行的房地产开发。城市建设征收土地的收益归地方政府有一定道理，但这些非征收土地的收益是城镇化进程中留给农民的最后一根稻草，应该是属于农民的利益，属于村集体经济组织的收益。

过度消灭村庄，其实质就是在传统城乡二元体制惯性下继续牺牲农村、牺牲农业、牺牲农民，使三农问题的焦点，由以前的农民税费负担转变为土地财政下的村庄拆迁。

三农专家陈锡文曾评价：城乡建设用地增减挂钩被一些地方政府滥用，他们看准的是农村建设用地置换来的建设用地指标，从而大拆农民房，导致农村快速消亡；农村城镇化是一个趋势，但需要自然转化，不能大拆大建一蹴而就。

经过世世代代自然选择形成的村落，人为消除后，一些农民失去了屋前屋后种养方便的自给模式庭院，失去了宅基地，掏空一生积蓄，买回没有产权还要装修的房子，生产工具无处安放，连喝水都要付费，收入可能入不敷出，不仅造成社区占用优质良田、复垦旧村地力贫瘠的问题，还摧毁了乡村生态，割裂了农民和土地的关系，导致农民未来生活的不确定性。

有农民在问：难道就没有其他比拆迁更好的让乡村振兴的办法吗？我也想问：世界各国的农业农村现代化，有哪一个是在村庄大拆大建基础上完成的呢？乡村功能系统瘫痪后，乡村振兴会在一片片乡村地产经济中实现吗？

三、不能突破中国传统文化的最后防线

中华文明最绵长的根在村庄，大量重要历史人物和历史事件都跟村庄的名字紧密相连。村庄，是农耕文明留给人类的最大遗产，某种程度上，其价值并不亚于万里长城。

乡村记忆是中国传统文化的最后防线，没有“乡愁”就没有民族的精神家园。习近平总书记反复强调要“记得住乡愁”，他高度肯定的湖南十八洞村，特点之一就是不大拆大建，保护村庄原有的风貌，把农村建设得更像农村。

随着工业化、城镇化的狂飙突进，不少城市的旧胡同、旧街道都被改造和重建，成为“千城一面”的城市。在“农村变城市”“农民变市民”“村庄变社区”等口号下，一大批村庄又被大规模整体拆迁，建成新城镇和高层小区，形成了“万村一面”的怪状。

中国建制村的数量从1988年98万多个，到今天已减少到59万多个，几十万个历史地名及其民居老建筑消失了。放眼世界，已经完成全面现代化的一些国家，现代与传统结合得很好，上百年的建筑依然存在，稀疏地散落在城市和乡村，不仅未被强制拆除，而且有专门维护机制。在国内，有些省曾将古老的村庄拆掉，后来在美丽乡村建设中又花费数亿元来一个个复制。

历史悠久的村庄“社区”，与城市“社区”完全不在一个频道，传统文明的“村庄”和城市文明的“社区”，构成了人类社会两个具有本质差别的基本单元，就是熟人社会和陌生人社会。与城市发展的规划重要性相比，村庄是自然发展和漫长演化而来，形成了一系列纯自然的特色。而没有根据不同地方的自然禀赋、历史文化所体现的区域差异性和形态多样性

来设计，对村庄进行简单“推倒重来”复制城市社区，没有了历史记忆、文化脉络、地域风貌、个体特征，结果是“一村又一村，村村像城镇”，城不像城、乡不像乡。这股风如果控制不住，恐怕会如冯骥才所预言的那样：“千姿万态的中国村庄就会变成城市里那些建筑垃圾”。

城乡只有地域与生活方式之别，绝无高低优劣之分，以现代化名义执意去改造甚至消灭传统村庄，在认识上是错误的，在后果上可能是灾难性的。从长远来看，村庄必然会成为现代社会具有最美好人居环境的地方，回归乡村、回归自然是人类的天然本性，是人类社会发展的必然趋势。因此，村庄是中国未来发展不可缺少的稀缺资源，必须摒弃大拆大建的乡村发展模式。

四、不能断了农民的退路

一部分农村劳动力在城镇和农村间流动，这种“两栖人”、候鸟现象，在我国现阶段乃至相当长历史时期都会存在。习近平总书记在 2013 年的中央城镇化工作会议上指出，对那些已经在城镇就业但就业不稳定、难以适应城镇要求或不愿落户的人口，要逐步提高基本公共服务水平，努力解决好他们的子女教育、医疗卫生、社会保障等需求，使他们在经济周期扩张、城镇对简单劳动需求扩大时可以在城市就业，而在经济周期收缩、城镇对劳动力需求减少时可以有序回流农村。

当下正处于中国社会转型关键时期的关键阶段，存在诸多不确定性。无论是在城市定居的农民，还是在乡村常住的农民，或是在城乡之间流动的农民工，都处于动态变化中。在城市定居的农民，受城乡二元结构及经济发展大气候的影响，如果未融入城市很可能随时回归乡村；在城乡之间流动的农民工，会根据政策环境和经济环境在城乡之间作出理性选择；在乡村常年居住从事农业的农民，仍可能创造条件使自己或下一代流向城市。

眼下在乡村居住的农民，以后就一定还是农民？在外打工的农民工现在不返回乡村，过几年会不会回归乡村？有的村庄现在出现衰落未来会不会繁荣？因此，中国农业农村现代化是一个自然的历史进程，是从不稳定、不规范逐渐向稳定和规范转型。在这一进程中，最关键的是绝不能断了农民自由选择的退路。

中国有近3亿农民工在城市就业，这接近美国全国人口规模。城市既有市民也有农民，既有本地人也有外地人，城乡二元结构问题还没有完全解决。如果部分农民工长期不能市民化，导致成千上万的人返乡艰难又留城无望，就不仅会导致大规模返贫问题，更可能导致中国现代化进程的逆转。

某种程度，所谓的“空心村”“空心房”也是许多农民工的退路，在工业化、城镇化没有把农民工完全转化为市民之前，地方官员最好别紧盯着这些土地。因为，一旦大量农民工遭遇就业困难，又没有退路，中国社会能否承受？

解决三农问题在三农之外。一方面，要加大“以工补农、以城带乡”的力度，把工业化、城镇化带来的财富回报农民，主要是解决基本公共服务、基础设施建设、基本社会保障这“三基”问题，实现城乡融合发展共同繁荣，而不能以牺牲乡村为代价来获得城市的独自繁荣。另一方面，加快户籍制度改革，尽快解决农民工和其他常住人口在城镇的定居落户问题，为农民自由选择城乡打开通路。

五、不能断了农业现代化的进路

乡村振兴的战略指向是“农业强、农村美、农民富”。如何推进乡村振兴？陈锡文认为，最主要的是要明确乡村的基本定位：保证国家粮食安全和重要农产品供给，提供生态屏障和生态产品，传承优秀传统文化。也就是说，从长远的现代化目标出发，在中国未来经济社会的发展进程中，乡村需要承担这三大主要功能。

农业是乡村的本质特征，没有农业的乡村还是乡村吗？

没有农业的振兴还是乡村振兴吗？特别是在当前复杂特殊的经济形势下，乡村作为中国现代化的战略后院，只有确保国家粮食安全和重要农产品供给，才能从根本上把握主动权，有效应对各种风险挑战，确保中国大局稳定。

“大国小农”问题之复杂超乎想象。与市民住宅、庭院功能有着根本区别的是，农民的住宅、庭院既是生活资料又是生产资料。消灭村庄加快非农化，上楼的农民失去种植、养殖、手工三业合一的庭院经济保障，连一些日常生活的农产品都不能实现自产自供而全部依靠商品化购买，又远离耕地，陷入高生活成本低收入困境。

同时，让农民上楼，不能养猪养鸡养鸭、农业生产所依赖的人畜粪便等有机肥源在不断“减量排放”，农家肥走向灭绝，未来的农业生产可能“一粪难求”。美国的富兰克林在《四千年农夫》一书中认为，中国能用较少耕地养活世界最多的人口，是因为中国的有机农业，是以农家肥为主的有机肥使土壤保持几千年肥力不下降。当下，我们一面高喊绿色兴农与推进化肥农药减量行动，一面是农业对化肥的依赖性与日俱增。在化肥使用一统中国农业之日，也就是中国农业生态危机来临之时：农业生物链被严重破坏，耕地不断酸碱化，农产品质量不断下降，农业何以持续？这绝非危言耸听。

针对“人均一亩三分、户均不过十亩”的“大国小农”国情，党的十五届三中全会早就明确，中国特色的现代化农业就是“家庭经营再加上社会化服务”。但长期以来，一些人充满对小农户农业的偏见，认为小农户是落后保守的代名词，推进农业现代化只能走规模化大农业单一之路。必须重新审视小农经济形式对中国发展的历史作用。有专家认为，以小农经济为代表的中国农业在清代代表了全世界农业文明的顶峰，而且由于“无剥夺的积累”的优势，形成了改革开放以来中国工业化、城镇化的低成本发展优势，避免了西方工业化、城镇化进程中贫民窟大规模出现的问题。从世界范围来看，经历一个多世纪资本主义强势冲击及一次次经济危机的狂风恶浪，西欧、北美仍然是家庭经营为主体，日、韩仍然以东亚小农为特征。小农占全世界人口的40%、耕地的60%，是全球粮食的主要生产者，养活了世界70%的人口。

陈锡文到黑龙江、吉林调研发现，那里水稻生产使用的农业机械非常先进，有的在美国刚刚上市，东北的农民就用上了。更让全世界惊叹的是，我国农业在使用无人机方面，无论是使用量还是技术水平，都没有别的国家可以相提并论。并不是一家一户都去买无人机等农业机械，而是依靠少数人服务多数人的农业社会化服务，弥补了耕地规模的不足，赋予农业规模经营以新的时代内容。我国一年大概种植3.5亿亩小麦，麦收机械化率在92%以上。农业社会化服务，推动了农机的跨区作业，使小规模的农业经营也能分享大机械的效率，这是中国农民的伟大创造。

党的十九大报告肯定了“小农户”在中国现代化进程中的客观存在，提出“健全农业社会化服务体系，实现小农户和现代农业发展有机衔接”，成为推进农业农村现代化的主攻方向。中办、国办发布的《关于促进小农户和现代农业发展有机衔接的意见》明确：“当前和今后很长一个时期小农户家庭经营将是我国农业的主要经营方式。”

（作者系湖南师范大学中国乡村振兴研究院院长）

乡村振兴可持续发展的三个维度

唐世平　李小云

“乡村振兴”是中国新的发展时期建设社会主义现代化强国的重大战略。在消除了中国的农村绝对贫困人口之后，如何推进“乡村振兴”战略是中国今后一段时间国家发展战略面临的主要任务之一。我们认为，“乡村振兴”需要解决以下三个维度的关键问题。

一、上下问题

中国的“扶贫攻坚”和“乡村振兴”都是国家主导的战略。即，中央政府通过相应的政策以及具体的任务和指标，将“扶贫攻坚”和“乡村振兴”的任务层层传达到各级地方政府，主要是地级市、县以及乡镇政府。这背后的主要挑战是如何持续保持积极的工作状态。

从“上”来说，在最核心和更广大的层面，挑战在于如何通过县级、地市级政府的政绩需要，充分联动基层民众（村民）和政府，在有共同利益的领域，形成协作合作动力。

中央政府通过任务和指标将任务层层传达到各级地方政府固然是一个核心的动员和执行机制。但是，太多的检查和验收通常会导致“上有政策、下有对策”的应付式工作。乡村振兴工作和脱贫攻坚不一样，干部不容易找到抓手，上面又不断加压，激励与问责容易失衡。如何在既有考核指标，又不至于让地方政府特别是基层政府疲于应付甚至只能应付，而且最终产生长期成效，之间寻找平衡，是一个难点和痛点。在这方面，鉴于中国绝大部分基层政府的决策通常都容易基于拍脑袋，而不是基于掌握数据、基层之上的科学计算，如何能够帮助县市级政府进行基于数据加计算的科学决策，可能是中央政府和其他社会结构需要高度重视的另一个难点和痛点。

同样困难的挑战是“下”。即，如何能够让脱贫后的广大农民，特别是自然条件相对恶劣地区的农民，能够保持持续致富的积极性，而不是脱贫后就“小富则安”。政府当然可以持续为“乡村振兴”进行输血并且对农民进行教育帮扶，但归根结底还需要农民有决心和动力愿意持续致富。农民致富的动力必须靠能够看到实惠和收入来支撑，而决心则主要靠在农民遇到困难的时候，政府和其他非政府机构或者个人能够助力农民渡过难关的能力。

二、内外问题

“内外问题”即如何将农村和外部世界打通的问题。这背后的核心仍旧是让农民手里的产品变成商品的问题。对于离一二三线城市比较近的农村来说，这基本不是问题。但是，对于那些地处偏远，交通不是非常便利的农村来说，除交通之外，关键问题仍旧是如何通过现代商业技术和平台，让大山里的“好产品”变成广大消费者手里的“好商品”。

在这里，我们想特别强调，我们并不否认“乡村旅游”“农家乐”的作用。但是，我们也必须看到，中国只有（极）少数的山村可以基于通过建设民宿、农家乐等的到地旅游（“农旅”）。绝大部分中国的乡村几乎不可能成为到地旅游的目的地（比如，作者之一的老家）。因此，乡村振兴战略中的“内外问题”核心还是：如何通过市场经济实现乡村与城市的内外互通，即，通过将农民的产品变成商品，实现更深入和广泛的城乡联动与融合。

在局部，基于本文作者之一（李小云）的“示范村模式”（如，云南河边村），通过先输血，之后赋能，确实可能能解决某些乡村的可持续发展问题。但该模式的可推广性可能只适用于某些“山清水秀”的南方山村。绝大部分交通不便、自然风光较一般的乡村，不太适合用这个模式来获得“乡村振兴”的可持续发展，而必须主要依靠现代商业来支撑。

三、去留问题

乡村人口的流失和老化是任何“乡村振兴”的战略思考所必须面对的，但可能又是被严重忽视的一个维度。

首先，我们必须承认，中国相当多的自然村基本没有进一步发展的可能性（比如作者之一的老家），甚至不适合人类居住（比如，中国西北部的不少村子）。对这些乡村的过多投入是错误的，最好的办法就是搬迁移民，然后在一个新的更加好的地理环境中发展（比如“闽宁镇”）。而搬迁移民，事实上也等于是“退耕还林”，能够更好地保护环境。

不过，最为根本的问题是人口和人才的去留问题。人口和人才是任何发展最为核心的关键。没有人口（和人力资本）就不可能有发展。而目前的城镇化浪潮中，乡村是人口净流出之地。

而乡村振兴战略的可持续，不仅需要乡村能够留住相当一部分人口，还需要能够留住能人。也就是说，不仅需要留住人，还需要吸引并留住一部分有人力资本和社会资本的能人。而能人不能只靠情怀活着。而只有能人，才能有一定的知识基础（或者说是人力资本），才能够真正从长远来支撑乡村振兴的可持续发展。发展需要知识，而知识的载体还是人。

结语

乡村振兴涉及政府主导与村民利益的结合，否则乡村振兴就会成为纯粹的政府工程。因此，如何能够让广大农民成为乡村振兴的主体，是第一个维度的核心。第二维度则涉及乡村振兴的动力学问题。如果没有城乡联动与融合，乡村就成了孤岛，乡村振兴也就不可能成功。而城乡联动必须主要依靠要素的流动。这是第二个维度的核心。第三个是人的问题。乡村能否留得住人口和能人取决于乡村能否宜居宜业。这是第三个维度的核心。

（唐世平系复旦大学特聘教授，李小云系中国农业大学文科资深讲席教授）

推进农业生产托管应把握的十个必须

敖　军　薛秀清

农业生产托管是贯彻落实十八届三中全会重大改革任务“加快构建新型农业经营体系”农业经营方式的重大创新。2017 年农业农村部、财政部在全国总结推广农业生产全程社会化服务试点经验，通过项目支持推进农业生产托管，带领小农户发展现代农业，兼顾促进适度规模经营。山西省认真贯彻落实中央推进农业生产托管的意见精神，在工作中牢牢把握做好农业生产托管的“十个必须”，加快发展农业生产性服务业，大力推广农业生产托管，取得了良好的经济社会生态效益，促进了农业农村经济持续健康发展。

一、必须全面把握四个政策文件的精神实质

全面把握四个政策文件的精神实质是开展农业生产托管的前提。2017 年《农业部国家发展改革委财政部关于加快发展农业生产性服务业的指导意见》（农经发［2017］6 号）、《农业部办公厅和财政部办公厅于支持农业生产社会化服务工作的通知》（农办财［2017］41 号）、《农业部办公厅关于大力推进农业生产托管的指导意见》（农办经［2017］19 号）明确提出了当前农业社会化服务的重要意义、总体要求、服务领域、政策支持等，是做好农业生产托管工作的纲领性文件，特别是最近《农业部办公厅和财政部办公厅关于进一步做好农业生产社会化服务工作的通知》（农办计财［2019］54 号），必须全面把握其精神实质。

二、必须深刻理解四个政策概念的科学内涵

深刻理解农业社会化服务、农业生产性服务、农业生产托管、农业服

务规模经营四个政策性概念是做好农业生产托管的基础。1983 年中央第一个 1 号文件明确提出“当前，各项生产的产前产后的社会化服务，诸如供销、加工、储藏、运输、技术、信息、信贷等方面的服务，已逐渐成为广大农业生产者的迫切需要”。不同的历史时期，广大农业生产者的迫切需要始终是农业社会化服务的主要内容，当前农业社会化服务的主要内容就是加快发展农业生产性服务业，解决“谁来种地”“如何种好地”等问题。农业生产托管是农业生产性服务业服务于农业生产和农户的主要方式，规模化的农业生产托管是服务规模经营的主要实现形式。

三、必须清楚农业生产性服务业的整体要求

农业生产性服务是指贯穿农业生产作业链条，直接完成或协助完成农业产前、产中、产后各环节作业的社会化服务。发展农业生产性服务业是将普通农户引入现代农业发展轨道的重要途径，是推进多种形式适度规模经营的迫切需要，是促进农业增效和农民增收的有效手段，是建设现代农业的重要组成部分。按照坚持市场导向，服务农业农民，创新服务方式，注重服务质量，不断地提升服务市场化、专业化、信息化水平，打造要素集聚、主体多元、机制高效、体系完整的农业农村新业态，基本形成覆盖全程、综合配套、便捷高效的农业生产性服务业体系，支撑引领现代农业发展。

四、必须明白发展农业生产托管的具体部署

农户等经营主体在不流转土地经营权的条件下，将农业生产中的耕、种、防、收等全部或部分作业环节委托给农业生产性服务组织完成的农业经营方式。不管是“土地托管”“代耕代种”“联耕联种”或“农业共营制”，都以服务组织提供的单个或多个作业环节的生产性服务为支撑，都是农业生产托管的不同表现形式。本质是让社会化服务组织帮助种不了、种不好、自己种不合算、种得不符合要求的农民种好地，是破解推进全面建设现代农业、促进农民增收难题的有效途径。农业农村部等三部门采取政策扶持、典型引领、项目推动等措施，把发展农业生产托管作为推进农业生产性服务业、带动普通农户发展适度规模经营的主推服务方式，加大

支持推进力度。

五、必须充分认识大力发展托管的重要意义

以家庭经营为基础的统分结合双层经营体制是我国农业的制度基础，处于托管条件下的农户，种什么、种多少仍然由农户说了算，风险主要由农户承担，仍然属于家庭经营，流转一定程度是放弃了家庭经营。为家庭经营提供社会化服务、开展统一层次的经营一直是集体经济组织的重要功能，开展农业生产托管，为壮大集体经济提供了广阔的前景。全面建设现代农业的难点是传统农户的现代农业建设，农业生产托管是推进全面建设现代农业的有效途径。农业生产托管为农户优化资源组合提供了新选择，农户可在打工和种地之间的理性选择，形成务工收入和土地收入的叠加效应。新型农业经营主体也可接受或提供社会化服务，有利于降低农业适度规模经营发展的成本和风险，进一步降低成本或增加收入。

六、必须讲解明白多方共赢的收益增长空间

农业生产托管实现了“三降三减三增”的成效，即：“三降”就是通过统一采购降低农资费用成本，通过连片规模作业降低农机费用成本，通过专业组织服务降低农民种地务工投入成本；“三减”就是通过精准使用绿色综合防控技术减少农药用量、通过测土配方施肥技术和新型肥料应用减少化肥用量、通过收获运输烘干储藏一体化大幅度减少产量损失；“三增”就是通过良种良法良技良田配套栽培技术应用增加产量、通过与粮食收储加工企业合作采取订单生产实现优质优价增加农民收入、通过集中连片打破地垄增加耕地面积实现农村集体经济组织收入“破零”。同时农业生产托管促进了绿色生产，助力了产业振兴，促进了农村稳定。

七、必须紧抓顶层设计和基层创造有机衔接

在顶层设计上，必须明确工作的目标、坚持的原则、找准“集中连片推进”等政策关键点，在政策规定中加以明确，要求地方按要求实施。省、市农业农村部门主要负责试点政策实施的业务指导、确定项目、绩效评价和监督管理。在发挥基层创造性上，将具体支持什么、怎么支持等交

给基层自主决定，调动基层的创造性，提高政策的适应性。试点项目县（市）政府是试点项目实施落实责任主体，县级农业（农经）部门会同财政等部门制定组织实施方案，提出绩效目标，明确目标任务、试点内容、支持环节和运行机制，以县人民政府文件印发《项目组织实施方案》，确保项目落实。县级农业农村等有关部门负责试点工作的执行落实和政策宣传，批复实施主体的项目方案，积极探索和创新农业生产社会化服务的工作机制和有效模式。

八、必须聚焦破解细碎化生产这个关键创新

中央财政支持农业社会化服务作为一项农业生产经营机制的惠农政策创新，政策关键是破解“小农户”实现“大生产”的难题，通过社会化服务直接推动小农户实现规模化生产，让小农户在保有土地经营权的条件下更多分享现代农业收益，解决“谁来种地”“怎样种地”等问题。财政补助标准不能影响服务价格形成，不能干扰农业服务市场正常运行。财政补助重在引导培育市场，通过政策引导小农户广泛接受农业生产托管、机械化烘干等社会化服务，努力培育主体多元、竞争充分的农业生产社会化服务市场，集中连片地推进机械化、规模化、集约化的绿色高效现代农业生产方式。财政补助重在发挥“四两拨千斤”作用，激发市场配置资源的效率，尤其是解决小农户整村整乡统一接受社会化服务的问题，引领小规模分散经营农户走向现代农业发展轨道，引导农业生产社会化服务长期健康发展。

九、必须积极实施好农业生产托管试点项目

2013 年以来，中央财政持续支持开展了农业生产全程社会化服务试点，逐步在全国支持推广农业生产托管等服务带动型规模经营。各级农业农村部门要切实履行行业主管部门职责，主动与相关部门建立良好的工作推动机制，指导项目县依据本地区农业现代化发展的需要和农民群众欢迎的程度制定具体实施方案，建立多方参与绩效考评机制，指导服务组织与农户签订规范的服务合同，督促服务组织按照服务标准和规范实施作业。及时总结推广好经验、好做法，加强典型示范引领和宣传工作。深刻理解

“集中连片、服务规模经营、整村整乡推进”和准确把握“原则上财政补助占服务价格的比例不超过30%，单季作物亩均补助规模不超过100元”，是实现项目目标，最大程度发挥项目作用效益的关键。

十、必须明确农业农村部门的行业管理职责

农业农村（农经）管理部门要将职能定位于农业生产托管行业监管，加强制度建设，强化规范引导，针对服务标准、质量、价格、信用等方面，加强服务标准建设，加强服务价格指导，加强服务合同监管。积极探索建立托管服务主体名录管理制度，建立农村经营管理部门、集体经济组织、农民代表、技术专家等多方参与的服务主体资格审查监督机制，建立服务主体信用评价机制。强化绩效考核，建立试点县的退出机制。重视农业生产性服务业统计工作，准确把握统计口径，合理选择统计方法，确保数据的客观性和准确性。通过强管理促规范，引导农业生产托管步入健康发展的快车道。

（敖军系山西省农业农村厅合作经济处副处长；薛秀清系山西省农业遥感中心高级工程师）

关于制止耕地“非农化”的难点和对策

姜　海　冯淑怡

2020年9月国务院办公厅印发《关于坚决制止耕地“非农化”行为的通知》（以下简称《通知》），指出一些地方存在违规占用耕地开展非农建设的行为，对国家粮食安全构成威胁，提出“六个严禁”。与2004年国务院提出的“五个不准”比较，《通知》将制止耕地“非农化”上升到增强“四个意识”、坚定“四个自信”、做到“两个维护”高度。笔者认为，必须准确深入地领会落实《通知》要求，压实耕地保护责任，近期坚决遏制耕地“非农化”新增问题，远期统筹好耕地保护与交通水利建设、绿化造林、美丽乡村建设和一二三产融合发展，协调好粮食生产与生猪等重要农产品生产保供，为开启全面建设社会主义现代化国家新征程奠定坚实的耕地资源基础与粮食安全保障。

一、制止耕地“非农化”行为的难点

一是耕地“非农化”行为具有模糊性、零散性，国家政策精准协同落地难。许多耕地“非农化”行为的用地性质和影响具有模糊性，时空分布零散，审批监管困难。农业结构调整、设施高效农业、一二三产融合是促进农业现代化、乡村振兴和农民增收的重要举措，也使农业农村用地更加复杂多样化，这要求政府审批监管及时跟进调整。

二是耕地保护对行政责任手段依赖程度高，耕地保护积极性主动性调动难。严格保护耕地是各级政府的法定责任和各类主体的法律义务。执行中存在行政考核机制为主的单一化倾向，签订责任书层层传导压力责任成为主要甚至唯一方式。领导干部考核评价中，主体功能区规划配套差别化区域绩效评价尚未完全落地，耕地保护只是“责任达标”条件，而非“绩效争优”指标，难以调动基层干部耕地保护、粮食生产的积极性和主

动性。

三是部分领导干部对耕地功能价值和国家政策认识存在偏差，耕地保护意识内化难。一些领导干部对国家政策把握不准，认为生态建设和自然保护就是提高林地覆盖率，景观优化就应种树挖湖，保障发展就要敢于突破“用地常规”，随意扩大绿色通道、自然保护地、湿地水面建设标准，频繁调整规划，任意放松产业供地和节约集约利用要求。一些干部认为占用耕地和永久基本农田来植树造绿也是“藏粮于地”。一些地方发展苗木产业和设施农业违规占地与镇、村干部的主导推动有直接关系。从根本上制止耕地“非农化”行为，必须解决各级领导干部的思想关、意识关。

二、制止耕地“非农化”行为的建议

（一）“新增”与“存量”分步整治，近期果断止住新增，远期逐步消化存量

要果断止住新增耕地“非农化”问题。尽快部署耕地和永久基本农田保护情况检查工作，针对正在建设和已立项待开工的生态退耕绿化造林、交通水利工程绿色通道、人造湿地公园与水利设施改造等工程项目拉清单逐项排查。对检查发现正在发生的耕地“非农化”问题第一时间处置，做到新增问题“零容忍”“零增长”。

要逐步消化存量耕地“非农化”问题。对因历史原因形成的耕地“非农化”问题，坚持实事求是、不搞“一刀切”，妥善严格处理。对于违规占用永久基本农田种植苗木、草皮以及其他破坏耕作层植物的，违规或超标准建设农业生产配套设施的，可结合具体生产周期，在确保农民、企业、新型经营主体尽量少受或不受经济损失的前提下，签订书面责任书，由镇村与有关部门共同监督落实，限期恢复耕种，保护好农业投资生产热情。对于事实形成永久性占用的超标准绿化带、绿色通道，无法恢复或恢复代价过大的人造湿地公园、水利景观，责令补充耕地、补划永久基本农田，依法追究相关责任人法律行政责任。

（二）“责任”与“规范”统筹并重，强化耕地保护意识，筑牢耕地保护“思维底线”，完善用地行为规范，明晰耕地保护“政策界线”

要强化各级政府耕地保护意识，压实耕地保护责任，筑牢耕地保护

“思维底线”。各级政府始终是耕地保护的“第一责任主体”，国家政策执行效果主要看各级领导干部对耕地保护极端重要性的认识与责任担当。以市、县主要领导和分管领导为重点，组织粮食安全形势教育与耕地保护政策、耕地多样性价值、耕地复合利用理论案例学习，促进领导干部增强耕地保护意识，准确理解把握国家政策。结合健全耕地保护共同责任机制，把“六个严禁”有关要求纳入责任目标考核内容，对履职不力、监管不严、失职渎职的领导干部，依纪依规追究责任。政府推动或支持的交通、水利、生态建设等重大重点工程，项目设计、论证、施工、验收环节均应对照国家和省有关政策开展耕地保护与土地节约集约利用评估，同步落实政府与企业责任。

要加快出台耕地保护政策实施细则与管理办法，明晰耕地保护“政策界线”。梳理国家耕地和永久基本农田保护法律法规政策，对于基层普遍存在的疑问或政策执行尺度边界难以把握等问题，组织权威专家统一解读编写案例，加快出台设施农用地、农村宅基地等管理办法实施细则，形成一套体系完整、标准明确、动态更新的耕地管理政策手册，为政府部门（联合）审批监管履职尽责和农民、集体经济组织、农业企业等主体依法依规使用耕地提供权威易操作的政策依据，有力规范耕地保护审批监管与使用经营行为。

（三）“管制”与“引导”协同发力，深化耕地用途管制，划清耕地保护“规划红线”，优化政策激励引导，激活耕地保护“效益引线”

一是摸清耕地底数，加强动态监测。结合第三次国土调查，全面摸清土地家底，严格按照国家有关标准认定耕地面积，准确掌握耕地“非农化”数量结构，为分步、分类精准治理提供可靠依据。加强基层人员队伍与技术力量，以“三调”成果为基础，综合运用卫片检查、实地巡查等方法，及时全面监测耕地变化情况。

二是抓住国土空间规划编制契机，深化耕地用途管制，划清耕地保护“规划红线”。结合 2020—2035 年国土空间规划编制，优化布局生态、农业、城镇等各类功能空间，统筹划定生态保护红线、永久基本农田保护控制线、城镇开发边界三条控制线，加强对农业空间转为城镇空间和生态空间的监督管理，严格控制各类建设占用耕地尤其是占用永久基本农田。及时纠正部分地区借规划编制放大建设用地需求、推卸耕地保护责任错误倾向，加强省（区、市）、市县国土空间规划战略研究成果审查，突出强调耕地和永久基本农田保护、国土综合整治与生态修复，保证耕地保护责任精准落地。推进实用性村庄规划编制与信息公开，让农民、集体、农业企业和基层监管人员准确了解每一块土地用途及管制要求，及时避免和制止耕地“非农化”行为。

三是加强耕地保护和粮食生产激励性政策工具研究运用，激活耕地保护“效益引线”。完善国土综合整治政策，改进资金使用管理，加强农田基础设施建设，加大高标准农田建设投入，加快农村基础设施配套，优化农业生产条件和经济效益。创新国土综合整治理念技术，优化种养结合、适度规模经营土地条件。鼓励各地尤其是人口密集的城市化地区和中心城市出台耕地生态补偿政策，释放城镇周边、道路沿线耕地经济、生态景观、文化科教价值，实现耕地保护、农民增收和市民幸福共赢。深化确权登记成果运用，大力发展土地托管等社会化服务，适时推广粮食作物完全成本保险和收入保险，调动农民、新型经营主体和农业企业粮食生产积极性。

（姜海系南京农业大学中国资源环境与发展研究院教授；冯淑怡系南京农业大学中国资源环境与发展研究院常务副院长、公共管理学院院长、教授）

增减挂钩理论与实践中的谬误

贺雪峰

为了保护耕地、节约集约用地而推出的城乡建设用地增减挂钩政策，被地方政府片面理解为通过减少农村建设用地来增加城市建设用地指标，再进一步指望通过指标交易来生产出巨额土地财富，从而增加地方政府财政收入，为农民增加土地财产性收入，建设新农村，乃至用于扶贫。这就彻底歪曲了增减挂钩制度的本质，以及误会了土地的性质和土地制度的性质。

从以上讨论可以看到，农村建设用地减少（主要是农村宅基地减少）与城市建设用地指标的增加，这个对应关系的前提是保持国家对地方新增建设用地指标偏紧的供给，从而在地方上造成建设用地指标的相对稀缺。这显然有一个前提，即国家不能因为建设用地供给不足而对地方经济发展和城市扩张造成太大的负面影响。

增减挂钩政策正是在地方建设用地指标相对稀缺的前提下，通过农村建设用地减少与城市建设用地增加相挂钩，才使农村建设用地减少具有了价值。所谓农村建设用地的减少，将农村建设用地复垦为耕地，这样形成新增城市建设用地指标，这个指标覆盖到建新地块，形成城市建设用地。要特别注意，建新地块是在城郊征地所得，征地需要支付成本，农村建设用地减少所形成的价值仅仅是地方政府城市建设用地指标稀缺所产生的价值。

如果没有土地用途管制，没有建设用地指标计划下达，以及没有增减挂钩政策，农村建设用地复垦为耕地就不可能产生出农地以外的价值。实际上，在增减挂钩政策下，农村建设用地复垦为耕地，耕地价值十分有限，目前带给农民所谓土地财产权以及新农村建设或扶贫资金的都是其指标价，即挂钩所得。这种所得显然是依靠土地政策，而非真正使用农村建设用地生产出来的财富。因此，这样一种农村建设用地减少所产出的财富只是一种财富转移，归根结底是由地方财政完成的财富转移，而没有任何额外财富生产出来。

既然农村建设用地减少所获补偿只是政策性的财富转移，以农民宅基地为主体的农村建设用地就不是所谓财产权，也不存在财产性收益。全国绝大多数中西部农村，农民进城后，宅基地大量闲置，并没有利用，唯一的利用是复垦种粮食可以产生收益，但这个收益十分有限。有人以城市建设用地来想象农民宅基地，认为农民是抱着金饭碗讨饭吃。这种认识显然是荒谬的。

郑新立计算农民宅基地价值的依据是安徽金寨县的增减挂钩，农民腾退出宅基地形成的指标以50万元/亩挂钩交易出去，全国有2亿多亩宅基地，价值达100万亿元。不考虑金寨县增减挂钩的政治因素，假定购买金寨县挂钩指标的合肥市的确有巨大的城市建设用地指标稀缺，从而愿从金寨县购买挂钩指标。

这里也有一个前提，即安徽省必须规定合肥市只能从金寨县买挂钩指标，否则，安徽几十个县都有大量宅基地可以退出形成新增城市建设用地指标，安徽却只有一个地方财力比较强的省会城市合肥，就一定会出现所有县竞争性向合肥卖指标，这样就会将指标价降低到接近农民退出宅基地的安置成本，这个安置成本在湖北省大约为2万元/亩。这样的成本仅仅略高于部分农民腾退出宅基地的代价，农民从中所获利益极为有限，这里面显然不存在所谓财产性收益，更不存在所谓“农民抱着金饭碗”的情况。

要保持增减挂钩指标的高价，只有两个办法：一是人为造成地方政府城市建设用地指标的稀缺；二是只允许极少数特权地区退出农村建设用地形成挂钩的城市建设用地指标。城市建设指标越稀缺，可以挂钩农村建设用地减少所形成城市建设用地指标越少，指标价值就越高。这个价值可以达到100万元甚至200万元/亩，前提要严格限定挂钩指标的供给以及人为造成城市建设用地稀缺。

但是，城市建设需要新增建设用地是有限的，远远低于当前2亿多亩农村建设用地的存量，另一方面，严格人为造成城市建设用地稀缺会影响经济发展和城市化，这显然是不可能的。而严格限定挂钩指标的供给，比如只允许安徽金寨县和河北阜平县的挂钩指标交易到特定市区，实际上这样不仅没有市场配置，而且是完全特权的计划。全国绝大多数农村是无法从农村建设用地减少中获得所谓巨额土地财产性收益的，当然也就不可能产生 100 万亿元的财富出来。

现在有一种普遍性的误会，以为通过扩大增减挂钩范围就可以形成更大的土地级差收益，从而增加增减挂钩指标的价值。例如，姚树荣等人认为，要探索增减挂钩市场化运行机制建设，其中之一是“取消项目范围限制，允许在全国范围内跨省进行建设用地指标交易，最大限度释放土地级差收益，用于精准扶贫工作”。

实际上，扩大增减挂钩范围，全国农村都可以通过减少农村建设用地来形成挂钩指标，并在全国形成统一的市场交易，结果必然是挂钩指标供过于求而导致挂钩指标的成本价降低，却不会形成更大的土地级差收益，增加增减挂钩指标的价值。扩大增减挂钩范围建立全国增减挂钩市场可以最大限度释放土地级差收益的想法，这种想法的数学表述为：

（最高指标购入价－最低生产指标成本）×全国可以腾退减少的农村建设用地面积＝农村建设用地减少所可以产生的总财富

这显然是一种静态思维。因为全国市场必然意味着供过于求，最高指标购入价会无限趋近最低指标生产价，两者相减接近于零。

正是基于扩大增减挂钩范围就可以产生出巨额土地财富的想象，增减挂钩政策被国土资源部作为压箱底的政策用于精准扶贫、乡村振兴以及增加农民财产性收入，结果造成了关于土地和土地制度的各种误解，以及实践中巨大的混乱与损失。

比如，2017 年国土资源部印发《关于进一步运用增减挂钩政策支持脱贫攻坚的通知》，明确省级扶贫开发工作重点县可以将增减挂钩节余指标在省域范围内流转使用，并要求“适当减少节余指标流入地区新增建设用地安排，经营性建设用地尽量要求使用增减挂钩指标，以提高增减挂钩节余指标收益，进一步加大对脱贫攻坚工作的支持力度”。

2016 年中办国办印发《关于支持深度贫困地区脱贫攻坚的实施意见》，明确了深度贫困地区开展城乡建设用地增减挂钩可不受指标规模限制，探索“三州三区”及深度贫困县增减挂钩节余指标在东西部扶贫协作和对口支扶框架内开展交易，收益主要用于深度贫困地区脱贫攻坚。

据报道，“2016年增减挂钩支持扶贫开发新政出台以来，各地国土资源部门完善配套政策措施，开展政策指导，组织项目立项，建立交易平台，探索交易方式，增减挂钩节余指标的成交额不断攀升。2016年2月—2017年9月，河北等省份增减挂钩节余指标流转收益461亿元，高于国家同期对易地扶贫移民搬迁投入资金。”

要特别注意的是：第一，国土资源部通知明确要求“适当减少节余指标流入地区新增建设用地安排”，这是为了造成节余指标流入地区更大稀缺，从而人为提高指标价值；第二，只允许深度贫困地区产生增减挂钩节余指标，以及特许“三州三区”进行对口的跨省指标交易，以减少指标交易中产生的供过于求问题，从而实现由发达地区城市向深度贫困地区的资源转移，这样的资源转移显然不是市场行为，表面上是增减挂钩政策为深度贫困地区生产出来巨额财富，实际上是借增减挂钩这一政策工具来实现发达地区对深度贫困地区的对口支持。这其中并没有新增财富，只有财富通过增减挂钩的政策工具实现了由发达地区向深度贫困地区的转移。

（作者系武汉大学社会学院院长，教授，博士生导师）

关于乡村振兴齐鲁样板青岛模式的思考和建议

宋洪远　李　竣

本报告基于山东省青岛市两年来乡村振兴进展情况的调查研究认为，打造乡村振兴齐鲁样板、探索齐鲁样板青岛模式，既有基础、又有条件；青岛市的探索和实践，既取得了明显成效，又积累了宝贵经验。在此基础上，提出了深化拓展乡村振兴齐鲁样板青岛模式的思路和建议。

一、探索齐鲁样板青岛模式的条件和优势

为贯彻落实习近平总书记“打造乡村振兴齐鲁样板、深化拓展莱西经验”的指示要求，山东省委省政府提出青岛市打造面向世界开放发展的桥头堡，探索东部沿海地区乡村振兴的齐鲁样板。青岛市作为山东省的经济中心，是国家沿海重要中心城市，经济优势和开放优势比较明显，农业和农村现代化建设水平也比较高，具有打造齐鲁样板率先实现突破的基础条件和独特优势。

（一）青岛市具备打造齐鲁样板的基础条件

1. 健全“五级书记抓乡村振兴”机制，奠定乡村振兴组织基础

一是强化组织领导。青岛市在山东省内率先成立了中共青岛市委农业农村委员会，强化党对三农工作总揽全局、协调各方的领导作用。建立工作专班推进机制，健全完善基层联系点制度，推动政策措施落实落地。二是强化协同督导。自 2019 年 8 月以来，青岛市委市政府主要领导每月一调度、每季度听取专题汇报，分管领导每月主持召开乡村振兴

暨农村人居环境整治现场观摩推进会。年底全市“四大”班子、“两代表一委员”、企业家等各界代表对乡村振兴推进情况进行质询，质询结果列入年度工作考核。三是强化考核引导。青岛市将乡村振兴列入对区市、市直部门的经济社会综合考核和专项考核，明确提出承担省考核任务跌出前3名的单位主要负责人要在全市会议上作检查。

2. 打好乡村产业转型升级攻坚战，夯实乡村振兴经济基础

一是农业招商引资实现新突破。青岛市坚持以大项目引领产业融合发展，推动乡村产业提质增效。随着投资大项目的开工建设，农业生产力布局将进一步优化升级。二是土地规模化经营实现新突破。在全市开展整镇整村土地流转试点，大力推广“耕、种、防、收”土地托管服务模式。在全国率先出台实施《农村土地承包经营权抵押贷款管理办法（试行）》，建成以区市为核心、镇为基础、上下贯通、功能完善的产权交易体系。三是农村产业融合发展实现新突破。全域实施农业产业化联合体、田园综合体、现代农业产业园、齐鲁样板示范区等示范创建，实行省、市、县三级联创机制。建立了乡村振兴齐鲁样板示范区重点培育清单，实行打造一批、认定一批、扶持一批。四是品牌农业建设实现新突破。健全农业生产、加工、流通等全程标准体系，构建“青岛农品”培育、保护、发展和评价体系。建设农产品质量安全追溯监管平台，形成了严谨的生产、监管、检测、流通有机追溯链条。五是农业开放发展实现新突破。坚持“走出去”与“引进来”相结合，全市农产品出口遍及140多个国家和地区。面向全球整合种业资源，创建青岛国际种都。

3. 打好基层党组织振兴攻坚战，建立乡村振兴治理基础

一是合村并居稳步推进。青岛市建立了市委分管领导任召集人的全市合村并居联席会议，印发实施《全市合村并居村庄规划编制工作实施方案》和《全市合村并居规划编制导则（试行）》。二是基层党组织战斗力不断增强。出台了加强村党组织书记队伍建设的20条意见，激励广大干部到村担任村党组织书记。健全完善区市党委组织部备案管理等制度，选优配强村党组织书记。三是农村改革深入推进。全市基本完成集体产权制度改革任务，加快农村资产资源流动，推进农村土地经营权抵押贷款和农村集体资产产权交易。四是村级集体经济发展壮大。青岛市梳理了121条支持政策，选择160个村开展中央财政资金扶持发展壮大村级集体经济试点。

4. 打好乡村生态宜居攻坚战，夯实乡村振兴环境基础

一是美丽乡村建设取得新进展。印发了《青岛市美丽村居建设实施方案》，启动了市域乡村风貌规划编制工作。全市已完成2017年、2018年省级示范村评估验收，集中力量打造了11个美丽乡村示范片区。二是农村人居环境整治取得新进展。青岛市开展了“百镇千村万巷”环境整治百日攻坚行动和秋冬战役，加快推进国家卫生镇街、省级卫生村创建。聚力攻坚农村厕所革命和污水治理，推进路网提档升级。三是农业绿色发展取得新进展。实施农作物病虫害统防统治、推广绿色防控技术和水肥一体化技术。平度、莱西、胶州三市入选全国畜禽粪污资源化利用整县推进项目试点。

5. 打好乡村人才集聚攻坚战，筑牢乡村振兴人才基础

一是培养使用乡土人才。制定全市乡村人才振兴行动计划，实施乡村人才引育10大重点工程，实施乡镇专业技术人才直评直聘政策，全面落实乡村人才振兴激励措施20条。二是引进使用各种人才。成功举办“2019年招才引智名校行”“百所高校千名博士青岛行”等活动。青岛大学、中国石油大学、青岛广播电视大学、青岛市新型职业农民教育中心等4家培训基地，申报省级服务乡村振兴继续教育基地。

6. 打好乡村文化兴盛攻坚战，夯实乡村振兴文化基础

一是推进新时代文明实践中心建设。青岛市成立全国首家新时代文明实践培训学院。胶州、平度、城阳入选全国全省新时代文明实践中心建设试点县。二是深耕农村文化主流阵地。组织开展送戏、送法、送文艺进乡村活动，广泛开展“五王大赛”“微演艺六进”“欢乐青岛广场周周演”“农村文化艺术节”等深受乡村群众喜爱的群众文化活动。三是开展农村精神文明示范创建。青岛市深入推进农村文明家庭、最美家庭等示范创建，开展星级文明户等评选，不断扩大榜样模范群体，凝聚道德力量、传播主流价值。

（二）青岛市具有率先实现突破的独特优势

青岛市是国家计划单列城市和山东省副省级城市，辖区陆地面积

11 282 平方千米，海域面积 12 240 平方千米，常住人口超过千万。与其他城市相比，青岛市在打造乡村振兴齐鲁样板率先实现突破上，具有如下 7 个方面的显著优势。

1. 自然优势

青岛市是海滨丘陵城市，岸线曲折，岬湾相间。有大沽河、北胶莱河以及沿海诸河三大水系，胶州湾、鳌山湾、灵山湾三大湾群，782 千米大陆海岸线、49 个海湾和 120 个海岛。青岛市大陆岸线占山东省岸线的 1/4，为其发展海洋农业产业提供了广阔的空间。“春迟、夏凉、秋爽、冬长”是青岛市沿海地区季风气候特点，为农业发展提供了有利条件。青岛市先后荣获联合国和国家人居环境范例奖、中国人居环境奖，是“中欧低碳生态城市合作项目”试点城市。

2. 区位优势

青岛市位于胶东半岛，环渤海湾商业带，是国家特大城市、山东省经济中心、国家沿海重要中心城市、滨海度假旅游城市、国际性港口城市、东北亚国际航运枢纽，“一带一路”新亚欧大陆桥经济走廊主要节点城市和海上合作战略支点。青岛市是山东社会发展和经济发展的龙头，是山东半岛蓝色经济区的核心城市，是带动山东发展的核心引擎。青岛市还毗邻日韩两国，有利于开展相互间的国际贸易、文化交流等活动。

3. 经济优势

青岛市是国务院批准设立的国家级财富管理金融综合改革试验区，承担着先行先试、探索中国特色财富管理发展道路的目标使命。近年来，青岛市大力推进新旧动能转型，打好转型发展“组合拳”，做好“存量变革”和“增量崛起”两篇大文章，在保持增速平稳的基础上，向高质量发展新阶段更进一步，创新驱动能力进一步增强。青岛市还是重要的国际化都市，与世界 79 个国家和地区缔结经济合作伙伴关系，与全球 215 个国家和地区建立了贸易往来，累计实现外贸进出口 8 881 亿美元。

4. 文化优势

青岛市具有打造乡村振兴齐鲁样板的独特文化优势。优美绵长的海岸线形塑了青岛海洋文化，青岛原属东夷海岱文化区域，被称为“东方瑞士”。作为中国最早的 14 个沿海开放城市之一，青岛市是吸引国际投资与多的城市之一，每年吸引数十万计的外国游客。青岛市的建筑、雕塑、人文古迹、文化艺术节等都展示了其艺术城市形象。齐鲁文化为青岛市融入了山东人忠厚、认真、直率、诚实、热情的优秀品格。

5. 交通优势

青岛市具有便捷的交通条件。青岛流亭国际机场已达到4E标准，拥有国内航线160条，国际航线29条，港澳台地区航线3条。胶东机场于2019年下半年实现转场运行，可满足年旅客吞吐量5 500万人次。青岛市域现有铁路11条，总里程576千米；济青高铁潍莱铁路建成后，总里程将达到666千米。2018年底，青岛港生产性泊位共122个，其中万吨级以上泊位85个。青岛已全面形成一小时城市经济圈，各区市实现高速公路直达，所有乡镇实现半小时上高速。

6. 智力优势

青岛市有中国海洋大学、中国石油大学、青岛大学、山东科技大学等一系列国内外知名大专院校，高校资源及科研机构在山东省位居前列。青岛市是全国唯一的国家创新型城市和技术创新工程“双试点”城市，聚集了中国1/5的海洋科研机构、1/3的涉海高端研发平台，拥有第一个国家技术创新中心和国内唯一的国家海洋技术转移中心，全职在青涉海院士18人。

7. 品牌优势

青岛市享有中国“品牌之都”的美誉。海尔、海信、青岛啤酒、双星、中车四方等一批蜚声中外的企业总部设在青岛市。海尔、青岛啤酒分列2018中国500最具价值品牌排行榜第3位、第22位。青岛市农业也以基础牢、特色强、品牌响、质量好著称于世。2019年，青岛市“三品一标”农产品1 042个，著名农产品品牌186个，国家农产品地理标志52个，成功创建“国家农产品质量安全城市”。

二、齐鲁样板青岛模式的探索实践和基本经验

（一）青岛市推进乡村五大振兴的探索实践

为贯彻落实习近平总书记重要指示和山东省委省政府部署要求，青岛市委市政府印发《青岛市乡村振兴攻势作战方案（2019—2022年）》，制

定《青岛市乡村振兴战略规划（2018—2022年）》和《青岛市实施乡村振兴战略加快推进农业农村现代化行动计划（2018—2022年）》，明确乡村振兴近期、中期、远期三个阶段的目标任务，发起乡村振兴攻势、突破平度莱西等十五大攻势，统筹推进乡村“五大振兴”，走出了乡村振兴的青岛道路，探索了齐鲁样板的青岛模式，为打造乡村振兴齐鲁样板提供了青岛经验。

1. 产业振兴方面

青岛市全面推动农业高质量发展。从提升产品质量入手，狠抓标准化生产，加强执法监管，推进品牌兴农；从增加农业效益入手，降低生产经营成本，发展适度规模经营，开发农业多种功能；从推进绿色发展入手，推进农业投入品减量化使用，推进农业废弃物资源化利用，切实加强农业资源养护；从坚持市场导向入手，坚定不移推进农业结构调整，加快推进产业向园区集中，加强农产品市场体系建设。青岛市大力促进乡村产业融合发展。依托特色农产品，发展特色优势产业，实施休闲农业和乡村旅游精品工程，大力发展乡村休闲旅游产业；通过搭建多层级电商服务网络，创新电商发展模式，拓宽电商销售渠道，大力推进农村电商和农产品电商发展；以高新技术引领开拓现代食品产业市场，打造外向型现代农产品加工产业链，加快发展农产品加工业和现代食品产业；建立多元化投融资机制，立足区位资源和发展基础，打造特色专业村、田园综合体、产业示范园区，培育一批宜居宜业的文旅小镇、区域品牌小镇等特色村镇。

2. 人才振兴方面

青岛市在探索聚集本土人才过程中，构建了从发现到保护的人才建设链条。从新型职业农民培训、专业技能人才培训、管理服务人才培训等方面，加强专业人才培育。创新人才的聘用与留任政策，选好用好乡土人才；创新人才评定与奖励政策，鼓励激励乡土人才。通过吸引城市各类人才下乡、鼓励“市民化”能人返乡回乡和支持工商资本投资兴乡，汇聚社会各界人才投身乡村建设。通过强化农业专业人才服务乡村的职责、建立城市人才定期服务乡村机制和利用城市人才带动乡村人才培育，利用城市人才促进乡村振兴。通过搭建乡村引才聚才服务平台、完善乡村人才待遇保障机制和落实乡村人才激励奖励措施，稳固城市人才扎根农业农村。

3. 文化振兴方面

青岛市为建设文明乡风，推进移风易俗采取了多种举措。通过建立健全督导机制、制约机制、激励机制和红白理事会制度，完善乡村文化基础设施和公共服务，强化制度保障，推动文明乡风建设。通过列出正负面清单，规范群众行为，加强典型示范，发挥党员干部带头作用，强化文明乡风的价值认同，推动村风民风向善向好。通过统筹兼顾满足群众合理需求和因地制宜合理配置资源，坚持民意保障，夯实文明乡风建设的群众基础。重塑乡村核心价值观，为人居环境注入文化之魂。青岛市深挖乡村传统文化历史源头，寻找乡民精神家园、积极传承创新，保护和发展乡村传统文化、完善文化基础设施，健全文化公共服务和打造文化景观、坚持与时俱进，赋予乡村文化新的时代内涵，聚力助推乡村文化振兴。

4. 生态振兴方面

青岛市多管齐下推进农村人居环境整治。通过加强源头管理，提倡垃圾分类，免费收集垃圾、闭环运行，就地处置，实现垃圾减量化、循环利用，变废为宝，实现垃圾资源化，创新农村垃圾处理新模式。通过科学谋划，实现污水处理全域化、充分利用市场机制，确保项目建设高效益，构建城乡污水处理体系。通过“三抓三促”、探索多元改厕模式、创新打造“厕污智能管理系统”和建立健全后续长效管护机制，全面推进农村厕所革命。通过硬化街道和村内设施，实现村里美；通过优化生态环境，实现村外美；高标准完成旧屋改造，满足居民需求，全方位改善村容村貌。青岛市以绿色为底加强农村生态环境治理。通过编制村庄规划、发挥示范标杆作用、突出田园风格和构建绿色发展格局，加强顶层设计和规划统筹。通过加强农业面源污染防治、推广绿色高效种植、推动现代农业转型升级，大力推动农业绿色发展。通过实施生态提升工程，复兴改造老村、护绿与植绿并重，推进村庄建设、构建“有山皆绿”的生态环境，提升林品质；构建“有水皆清”的水体生态环境，做足“水”文章；坚持保护与开发并重，挖掘“矿”潜力等举措，加强农村生态保护和修复。通过突出特色，挖掘绿水青山禀赋、坚持典型引领，打造示范工程、推动观光游向休闲度假游转型升级，发展生态旅游循环经济。通过加大投资力度，完善公共基础设施、抓牢环境综合整治，构建“有村皆净”的生态环境、健全管理机制，严格执法监督，夯实乡村生态振兴基础。

5. 组织振兴方面

青岛市构建多元共治格局，引领基层善治。通过强化农村基层党组织的引领作用，把支部建在产业上、主要精力放在发展上，加强党建引领。通过凝聚精英参与治理和多元主体参与治理，实现多元共治。通过依托“两张网”收集信息、设立信息平台处置信息和利用“大数据”研判信息，保障治理有效的技术支撑。青岛市以党建引领“三治”融合，促进有效治理。通过创新组织设置形式、强化支部班子建设和发挥党员示范作用，强化基层党组织建设。通过综合运用、协同发力，发挥“三治”协同作用，释放乘数效应。通过治理领域的全面深化和治理经验理论的探究深化，推进“三治”融合全域化。

（二）探索齐鲁样板青岛模式积累的经验

青岛市在打造乡村振兴齐鲁样板，重点推进乡村“五大振兴”的过程中，积累了宝贵的经验，值得总结和借鉴。

1. 坚持发挥农民主体作用

农民是乡村振兴的主体，也是乡村振兴的中坚力量。青岛市在实施乡村振兴战略过程中，充分尊重广大农民的意愿，维护保障农民群众的根本利益，建立了广泛的群众基础，增强了凝聚力和向心力，激发了广大农民的积极性、主动性、创造性，激活了农民参与乡村振兴的内生动力，推动乡村振兴不断取得新成效。

2. 坚持因地制宜循序渐进

青岛市有七个主城区和三个县级市，不同的区市和乡村有不同的自然条件、经济基础和社会结构。青岛市在实施乡村振兴战略过程中，根据主城区和县级市乡村的差异性和发展走势分化的特征，遵循乡村建设规律，做好顶层设计、科学制定规划，因地制宜、分类施策，尽力而为、量力而行，突出重点、典型引路，走出了一条具有青岛特色的乡村振兴之路。

3. 坚持农业农村优先发展

坚持农业农村优先发展，是实施乡村振兴战略的总方针。青岛市把实施乡村振兴战略作为市委市政府的共同意志、共同行动，认真贯彻落实

“四个优先”要求，在资金投入、要素配置、公共服务、干部配备方面采取有力措施，层层落实责任，努力补上农业农村发展短板，加快推进农业农村现代化。

4. 坚持促进城乡融合发展

建立健全城乡融合发展体制机制和政策体系，是实施乡村振兴战略的制度保障。青岛市在实施乡村振兴战略过程中，创新体制机制，推进城乡要素平等交换，推动人才下乡、资金下乡、技术下乡，推动农村人口有序流动、产业有序集聚，形成城乡互动、良性循环的发展机制。完善政策体系，推进城乡公共资源均衡配置，推动城乡教育、文化、医疗、社保等基本公共服务均等化，推动城乡基本公共服务标准统一、制度并轨，实现从形式上的普惠向实质上的公平转变。

5. 坚持推进乡村全面振兴

坚持乡村全面振兴，是实施乡村振兴战略的原则和要求。青岛市在实施乡村振兴战略过程中，准确把握乡村振兴的科学内涵，努力挖掘乡村的多种功能和价值，推进乡村产业振兴、人才振兴、文化振兴、生态振兴、组织振兴，推进农村经济建设、政治建设、文化建设、社会建设、生态文明建设、党的建设，推进农业全面升级、农村全面进步、农民全面发展。

三、深化拓展齐鲁样板青岛模式的思路和建议

（一）深化拓展齐鲁样板青岛模式的基本思路

深化拓展齐鲁样板青岛模式，要以习近平关于三农工作重要论述为指导思想，以走中国特色社会主义乡村振兴道路为行动指南，加强党对三农工作的领导，把实施乡村振兴战略作为新时代做好三农工作的总抓手，坚持农业农村优先发展，按照产业兴旺、生态宜居、乡风文明、治理有效、生活富裕的总要求，建立健全城乡融合发展体制机制和政策体系，加快推进乡村治理体系和治理能力现代化，加快推进农业农村现代化，让农业成为有奔头的产业，让农民成为有吸引力的职业，让农村成为安居乐业的美丽家园。

在实施乡村振兴战略过程中，要注意处理好以下四个关系。

1. 短期目标和长期目标的关系

实施乡村振兴战略是一项长期的历史任务。到 2020 年，乡村振兴取得重要进展，制度框架和政策体系基本形成；到 2035 年，乡村振兴取得决定性进展，农业农村现代化基本实现；到 2050 年，乡村全面振兴，农业强、农村美、农民富全面实现。从近期来看，青岛市要围绕建立和形成乡村振兴的制度框架和政策体系，加快推进农村各项改革，调整完善农村各项政策，扎实推进乡村“五个振兴”，努力实现乡村振兴开好局、起好步。从中长期来看，青岛市要围绕推进乡村治理体系和治理能力现代化、农业农村现代化和实现乡村全面振兴，遵循乡村发展规律，分阶段分步骤科学合理规划，着眼长远谋定而后动，注重质量、从容建设，找准突破口、排出优先序，久久为功、扎实推进，积小胜为大成。

2. 顶层设计和基层探索的关系

党的十九大以来，习近平总书记就实施乡村振兴战略提出了一系列新理念新思想新举措，中央先后召开了农村工作会议和工作推进会议，先后印发了中央 1 号文件和乡村振兴战略五年规划，出台了一系列支持乡村振兴的政策措施，已经明确了乡村振兴的顶层设计。青岛市要抓好做实落地，制定符合青岛实际的实施方案。编制村庄规划不能简单照搬城镇规划，更不能搞一个模子套到底。要各具特色，丰富多彩。允许区市采取一些过渡性、差异化的政策和措施，鼓励乡村先行先试、大胆探索创新。要及时总结推广基层探索经验，大力推进实施乡村振兴战略。

3. 市场作用和政府作用的关系

实施乡村振兴战略，既要充分发挥市场的作用，也要更好发挥政府的作用。青岛市要从农业农村发展深层次矛盾出发，聚焦农民和土地的关系、农民和集体的关系、农民和市民的关系，以市场需求为导向，深化农村综合性改革和农业供给侧结构性改革，激发各类市场主体参与乡村振兴的动力和活力。青岛市要发挥好政府在规划引导、政策支持、市场监管、法治保障等方面的积极作用，加快转变政府职能，深化放管服改革，科学制定乡村振兴规划，出台实施乡村振兴政策，优化乡村营商环境，保障各类主体权益。政府和市场要形成合力，共同推动乡村全面振兴。

4. 增强群众获得感和适应发展阶段的关系

实施乡村振兴战略的出发点和落脚点，就是要让亿万农民有更多的获得感、幸福感、安全感。青岛市要围绕农民群众最关心最直接最现实的利益问题，加快补齐农村基础设施和公共服务短板。要根据本市经济社会发展的基础和条件，科学评估各级财政收支状况、集体经济实力和群众承受能力，合理确定投资规模、筹资渠道、负债水平，合理设定阶段性目标任务和工作重点，形成实施乡村振兴战略的长效机制。

（二）深化拓展齐鲁样板青岛模式的对策建议

今后一个时期，青岛市要把握新形势、新任务、新要求，立足市情农情，乘势而上，切实增强责任感、使命感、紧迫感，举全市之力，以更大的决心、更明确的目标、更有力的举措，进一步解放思想、大胆探索创新、推进高质量发展，谱写新时代乡村全面振兴新篇章。

1. 加强党的领导

一是加强组织领导。青岛市党委要坚持把实施乡村振兴战略摆上重要议事日程，做好上下衔接、区市协调、督促检查工作。区市党委要制定具体管用的工作措施，贯彻落实党中央以及上级党委关于乡村振兴工作的部署和要求；区市委书记要当好乡村振兴“一线总指挥”，加强统筹谋划，狠抓工作落实。乡镇党委要加强对干部群众的组织、宣传、教育工作，贯彻执行乡村振兴工作的决策部署和政策措施；农村基层党组织要发挥好战斗堡垒作用，切实增强乡村振兴的战斗力、凝聚力、向心力。

二是健全体制机制。青岛市要健全党委统一领导、政府负责、党委农村工作部门统筹协调的农村工作领导体制机制。建立实施乡村振兴战略领导责任制，党政一把手是第一责任人。各部门要按照职责分工，加强工作指导，强化要素投入、制度供给和政策支持，形成乡村振兴工作合力。加强党委农村工作部门机构设置和人员配置工作，发挥决策参谋、统筹协调、政策指导、推动落实、督导检查等职能作用。

三是强化考核监督。青岛市要建立和完善市、区（市）党政领导班子和领导干部推进乡村振兴工作的实绩考核制度，将考核结果作为选拔任用领导干部的重要依据。加强乡村振兴统计监测工作，开展乡村振兴规划执行评估，确保乡村振兴战略有效实施。

2. 强化人才支撑

一是加强三农工作队伍建设。青岛市要把懂农业、爱农村、爱农民作为基本要求，加强农村工作干部队伍培养、配备、管理、使用。各级党委和政府主要领导干部要懂三农工作、会抓三农工作，分管领导要真正成为三农工作的行家里手。要把到农村一线工作锻炼、干事创业作为培养干部的重要途径，注重提拔使用实绩优秀的农村工作干部，形成人才向农村基层一线流动的用人导向。要制定实施培训计划，拓宽区市三农工作部门和乡镇干部来源渠道。

二是培养造就乡土人才。要实施新型职业农民培育工程，支持农民专业合作社、专业技术协会、龙头企业等主体承担培训，大力开展职业农民职称评定试点。建立区市域专业人才统筹使用制度和农村人才定向委托培养制度，大力提高乡村教师、医生队伍素质和服务能力。加强农业科技队伍和技术人才队伍建设，扶持培养一批农业职业经理人、经纪人、乡村工匠、文化能人、非遗传承人等乡土人才。

三是吸引城市人才下乡。要建立有效激励机制，以乡情乡愁为纽带，吸引支持企业家、党政干部、专家学者、医生教师、规划师、建筑师、会计师、律师、技师等人才，通过下乡担任志愿者、投资兴业、包村包项目、行医办学、捐资捐物、法律咨询等方式服务乡村振兴。制定实施鼓励引导工商资本参与乡村振兴的指导意见，落实扶持政策，保护好农民利益。发挥工会、共青团、妇联、科协、残联等群团组织的优势和力量，发挥各民主党派、工商联、无党派人士等积极作用，支持农村产业发展、生态环境保护、乡风文明建设、农村弱势群体关爱等。

四是创新人才培育引进使用机制。要制定实施鼓励城市专业人才参与乡村振兴的政策措施。建立自主培养与人才引进相结合，学历教育、技能培训、实践锻炼等多种方式并举的人力资源开发机制。建立城乡、区域、校地之间人才培养合作与交流机制。建立城市医生、教师、科技、文化人员等定期服务乡村机制。

3. 强化制度创新

一是完善农村土地承包制度。青岛市要认真贯彻落实《中共中央国务院关于保持农村土地承包关系稳定并长久不变的意见》，坚持土地集体所有、家庭承包经营，保护农户依法承包集体土地的基本权利，保持农户承包地稳定。建立健全土地承包权依法自愿有偿转让机制。落实农村土地所有权、承包权、经营权“三权”分置政策，健全农村土地承包相关法律政策。开展农村承包土地经营权依法向金融机构融资担保试点，支持农民以土地入股方式从事农业产业化经营。

二是创新农业经营体制。坚持家庭经营基础性地位，赋予双层经营体制新内涵。实施家庭农场培育计划，开展农民合作社规范提升行动。建立健全支持家庭农场、农民合作社发展的政策体系和管理制度。落实扶持小农户和现代农业发展有机衔接的政策，完善“农户＋合作社”“农户＋公司”利益联结机制。加快培育各类社会化服务组织，为一家一户提供全程社会化服务。深化农村供销合作社综合改革，深化集体林权制度和林区林场改革，推进农垦垦区集团化和农场企业化改革。

三是深化农村土地制度改革。要全面推开农村土地征收制度改革和农村集体经营性建设用地入市改革，加快推进房地一体的农村集体建设用地和宅基地使用权确权登记颁证。完善农民闲置宅基地和闲置农房政策，探索宅基地所有权、资格权、使用权“三权分置”，落实宅基地集体所有权，保障宅基地农户资格权和农民房屋财产权，适度放活宅基地和农民房屋使用权。开展闲置宅基地复垦试点，允许区市政府通过村土地利用规划，调整优化村庄用地布局，有效利用农村零星分散的存量建设用地。对利用收储农村闲置建设用地发展农村新产业新业态的，给予新增建设用地指标奖励。完善农业设施用地政策，满足现代农业发展合理需求。

四是推进农村集体产权制度改革。要加快推进集体经营性资产股份合作制改革，完善农村集体产权权能。健全农村产权流转交易市场，推动农村各类产权流转交易公开规范运行。积极探索集体资产股权质押贷款办法。推动资源变资产、资金变股金、农民变股东，探索农村集体经济有效实现形式和运行机制。拓宽农村集体经济发展路径，加快农村集体资产监督管理平台建设，建立健全集体资产各项管理制度。制定实施适合农村集体经济组织特点的税收优惠政策。

五是完善农业支持保护制度。要深化农产品价格形成机制改革，落实稻谷和小麦最低收购价政策，落实玉米和大豆生产者补贴政策，落实对农民直接补贴制度。深化农产品收储制度改革，加快培育多元市场购销主体，健全粮食主产区利益补偿机制，完善农产品进出口调节制度。健全农业信贷担保费率补助和以奖代补机制，推进稻谷、小麦、玉米完全成本保险和收入保险试点，扩大农业大灾保险试点和“保险＋期货”试点，探索“订单农业＋保险＋期货（权）”试点，对地方优势特色农产品保险实施以奖代补试点。

4. 强化政策支持

一是落实农业农村优先发展政策导向。青岛市要把落实“四个优先”的要求与乡村振兴实绩考核联系起来，层层落实责任。优先配备三农干部，选拔熟悉三农工作的干部充实区市和乡镇党政班子，把优秀干部和精锐力量充实到基层一线。优先配置要素资源，破除妨碍城乡要素自由流动、平等交换的体制机制，推动人才、土地、资金、技术、信息等要素下乡。优先保障资金投入，把农业农村作为财政优先保障领域和金融优先服务领域，公共财政资金使用更大力度向三农倾斜，县域新增贷款主要用于支持乡村振兴。优先安排农村公共服务，推进城乡基本公共服务标准统一、制度并轨，实现从形式上的普惠向实质上的公平转变。

二是建立健全城乡融合发展体制机制。健全农业转移人口市民化和城市人才下乡激励机制，健全财政投入保障、农村金融服务、工商资本下乡、科技下乡机制。健全农村教育、医疗卫生、公共文化、社会保险、社会救助、社会管理服务机制，建立城乡基础设施规划、建设、管护一体化机制。建立促进乡村经济多元化发展的体制机制，建立新产业新业态培育、生态产品价值实现、乡村文化保护利用、城乡产业协同发展、城乡统筹规划制度。建立促进农民收入持续增长的体制机制。

5. 强化投入保障

一是确保财政投入持续增长。建立健全实施乡村振兴战略财政投入保障制度，明确和强化各级政府三农投入责任，确保财政投入与乡村振兴目标任务相适应。优化财政供给结构，推进行业内资金整合与行业间资金统筹相互衔接配合，增加地方自主统筹空间，加快建立涉农资金统筹整合长效机制。切实发挥全国农业信贷担保体系作用，通过财政担保费率补助和以奖代补等，加大对新型农业经营主体支持力度。发挥国家融资担保基金作用，强化担保融资增信功能，引导更多金融资源支持乡村振兴。支持地方政府发行一般债券用于支持乡村振兴的公益性项目。稳步推进地方政府专项债券管理改革，鼓励地方政府试点发行项目融资和收益自平衡的专项债券，支持符合条件、有一定收益的乡村公益性项目建设。

二是拓宽资金筹集渠道。调整完善土地出让收入使用范围，进一步提高农业农村投入比例，重点用于农村人居环境整治、村庄基础设施建设和高标准农田建设。改进耕地占补平衡管理办法，建立高标准农田建设等新增耕地指标和城乡建设用地增减挂钩节余指标跨省域调剂机制，将所得收益通过支出预算全部用于支持现代农业建设和实施乡村振兴战略。

三是提高金融服务水平。推动农村商业银行、农村合作银行、农村信用社回归本源，建立区市域银行业金融机构服务三农的激励约束机制，落实涉农贷款增速总体高于各项贷款平均增速的政策。保持农村信用社县域法人地位和数量总体稳定，完善村镇银行准入条件，对机构法人和业务在区市域的金融机构，适度扩大支农支小再贷款额度。落实农户、小微企业小额贷款税收优惠政策。推动温室大棚、养殖圈舍、大型农机、土地经营权依法合规抵押融资。加快构建线上线下相结合、“银保担”风险共担的普惠金融服务体系，推出更多普惠金融产品。支持符合条件的涉农企业发行上市、新三板挂牌和融资、并购重组。支持重点领域特色农产品期货期权品种上市。

四是引导社会资本投向农村。深化政府放管服改革，优化乡村营商环境，加大农村基础设施和公用事业领域开放力度，吸引社会资本参与乡村振兴。规范有序盘活农业农村基础设施存量资产，回收资金主要用于乡村振兴建设项目。鼓励利用外资开展现代农业、产业融合、生态修复、人居环境整治和农村基础设施等建设。推广一事一议、以奖代补等方式，鼓励农民对直接受益的乡村基础设施建设投工投劳，让农民更多参与建设管护。

6. 加强规划实施

一是强化乡村振兴规划实施。要准确聚焦阶段任务，加强制度设计和政策创新，细化实化工作重点和政策措施，强化乡村振兴工程和项目落地实施，补齐农业发展短腿和乡村建设短板。要科学把握节奏力度，合理设定阶段性目标任务和工作重点，统筹谋划、分步实施，形成有序推进的工作机制。要梯次推进乡村振兴，科学把握区市乡村差异，发掘和总结典型经验，针对不同区市和乡村的实际情况，选择不同的路径和方式，发挥先行区、引领区的示范带动作用。

二是强化乡村建设规划编制。青岛市要把加强规划管理作为乡村振兴的基础性工作，实现规划编制管理全覆盖。要以区市为单位抓紧编制或修编村庄布局规划，区市党委和政府要统筹推进乡村规划编制工作。按照先规划后建设的原则，通盘考虑土地利用、产业发展、居民点建设、人居环境整治、生态保护和历史文化传承，注重保持乡土风貌，编制多规合一的实用性村庄规划。

（宋洪远系原农业农村部农村经济研究中心主任、研究员，现任华中农业大学乡村振兴研究院院长；李竣系农业农村部农村经济研究中心副研究员）

深化农村宅基地制度改革应重点关切和着力探索的若干关系

——基于东西部10省12县的调研

赵兴泉　汪明进

2019年8月26日全国人大常委会审议通过的《土地管理法》修订案，对土地征收制度动了“大手术”，使缩小土地征收范围、完善土地征收程序、提高土地征收补偿有了制度规范，保障“农地农用、农利农享”有了法律支撑；对集体土地入市给出新机会，集体经营性建设用地与国有建设用地同等入市、同地同权同价，从本质上赋予农业农村农民的发展权利；而对宅基地则在丰富和扩展“户有所居”的保障形式，新增宅基地自愿有偿退出机制，下放宅基地审批权限至乡镇政府等方面只开了一个小口子，却留下很大的想象空间。

深化农村宅基地制度改革，将是今后一个时期，深化农村土地制度改革乃至农村综合改革的重点和焦点，赋能乡村振兴的关键。基于我们对东西部各“10省12县”（调研区域包括东部地区的上海松江、江苏武进、浙江义乌和德清、安徽金寨、山东禹城，西部地区的重庆大足、贵州湄潭、四川郫都和泸县、甘肃陇西、陕西高陵等10省12县）的调研发现来看，深化农村宅基地制度改革应当重点关切和着力探索以下关系。

一、农村土地制度三项改革试点之间内在逻辑关系

2015年安排农村土地制度改革试点是单项的，在12个样本县中，有1个县是农村土地征收制度改革，有6个县是集体经营性建设用地入市改革，有5个县是农村宅基地制度改革。尽管这样，12个县试点的关切焦点和探索重点都一致性指向宅基地。在2017年打通三项试点、联动改革

以来，更是重点聚焦于农村宅基地改革。

12 个县普遍认为，农村宅基地制度改革是农村土地制度三项改革的“牛鼻子”和“总牵引”，它一头挑着农村居民的住房保障权益，一头挑着农村集体和农户家庭的资产增值使命。集体经营性建设用地入市改革，是宅基地制度改革持续推进的活力源头，为腾退的宅基地和闲置废弃宅基地经过复垦整备，实现农村宅基地的双重权利属性找到转化通道。而农村土地征收制度改革又为农村集体经营性建设用地入市改革和农村宅基地制度改革中的“农地农用、农利农享”提供制度支撑和保障，这在东西部十省都体现得很明显。

承担农村宅基地制度改革试点任务的义乌市，创造性地落实国家层面提出的试点内容和要求，于 2015 年 4 月首次提出宅基地资格权概念和“三权分置”改革方案，得到原国土资源部的认可和推广。2018 年中共中央、国务院《关于实施乡村振兴战略的意见》明确要求，“探索宅基地所有权、资格权、使用权‘三权分置’，落实宅基地集体所有权、保障宅基地农户资格权和农民房屋财产权，适度放活宅基地和农民房屋使用权。”此后，12 个县均开展了积极的探索，按照“三权分置、三双同步”展开试点，实践表明，改革具有显著成效。

我们认为，进一步深化宅基地制度改革，要坚持“三权分置、三双同步”的总方向。所谓三权分置，即宅基地所有权、资格权、使用权“三权分置”；三双同步，则为宅基地的双重权利属性、宅基地的双有偿制度和管理上的“双完善”要求。

二、农村宅基地“三权分置”与承包地“三权分置”之间的关系

调研发现，这两个“三权分置”有共性。在功能作用方面，都具有保障性。承包地是农民的基本生产资料，具有“乐业”保障功能；宅基地主要是保障农户资格权和农民房屋财产权，具有“安居”保障功能。在权利体系方面，都具有一致性。承包地是所有权、承包权、经营权“三权分置”，宅基地是所有权、资格权、使用权“三权分置”，都体现出集体所有、农民（农户）使用的权利关系。在改革取向方面，都具有放活性。突

出市场在资源配置中起决定性作用和更好发挥政府作用，放活承包地的经营权，放活宅基地和农民房屋使用权。宅基地“三权分置”，可进一步强化集体作为农村土地所有者的所有权，明确农民作为集体的成员资格权，放开集体土地经营者的使用权。

在宅基地“三权分置”改革实践探索中，12 个县都聚焦“资格权”这一核心内容。一般都将其界定为符合条件的农户家庭申请分配取得宅基地的资格，它同时拥有农民居有其所的“居住保障权利”和合法使用宅基地的“财产享有权利”。

——在宅基地“资格权”的资格条件上。东西部差异不大，一般都依据 3 个要件：农村户籍、拥有土地承包经营权、村股份经济合作社社员（包括社员股东和非社员股东）。东部地区突出村股份经济合作社社员和农村户籍 2 个方面，西部地区多从 3 个要件考量。东西部宅基地资格权实现的基本原则：以人认定、按户归集，即以“户”为单位，实行“一户一宅”，以户内拥有资格权人数多寡分档确定宅基地面积或享有相应的资格权益。

——在宅基地资格权的保留和预支上。泸县在资格权认定中，对已到结婚年龄而未娶、已婚但未生育者，可以预支相应的资格权，在未娶和未育之前则有偿使用，娶妻或生孩子后无偿使用。如陇西县对自愿有偿退出宅基地资格权的农户，村里仍保留其资格权，如果该农户在城里生存困难、无力购房，可以通过有偿获取方式恢复资格权。这体现了“资格权”延展性权利要求，是宅基地“双有偿”改革的延伸。

——在宅基地资格权的固化上。义乌是“三权分置”改革最彻底的试点县之一。其改革亮点是，在坚持宅基地村集体所有基础上，固化宅基地资格权，即以宅基地制度改革起始为时限，将符合条件获得宅基地的村民和农户固定下来，实行“生不增、死不减”的固化管理。郫都也对宅基地资格权如同集体经济组织成员一样一体固化，实行实际意义上的“生不增、死不减”，以保证“起点公平”。

——在宅基地资格权的权能实现上。义乌在城市规划区内退出宅基地资格权的，以集地券形式由政府回购宅基地的资格权；城市规划区外的农村地区则可在集体经济组织成员间实行调剂式的有偿转让。重庆通过“地票”方式实现交易，德清也采用类似重庆的方式。

我们认为，尽管承包地“三权分置”已经有明确的法律规范，而宅基地“三权分置”中的“资格权”的界定和权能赋予还存在较大争论；政策用语表达也不同，承包地改所有权和承包经营权“两权分离”为所有权、承包权、经营权“三权分置”，宅基地改所有权和使用权“两权分离”为所有权、资格权、使用权“三权分置”，但这两个“三权分置”具有结构同质性和逻辑相通性，都体现出农村土地集体所有权、农户承包权（资格权）、土地经营权（宅基地使用权）的“三权分置”并行。我们呼吁，要在宅基地资格权的法律表达和“三权分置”的法制体系上作出专题研究。这方面，义乌已经作出了很好探索，可供借鉴。

三、宅基地住房保障权利属性与财产属性之间的关系

宅基地的“双重属性”之间关系，更多体现在农民住房保障权利的公平与财产性权利增收的效率之间的关系。改革的目的就是既要多元保障农民“户有所居”的住房保障权利，又要赋予宅基地更多的农民财产性权利属性，这是各地既普遍又一致的看法。从 12 县的探索和实践来看，主要集中在宅基地的居住保障和财产增收两个方面。

（一）保障宅基地的居住权益

一是农民的宅基地居住保障权益是底线。在我们调查所涉及的县（市、区），农民的居住保障权益都得到切实落实，许多地方因长期停批宅基地而积累的历史欠账，如松江、郫都和泸县都有十几年、二十年停批宅基地，部分新生代农民的宅基地保障权益一直无法落地，但在宅基地制度改革中，这些资格权人的权益通过不同方式都得到妥善解决。由于城市化进程和区域结构性因素差异，不同地区宅基地权益保障的实现形式存在较大不同，但从“一户一宅”向“户有所居、住有宜居”的多元保障，已经成为共同行动。一是社区适度集聚安置保障。松江以推进农民相对集中居住为实现载体，除自愿有偿退出宅基地、“进城上楼”居住者外，全部进入由区级政府统一规划的农村新社区；禹城以建设农村集聚小区为主通道，实行集聚安置的保障机制，把城市规划区外的行政村除保留村外，全部并入由县统一规划布局的新型农村社区，“按人归户”实行集聚

安置。

二是城镇规划红线内外双向保障。义乌以城镇规划红线为界采用不同保障方式：城镇规划范围内的村集中安置到新社区，农民以合法宅基地占地面积的一定比例置换权益面积，在保证必要居住条件下，权益面积允许置换工业仓储、商业用房或选择货币补偿，鼓励置换权益上市交易，政府以最低保护价回购；城镇规划区外的农村地区则按规划划定的村庄建设用地总规模，按照人、户双控标准规定的面积落实宅基地。

三是阶梯形安置保障。武进建立“户有所居”农房保障制度，科学界定农民住房保障方式，采用“三区三类”保障体系：中心城区以货币化补偿为主、集镇地区以集聚区安置房分配为主、乡村农区以宅基地安置为主。该区自 2002 年撤市设区后就没有审批过宅基地，此次改革，一次性还清历史旧账，实现户有所居保障率 100%。

四是跨区域调整安置保障。义乌、泸县积极尝试跨区域安置宅基地的路径和机制，拥有宅基地资格权农户，在放弃原户籍地宅基地资格权条件下，可以在县（市）域内跨村、跨镇有偿获取宅基地，实现宅基地的余缺调剂和居住地的自由选择。目前义乌已有 28 户农户通过跨村、跨镇街实现异地安置，泸县有 550 户农户实现跨区居住。泸县还通过建设康居房形式丰富多元保障的安置方式。

（二）活化宅基地的财产权利

针对长期以来宅基地所有权虚置、宅基地权力体系不完善等现象，各地在“三权分置”改革中，积极探索赋予宅基地财产权能、放活宅基地和农房使用权、增加农民财产性收入的机制和路径。

一是腾挪、复垦入市盘活。村集体经济组织作为农村宅基地所有者的实施主体地位被明确后，12 县都积极主动探索有效盘活闲置宅基地的途径和方法。如湄潭制定《农村宅基地腾退及节余建设用地使用暂行办法》《农村闲置宅基地整治复垦实施细则》，鼓励村民参与改革、腾退多余宅基地，组织开展村庄综合整治和腾退宅基地的复垦整理，把节余的宅基地置换成建设用地指标用于入市，发展农村新产业、增加集体和农户收入，全县共腾退闲置宅基地 737.06 亩。从效果上看，江浙沪和西南 3 省较好，它与自然资源禀赋、市场经济发育和经济社会发展密切相关。

二是赋权活能盘活。运用市场机制，把部分农村存量宅基地和农房的使用权转化为资产或资本，赋予宅基地和农房更多物权属性，通过转让、出租和折价入股等形式进入生产经营领域。如德清鼓励农户把一定年期的宅基地和农房使用权让渡出去，用于兴办乡村新产业新业态。泸县允许农户以合法宅基地使用权与第三方合作共建，农民得住房，第三方得经营用房，并采取分割登记方式确权颁证，农民住房分摊面积为宅基地使用权，第三方占用面积为集体建设用地使用权；允许住有所居农户以宅基地使用权入股、联营、招引业主经营等方式，发展乡村新产业、新业态，实现农民借资、经营主体借地共同创业。

三是不动产权登记颁证引领盘活。各试点县都在探索农村宅基地抵押贷款的路径机制，使宅基地使用权资本显化，用于银行抵押贷款。这方面，义乌做得最具成效，截至目前，已发放房地一体的不动产权证 68 425 本，并于 2015 年 12 月办理全国首宗农民住房财产权质押登记，发放首笔农村宅基地抵押贷款，至 2018 年底全市金融机构已累计发放农民住房抵押贷款 21 848 笔，发放贷款金额 245 亿元，平均每宗宅基地抵押贷款金额 43.7 万元。湄潭在政府信用担保、农户凭不动产登记权一证就能实现抵押融资功能。

四是规划和用途管制规制盘活。通过改革村庄规划和用途管制，完善宅基地管理制度，实现宅基地相关要素的流动和盘活，赋予宅基地发展权利。如高陵结合土地利用规划和产业发展规划，在制定乡村规划时确定可用于“共享村落”的宅基地，由农户委托村集体经济合作社通过农村产权交易中心公开招租，法人和自然人均可申请共享；交易完成后，共享人在共享宅基地上享有新建权、改建权、转让权和经营自主权、收益权、融资抵押权等权益，用于发展乡村旅游、文化创意、休养居住、养老等产业。

我们认为，农村宅基地制度改革，既要有保障权视角下的改革思路，又要有财产权视角下的宅基地产权再造路径；既要保障农民的居住权、增加农民的财产性收入，又要提高农村宅基地配置和利用效率、节约用地。要把试点形成的可复制改革成果，嵌入到乡村振兴战略的制度框架和政策体系中。

四、宅基地集体所有者权益与房屋农户所有者权益之间的利益关系

在适度放活宅基地和农房使用权中，既要保障农户房屋所有权的利益，又要体现宅基地集体所有者的权益，已经成为人们的普遍共识和共同实践。12 个试点县的普遍做法，都聚焦在宅基地有偿使用、有偿退出“双有偿”上。

（一）有偿使用方面

在宅基地取得上，既要强调宅基地依法取得的“法定无偿”性，又要通过政府和市场这两只手达到“选位有偿、预置有偿、跨区有偿”的有偿性。例如，义乌通过“有偿选位”方式，按照优质优价原则，由拥有资格获取宅基地的农户通过竞标获取，根据不同区域、不同地段、不同环境，分档累进收取宅基地有偿使用费，既实现宅基地分配的公平，又增加村集体经济收入；湄潭根据当地农业工人短缺问题，尝试“在本村从事农业生产三年以上的外来非城镇户籍人口，可以通过缴纳有偿使用费方式获得有偿使用宅基地资格。”这两种取得方式都是有偿的，但二者是有本质区别的。义乌是以宅基地优化管理催生乡村治理体系和能力现代化，强调宅基地资格权在资源配置上的优化和提高经济效率；湄潭则是促进基地使用权的盘活，为乡村产业集聚服务的，不拥有成员资格权。

有偿性在非本集体经济组织成员继承上实行，凡是通过继承、赠予等途径获得的，都拥有使用权，但每年必须向村集体交纳宅基地使用费，但不准翻建、重建；如果自愿退出，享有同样的退出补偿。

在处理历史遗留问题上实行超占有偿。各地普遍采取这一政策，所不同的是超占的认定和有偿使用费的收取方式。除义乌对严重违法的一律拆除外，其他地方均采取补交有偿使用费的方式予以认可。有偿使用费由村级集体经济组织收取，义乌、武进为一次性收取（义乌 20 年一次性收取，武进 30 年一次性收取）；多数地方按年逐年收取；收费标准西部地区低、东部地区高。从实践效果看，与不动产确权登记颁证结合，一次性收取效果好；分年收取则难度大、效果差，工作量大且收缴率低，容易滋生新的历史遗留问题。

（二）有偿退出方面

宅基地由“两权分离”到“三权分置”，这使得退出路径相对清晰化，主要集中在宅基地资格权的退出上。目前主要有部分退出、整体退出、保权退出、永久退出等方式，并给予相应补偿。各试点县都设计了资格权权益有偿退出机制。自愿退出宅基地资格权或经批准的宅基地面积有节余，并承诺以后不再向村里申请获取的，都予以补偿，但补偿的方式各不相同。多数地区按标准一次性现金补偿，有的则由村集体回购后通过复垦、整备形成类似“地票”的权益凭证，用以置换城市商品房或在农村产权交易平台交易变现。泸县对法定面积范围内节约宅基地的，实行节约有奖政策。

对“一户多宅”中退出的“多宅”，合法取得的也予以补偿。农村“多宅”一般是由继承、家庭成员减少或亲属转赠造成的，宅基地多为合法取得，其权益一般都予以确认；非集体经济组织成员自愿退出合法取得的宅基地，同样享有退出补偿。有的地方为鼓励农户“建新拆旧”，对主动退出建新后的旧宅或废弃宅基地，也给予一定的房屋“残值补助”。

我们认为，在“三权分置”的背景下落实宅基地集体所有权，不仅要将占有权、使用权、处分权落实在成员集体所有上，也要将收益权利很好地体现在宅基地集体所有者的实际利益上。有偿获得、有偿使用、有偿退出等权能的赋予和活化，能有效体现宅基地集体所有者的利益。同时，当社会资本介入激活闲置农房时，也要用交纳一定的宅基地使用费，同步增加集体经济收入。

五、稳慎推进宅基地改革中的试点与面上之间的关系

12个试点县均在完善宅基地使用管理制度上作出积极而卓有成效的探索。制定出台有《农村宅基地使用管理暂行办法》或指导意见等县级规范性文件，对宅基地的获取、审批、监管、违法处置、使用权流转以及相关的权利、责任等，都进行明确规范和程序设定，使长期失范的农村宅基地使用管理开始走向规范有序和有法可依的轨道，新增违法现象得到有效遏制。泸县创新宅基地管理制度，实行规划引领、总量控制、底线保障、有偿调剂、平台监控、村组自治、乡镇审批和监管、县级指导和督导。湄

潭等地一些乡村根据县里出台的相关文件特别制定《村规民约》，采取“公约”方式实现民主管理。

（一）宅基地规模控制上

制定村庄建设用地总控和人均、户均占地双控标准，并以此为依据编制村建设规划。义乌按人均可享受宅基地资格权的村集体经济组织成员人均 100 平方米控制村庄建设规模，并实行规划管控。武进则以人均 120 平方米为边界，并将村庄建设规划至详规要求。泸县以二调宅基地面积为限封顶固化宅基地使用权总量，并确保只减不增。湄潭通过村庄建设规划的红线确定宅基地使用边界。

（二）宅基地审批上

审批程序一般为：“农户申请、村级审查、乡镇审批、县管专用”，即存量宅基地由乡镇审批，农地转用的由县级政府审批。但也有个别例外，陇西新建农房审批权仍在县里，义乌则因实行资格权固化和规模管控，审批权下放到村里。泸县、武进还在宅基地动态管理的信息化平台建设上，做出积极而有效的探索。

（三）宅基地历史遗留问题处置上

各地都存在不同程度的历史遗留，表现突出的为未批先建、批少建多、批低建高、建新不拆旧、私下流转等。这些问题是长期积累而成的，错综复杂，处置起来比较棘手，各地都在处置历史遗留问题上投放了很多精力，探索各种机制，力求平稳过渡。从各地处置实践看，比较典型的有以下两种模式：

义乌模式：按照“尊重事实、一户一宅、面积法定”原则，对宅基地使用中严重违法的一律拆除，包括未批先建、超占面积超过 36 平方米。轻微违法（超占面积不超过 36 平方米）的有偿使用，由村集体按 20 年一次性收取有偿使用费后，允许农户办理不动产权证。这种模式适合宅基地管理比较严格、严重违法现象较少的地区借鉴。

郫都模式：按照“符合规划、用途管控、依法取得”原则，在农村资产“多权同确”基础上，对农户自用的院坝、林地、房屋一并给以确权登记，人均 137 平方米，其中 35 平方米为批准拨用宅基地，超过人均 35 平方米部分经集体经济组织讨论同意后作为集体建设用地一并颁证，注明集体建设用地属性，确定使用权，并予以固化。这是一种包容性处理方式，承认一定时点的历史既成事实，适合于具有一定规模基础的乡村工业、服务业的地区借鉴。

武进还在“法定”前提下，根据“法不治众”的现实，在充分摸底调查的基础上，探索了问题率不超过20%的法则，作为处理历史遗留问题的把握依据。

我们认为，国家安排“破法”改革“试制度、试规则”，为的是“可复制、可推广”，为的是“利修法”；要加快点上成功实践的推广，加强和完善面上的宅基地使用管理；要加快点上成熟经验的转化，研究并制定农村宅基地使用管理法规，以使机构改革、职能调整后的法定主管机构更好地履职，推进乡村治理现代化。

六、农村宅基地制度改革与农村集体产权制度改革之间的关系

深化农村土地制度改革，应以农村集体资产股份合作制为代表的农村产权制度改革为基础，这在试点区域成为共性认识。尽管部分地区还没有完成农村集体产权制度改革，但在推进宅基地制度改革过程中，已深深体会到农村集体产权制度改革的基础工作地位和重要性。

农村集体经济组织是农村集体所拥有的各类资产和资源的组织载体，建立“归属清晰、权责明确、保护严格、流转顺畅”的现代产权制度，是释放农村各类生产要素，提升农业经济发展活力的前提和基础。当前阶段“三权分置”的产权制度安排，旨在不断调整产权结构，协调与均衡产权主体的利益关系，最大限度地发挥农村集体“三资”的配置效率。由此可见，是否开展农村集体产权制度改革，以及村集体股份经济合作组织是否有效建立，不仅有利于宅基地资格权的资格识别和界定，有利于入市土地增值收益分配中更好地兼顾国家、集体和农户三者间的利益关系；还有利于在适度放活宅基地和农房使用权中，处理好宅基地集体所有者权益与房屋农户所有者权益之间的利益关系。与此同时，农村“三变”改革不应等同于农村集体资产股份合作制改革，但农村集体资产股份合作制改革有效开展，将有利于农村“三变”改革的实现。

从试点实践可以看出，凡是农村宅基地制度改革比较彻底、成效显著的试点县，多数是农村集体产权制度改革到位的地区。首先，宅基地“三权分置”改革中资格权确认的关键要素是村集体经济组织成员，而这一身份的标志应该是村股份经济合作社股东社员和非股东社员，非社员股东不应享有此权利。其次，宅基地“三权分置”改革的一项重要内容是彰显所有者的地位和作用，如果农村产权制度没有改革或改革没有到位，其所有权人就是虚拟的，有的地方以村委会代行所有权人，这在法理上行不通，同时村委会也无法代表股东权利。

我们认为，进一步深化农村宅基地制度改革，必须加快农村集体资产股份合作制改革。从全国层面看，村集体“三资”的清产核资 2021 年年内完成，村集体经济组织的股份合作制改造要到 2022 年才能全面完成。因此，在新一轮宅基地制度改革试点的安排上，要优先选择农村集体资产股份合作制改革好的地方，系统集成各项配套改革，发挥叠加效应。

七、宅基地改革与乡村产业融合发展用地保障之间的关系

由 10 省 12 县的试点经验可见，集成宅基地和入市改革，可以有效为乡村新产业、新业态发展提供用地保障。在入市集体土地中，西部地区的项目 90%用于商服产业，而且全部都是乡村新产业用途，只有 10%用于工业；东部长三角地区产业结构则正好与此相反，这为“后大棚房时期”乡村产业发展用地保障开辟了新的有效渠道和路径。

“后大棚房时期”的乡村新产业、新业态发展用地保障，是基层和农民最为强烈、最为迫切的政策需求。解决这一个问题，需要有系统考虑、配套集成政策举措，打好“组合拳”。

（一）用足用好用活已有的农业用地政策

贯彻好落实好《自然资源部农业农村部关于设施农业用地管理有关问题的通知》（2019），结合《2020 年新型城镇化建设和城乡融合发展重点任务》等相关文件要求，推进农村集体经营性建设用地入市政策落地。明晰农业生产设施用地、附属设施用地和配套设施用地的条件、范围、标准等。同时，对各地执行设施农业用地政策，要有刚性的落实要求。

（二）要在科学布局乡村产业规划中增加用地供给

结合国土空间规划编制、村庄布局和建设规划工作，科学布局乡村产业；与乡村振兴示范区（包括示范廊带）建设和镇村、景村、村村联动建设美丽乡村相同步，统筹乡村新产业、新业态用地布局，优先供应连村、连线、连片建设的项目建设用地，避免“村村点火、户户冒烟”。

（三）要通过包括宅基地在内的农村土地改革拓展用地渠道

如推广浙江乡村全域土地综合整治和点状供地经验，盘活存量、管控总量，向集约节约要地。又如盘活闲置宅基地以拓展用地保障空间。用足用活新修订的《土地管理法》，盘整活化闲置宅基地和其他农村建设用地，扩大增量，拓展乡村产业发展的用地保障空间。鼓励探索“农业标准地”建设以加强多元保障。“农业标准地”建设，运用工业化理念、开发区模式和项目化管理方式，既为农田地力提升和农业适度规模经营提供标准，又为乡村产业融合发展项目用地提供保障性制度规范，还为“科技进乡村、资金进乡村和青年回农村、乡贤回农村”提供平台和载体，一举多得。

我们认为，深化宅基地制度改革同样关乎乡村产业振兴的要素保障，要把它作为农业农村优先发展的优先方面，加强顶层设计与制度创新，探索出更多更好的机制性经验。

（赵兴泉系中央农办、农业农村部乡村振兴咨询委员会委员、浙江省政府参事；汪明进系浙江农林大学副教授）

一个乡村振兴的西部样本

——成都市郫都区唐昌镇战旗村发展经验的启示

肖光畔

四川省战旗村，是近年来我国西部农村涌现出来的先进典型，以其蓬勃发展的集体经济、整洁优美的村庄环境、良好的乡村治理，引起了社会各界广泛关注。战旗村的经验，对实施乡村振兴战略颇有借鉴和启示。

一、唐昌镇战旗村基本情况

战旗村，位于四川省成都市郫都区唐昌镇西部，处于郫都区、都江堰市、彭州市三市（区）交界处，距离成都市区 40 多千米，全村面积 5.36 平方千米，耕地 5 441.5 亩，辖 16 个村民小组 1 445 户 4 493 人。战旗村原名集凤大队，20 世纪 60—70 年代“农业学大寨”，集凤大队学先进、赶先进，大搞农田水利基本建设，成为当地一面旗帜，因此改名战旗大队，后又更名战旗村。几十年来，战旗村立足实际，紧跟党的步伐，坚持走集体发展、共同富裕道路，成绩骄人，先后荣获“全国军民共建社会主义精神文明单位”“全国文明村”、四川省“四好村”等荣誉称号，是四川省新农村建设重点试点村及示范村、中国美丽休闲乡村、国家 4A 级旅游景区、首批全国乡村旅游重点村、首批全国乡村治理典型案例。2018 年春节前夕，习近平总书记到战旗村考察，对战旗村的发展成绩、发展模式给予充分肯定，他说“战旗飘飘，名副其实”。2020 年，战旗村集体资产达 8 120 万元，集体经济收入 653 万元，村民人均可支配收入 3.52 万元，成为远近闻名的共富村、明星村。

二、战旗村的发展历程及基本经验

（一）始终坚持建强村党组织

战旗村是一个老典型，几十年来之所以“战旗飘飘”，关键村党组织抓得好。一是班长好。从解放到现在，战旗村已有八任村书记，每一任都留下了好业绩、好口碑，尤其是现任村书记高德敏积极响应党的号召，大胆改革创新，努力探索乡村振兴的路子，使战旗村名扬全国。新中国成立70余年来，战旗村党组织听党话、感党恩、跟党走，努力为群众办好事、谋幸福，已经成为战旗村的优良传统、文化积淀。二是组织建设好。战旗村把支部建在集中居住区、集体经济组织、民营企业和产业链上，探索出“组织建设满覆盖、教育监督满覆盖、能力提升满覆盖、制度建设满覆盖、服务方式满覆盖、干部选育满覆盖、评优评先满覆盖”的党建工作法，发挥以村党总支为核心的政治引领作用。三是党员示范引领作用发挥好。战旗村推行“三问三亮”工作机制。三问，就是每个党员都要对照党章思考“入党为什么？党员应该做什么？作为合格党员示范带动了什么？”；三亮就是要亮身份、亮承诺、亮实绩。通过“三问三亮”机制，战旗村真正把党员先锋模范作用落到实处。

（二）努力盘活土地资源价值

战旗村位于川西成都平原，自古以来土地肥沃、人口稠密，人民对土地有着天然的亲切关系。在社会主义市场经济的大潮中，战旗人更加充分认识到，土地是农民最重要的资源，是最重要的资产，搞活农村、振兴乡村，要做好土地这篇文章。

2007年，战旗村被成都市列为首批农村新型社区建设示范点和“土地增减挂钩”试点村，实施土地综合整治，运用城乡建设用地增减挂的政策，通过撤院并院节约集约使用宅基地，整理出208亩建设用地，将其挂钩到县城城区使用，并利用其预期收益向成都市城投公司融资9 800万元，用于土地整治及新型社区建设，实现土地收益1.3亿元。

2011年，战旗村进行土地确权，全村确权后人均耕地1.137亩，村集体注入50万元，村民用耕地承包经营权入股，建立土地股份经济合作社，统一管理全村土地。其中，部分土地用于股份合作社建设农村生产示范基地，发展高端设施农业；部分出租给种植大户，以家庭农场形式种植蔬菜、苗木；部分引进龙头企业，其中引进一家占地30亩的规模化、标准化的杏鲍菇生产企业，每亩产值50万元。

2015年，成都市郫都区被列为全国土地制度改革试点县。战旗村抓住这一改革机会，将原来村集体办的复合肥厂、预制板厂闲置的建设用地和老村委会办公楼闲置地皮整理出来，共13.447亩，以每亩52.5万元的价格挂牌出让，收益超过700万元。这宗建设用地的入市，敲响了四川省集体经营性建设用地入市“第一槌”，同时也为战旗村集体经济发展赢得了一笔大资金阶段。战旗村对于农村集体经营性建设用地入市形成的土地增值收益，探索创造了在国家征收调节金后集体与个人按照8：2分配的办法，集体主义得到弘扬。村集体分得的“80%”是提取的公益金（30%）、风险金（10%）和公积金（40%），公益金用于为村民统缴社保和公共基础设施维护等，公积金则用于集体经济组织发展，为全村农民共同富裕打牢基础、做好保障。

（三）不断创新集体经济发展模式

发展壮大集体经济，是实现乡村振兴的不二法门，是实现农村共同富裕的必经途径。战旗村一直在积极探索农村集体经济的有效发展模式。战旗村地处成都郊区，相当一部分村民进城务工，土地撂荒，但出于守住自己土地承包权的目的，即便撂荒，也不愿意流转出租或交由村集体经营。中央提出农村实行所有权、承包权、经营权“三权分置”后，战旗村就在落实农村承包地所有权上做文章、动脑筋、搞创新。2011年，战旗村在农村土地确权后，由村集体出资50万元，折股量化，农户以土地承包权入股，组建了“村、企、农三合一”的土地股份合作社。全村90%以上的农户参加了土地股份合作社，80%以上的农户承包地进行了流转，80%以上的流转土地进行了集中经营。土地适度规模集中与股份经济合作社的成立，为村集体引进社会资本和项目，提供了便利。2015年，战旗村在对全村清产核资股份量化的基础上，组建了“战旗集体资产管理公司”，管理运营全村集体资产。全村的资金、房产、土地、无形资产、债权等，一草一木，都纳入战旗资产管理公司，制定并实施《村集体经济组织成员认定办法》，认定全村1 704人为村集体经济组织成员，以家庭为单位颁发了股权证书。2020年，战旗村资产达8 120万元，集体经济收入达到653万元，村民人均可支配收入3.52万元。

（四）推进一二三产业融合发展

产业振兴，是乡村振兴的第一要务。没有产业振兴，乡村振兴就是无源之水、无本之木。战旗村成立土地股份经济合作社后，着力发展有机蔬菜、食用菌等主导产业。2007年开始，战旗村认识到传统农业是弱势产业，抗风险能力低、效益低，发展创意农业和品牌农业是跳出传统农业的优势路径，在农业产业结构的调整中寻求转型发展，启动了规划1万亩的战旗现代农业产业园区。园区规划为种植区和蔬菜初加工区，并通过项目招商、企业招商，形成了龙头企业带动农副产品产加销为一体化的发展格局。2007年四川榕珍菌业、2009年四川满江红食品科技公司先后入驻战旗村；2010年，战旗村与北京方圆平安集团、四川大行宏业集团合作，建成“战旗第5季妈妈农庄”，被誉为成都“小普罗旺斯”；2015年国内首家共享生态果园运营商四川蓝彩虹生态农业公司入驻战旗村；2015年，战旗村敲响农村集体经营性建设用地“第一槌”，将13.447亩集体经营性建设用地拍卖给四川迈高旅游资源开发有限公司，迈高公司建成“第5季香境”，现已入驻途家民宿、成都“宽窄”等30多个品牌商家，主要经营特色餐饮、美食、旅游纪念品等。战旗村还利用村集体经营性建设用地入市“第一槌”拍得的资金，修建了“乡村十八坊”。这是战旗村自主开发经营的第一个三产融合的项目，由豆瓣坊、酱油坊、辣椒坊、布鞋坊、蜀绣坊等18个传统工艺作坊组成。2018年12月，郫都区“绿色战旗、幸福安唐”乡村振兴博览园规划方案出炉，以战旗村为引领，发展乡村旅游、教育培训、现代农业，现已建成乡村十八坊、天府农耕文化博物馆、吕家院子、战旗乡村振兴培训学院等景点，形成红色旅游、文化旅游、亲子旅游、美食体验等4条路线。经过几十年的探索，战旗村走出了一条“两委”主导、股份合作、市场经营、强村富民、一二三产业融合发展的路子。

（五）着力推进美丽乡村建设

战旗村深刻认识到“绿水青山就是金山银山”，始终坚持走生态优先、绿色发展之路。战旗村以壮士断腕的决心关闭了村上经济效益好但污染严重的铸铁厂、化肥厂等 5 家企业，搬迁了 5 户规模养殖场。近年来，战旗村大力治理面源污染，推行垃圾处理，实行户收集、村集中、镇清运，实现污水统一收集、达标排放。实施土壤有机转化和高标准农田整治 1 000 亩，推进测土配方施肥，实现化肥农药零增长。村上建成生态绿道 1 500 米，建成柏条河生态湿地。现在的战旗村，屋舍俨然、繁花似锦、绿树成荫、整洁干净，既现代又传统，生动展现了川西现代农村风貌，2019 年被评为 4A 级景区。

（六）着力建设善治乡村

战旗村高度重视乡村治理体系建设，努力健全党组织领导的自治法治德治相结合的乡村治理体系。战旗村探索形成了以村党总支领导、决策过程交由议事会、具体运行村委会承担、第三方独立监督、集体经济组织独立经营的“一核五权”治理体制，以“民事民议、民事民管、民事民办”的制度规范村民自治；战旗村注意与警务室、法律援助室、党员工作室共建法治信访中心，促进乡村法治；战旗村以“乡村道德评议”“善行义举”榜单，推进村庄德治。随着村集体经济的发展壮大，战旗村认识到，强化治理是防止村集体经济走偏的防火墙，只有加强管理，才能有效防止腐败，赢得群众信赖和支持，形成村庄发展的巨大向心力。战旗村探索出了“母公司（集体股份合作社）+子公司”的模式。母公司负责收益分配，除集体资产租赁、承包地流转等简单经营外，不独立经营，只能通过入股的方式，与民营主体共同成立子公司，由子公司负责生产经营，在市场上打拼。战旗村严格规定村“两委”成员不得在母公司（集体股份合作社）领工资，只能从公共支出中领取工作绩效，绩效工资与工作考核、村级集体经营收入直接挂钩。村上还制定村集体经济监督管理办法，有效促进村集体经济健康发展。

三、战旗经验的启示

（一）要建好一个党支部

火车跑得快，全靠车头带。村庄要建设好、治理好，村党组织是核心，是关键，“给钱给物，不如给个好支部”。乡村振兴，尤其是推进示范村建，要选好一个“班长”，配强一个班子，推进基层党建标准化，切实把党员先锋模范作用发挥好。

（二）要善于激活土地资源价值

乡村要振兴，产业必振兴。发展产业要钱，要第一桶金。绝大多数的村集体经济积累差，力量薄弱，村集体经济收入多者二三十万元，少者三四万元，刚从“空壳”解放出来，过百万元者寥寥无几。发展壮大集体经济，政府必须加大投入力度，但是光靠政府的投入是远远不够的，必须另外开源。土地是财富之母，是农民最重要的资源。战旗村发展历程中最关键的节点，就是2015年抓住郫都区被列为全国农村土地制度改革试点县的机会，将13.447亩集体经营性建设用地上市出售，敲响了四川省集体经营性建设用地直接入市第一槌，获得了700多万元的发展资金。新修订的《土地管理法》已于2020年1月1日正式公布实施，明文规定农村集体经营性建设用地可直接入市。这是重大政策利好！各地尤其是具备发展二三产业、乡村旅游的村庄，要加快编制村庄规划，科学安排村庄生产生活生态空间，用好国家规范保障农村一二三产业融合发展用地的政策，把村庄发展二、三产业的集体经营性建设用地规划出来，合理安排好，并按照法定程序依法登记，利用集体经营性建设用地去抵押贷款、融资、招商引资，真正拉开农村一二三产业融合发展的架势。二是要用好农村闲置宅基地和闲置农房，开展农村闲置宅基地整治，整治出的土地优先用于满足农民新增宅基地需求、村庄建设和乡村产业发展。引导农民群众集约节约使用农村宅基地，坚持依法自愿有偿原则，动员群众腾退多余的宅基地，发展餐饮、民宿、乡村旅游等相关产业，为农村产业发展注入新的活力动力。

（三）要办好一个股份经济合作社

要想让农民富裕起来，就必须让农民组织起来。实现小农户与现代化大市场的有机衔接，关键是让农民科学有效地组织起来。战旗村的经验，就是将农民承包地确权到户，成立农民股份经济合作社，由村土地股份经济合作社出面招商引资、投资兴企，发展村集体经济，比较有效地实现了小农户与大生产的有机衔接。目前全国正在紧锣密鼓地推进农村集体产权制度改革，每个行政村都在清产核资，组建股份经济合作社。根据平时掌握的情况，有的地方已经组建了村股份经济合作社，但多是一个架子，运行不好，作用发挥不充分。乡村要振兴，组织需振兴，发挥好村股份经济合作社的作用，是实现组织振兴极其重要的环节。各地要指导股份经济合作社运营，发挥作用，开展特色主导产业培育、土地流转、招商引资、企业合股联营等，真正把集体经济发展壮大起来。

（四）要不断创新集体经济管理模式

治理有效，是乡村振兴的题中应有之义。中央明确要求，要健全党组织领导的自治法治德治相结合的乡村治理体系建设，走中国特色乡村善治之路。加强乡村治理，是激发群众热情、发挥群众主体作用，促进集体经济健康发展的重要保障。战旗村的经验，他们不仅重视建立健全党组织的自治法治德治相结合的乡村治理体系建设，而且在实践中探索出了“母公司＋子公司”分层管理模式，制定了村集体经济监督管理办法，保障集体经济健康快速发展。中西部农村集体经济发展普遍滞后，积累少，力量薄弱，而且普遍立地条件差、气候严酷。要实现集体经济的快速发展，就必须以生产关系的适度先进引领经济的快速发展，弥补发展积累少、基础薄弱、条件严酷等形成发展劣势。各地在发展实践中，要高度注意学习集体经济发展的先进模式，创新管理方式，提高管理水平，独辟蹊径地走出我省乡村振兴的发展路径。

（五）要建设一个生态宜居美好家园

生态宜居，是乡村振兴“五句话、二十字”总要求之一。习近平总书记说，中国要美，乡村必须美。实现乡村振兴，必须搞好农村人居环境整治，建设美丽乡村。现在走进战旗村，花木成荫、屋舍俨然，垃圾污水得到治理，同时还要注意保护传统民居，建起了村史馆、农耕博物馆等，已经由一个普通的川西农村变成了乡村景区。搞美丽乡村建设，首先要搞好农村人居环境整治，进行厕所革命，治理好垃圾、污水，让村庄先干净起来；二是要努力提升水电路房能信等基础设施，改善群众生产生活基础；三是要注意保护传统民居、传统村落。搞乡村建设要高度重视保护传统文化、传统民居、传统村落，这不仅留住乡村的根和魂，而且也是发展乡村旅游、实现乡村振兴的宝贵资源。

（六）要培育一种文明乡风

实现乡村振兴，不仅要经济繁荣、村民富裕、村容美丽，还需要有良好的村风、民风，定和谐的社会环境。乡风重在培育，重在建设。一些地方农村恶性案件时有发生、红白事大操大办、高价彩礼屡治不绝，反映在文明乡风培育、乡村治理方面的欠缺。中西部农村与东部沿海发达地区的农村差距，有主观原因，更有客观原因。不能指望这些地区的农民收入在短时间能超过沿海地区。推进乡村振兴，发展产业是第一要务，培育文明乡风也是第一要务，要把乡村治理得更加和谐安宁，让农民衣食有余、身体健康、精神愉悦，幸福指数不亚于发达地区的农村。

（作者系甘肃省农业农村厅乡村建设管理处处长）

六安市“三位一体”合作经济发展情况调查

联合调研组

一、调研原因

“生产、供销、信用三位一体”合作经济重要理论是习近平总书记在浙江任省委书记期间亲自部署推动的重大农业农村改革探索，是习近平新时代中国特色社会主义思想的重要组成部分，于 2017 年写入中共中央 1 号文件。近年来中共中央、国务院多次提出，并出台相关文件支持“三位一体”合作经济发展。十九大报告提出实施乡村振兴战略，要发展多种形式适度规模经营，培育新型农业经营主体，“三位一体”综合合作社是实施乡村振兴战略的重要主体。

六安作为农业大市，近年来积极探索发展“三位一体”合作经济，以农民合作社为代表的农村合作组织快速发展，为加快农业农村现代化提供了有力支撑。

二、调研对象及目的

此次调研选取六安市所辖霍邱、金寨两县的部分农民合作社，以及由供销社领办、协办的合作社、联合社，调研内容主要包括合作社开展生产合作、购销合作、社会化服务、资金互助、信用合作等业务情况；供销社综合改革情况；合作社内部治理；合作社发展中的政策保障、制度供给及法制环境等。同时，探究合作社发展中遇到的问题及解决办法。

三、合作社发展基本情况

截至2019年底，六安市登记注册的农民合作社9 936家，其中国家级示范社33家，省级示范社103家，市级示范社300家，县级示范社1 000余家。其中，霍邱县登记注册的农民合作社2 856家，金寨县登记注册的农民合作社2 992家。

六安市合作社发展情况主要有以下五个方面的特征：

（一）产业覆盖范围不断扩大

近年来，六安市的农民合作社产业覆盖范围已拓展到畜禽、粮食、蔬果、食用菌、水产、茶叶、石斛、特种养殖等产业的生产和加工。80%以上的合作社从事种养业，9%的合作社从事社会化服务。从事生产加工的合作社增速较快，有700多家合作社创办了加工实体，3 000多家合作社拥有注册商标，1 600多家农民合作社通过了农产品质量认证，400余家农民合作社开展了农村电子商务业务，150多家合作社开展休闲农业和乡村旅游。

（二）由专业合作转向综合合作

农民合作社的经营范围从生产合作逐步转向生产、加工、供销、信用等领域的综合合作，从一产转向一二三产业融合发展。其中，提供生产、供销综合合作的农民合作社占比53%，平均为每个成员统一购销1.56万元；部分合作社开展了信用合作、资金互助等业务，一些供销社发起设立的农民合作社按照中央、省、市、县供销社综合改革文件要求开展社员内部的资金互助和信用合作业务。

（三）向更大范围的联合社发展

一些产业基础发展较好、内部交易频繁的合作社，通过共同出资、共创品牌、统一销售等综合合作，成立了60家联合社。农民合作社及联合社开展综合合作，辐射带动了全市一半以上的农户，其中普通小农户占成员总数的80%。联合社为成员提供农业生产经营的多项服务，通过合作社组织小农户“抱团”闯市场，推进规模化、标准化生产经营，引领小农户与现代农业有机衔接；与大学毕业生、返乡农民工、各类回乡人士、工商资本等通过协办合作社进行创业创新。通过整合土地、闲置农房、资金、技术等资源要素，开展生产、供销、信用综合合作，形成聚集效应，为乡村振兴注入了活力，成为乡村振兴的主力军。

（四）市政府支持力度逐步加大

六安市政府先后出台了促进农民合作社持续健康发展、推动土地流转、培育家庭农场等文件，从政策、资金、项目上扶持合作社发展。市财政每年安排 150 万元合作社发展专项扶持资金。2019 年，争取中央财政专项扶持资金 6 000 多万元，占全省 1/6。借助新型农民培训平台，对农民合作社辅导员、领办人、管理人员及成员开展培训，累计培训 3 万人次。开展市级示范社建设行动，层层培育典型，树立标杆，每年评选 50 个经营规模大、服务能力强、质量安全高、民主管理好、品牌效应高的市级示范社。六安市还积极开展了融资风险补偿基金、土地经营权抵押贷款、土地入股合作、内部信用合作等试点工作。

（五）积极探索供销社综合改革

六安市及各县区均出台了供销社综合改革相关文件，在文件的指导下，供销社开放办社，引入社会资本，领办、协办生产、供销、信用三位一体综合合作社，落实供销社综合改革。六安市供销社成立六安市供销信用农资生产专业合作社，社员内部开展信用合作，通过信用合作，引导社员入股，发展稻虾共作产业，注册“乡村硒梦”品牌，统一品牌、统一种植标准、统一回购、统一销售。霍邱县成立霍邱县供销农资服务专业合作社，设立村级网点，一方面开展社员内部的信用合作，另一方面带动芡实种植专业合作社发展芡实产业、推动构建新型农业社会化服务体系，获得社员们的一致好评。金寨县供销合作社成立资金互助社，设立 9 个综合基层服务网点，发展社员 3 500 余人，互助金存款 9 000 余万元，累计发放互助金借款 1 亿元，加强了社员的信用合作能力。

四、存在问题

（一）资金互助的法律支持力度不够

近年来，中央多次提出鼓励发展“三位一体”合作经济，引导、支持农民合作社开展成员间资金互助、信用合作，并出台了相关扶持政策，多地开展了有益探索。也有一些地方政府担心资金互助、信用合作会形成非法吸收公众存款的工具，对农村合作金融的开展持较为消极的态度，甚至阻碍农民合作社开展资金互助、信用合作。同时，一些合作社因缺乏有效的法律支撑，在资金互助方面也存在一些运营不规范、管理不科学的问题。

（二）合作社缺乏较强的抗风险能力

经过近些年的快速发展，农民合作社普遍得以壮大，各地也出现了一些有影响力的合作社及联合社，但是，总体来讲，农民合作社还是存在"散、小、弱"、发展不规范、发育不均衡的情况，民主管理、民主监督不到位，存在部分"空壳社""休眠社"现象。同时，合作社经营范围多局限在种养环节，对农民最迫切需要的产品加工、物流、仓储、销售等较少。合作社间的联合较少，合作社之间缺乏优势互补、联合互助的功能，提供全产业链专业化服务的能力不足。合作社发展中资金、土地、人才等方面均存在诸多困难。

（三）合作社内部治理结构不完善

国际合作社原则一般为：自愿与开放的成员资格，民主的成员控制，成员经济参与，自治与独立，教育、培训和宣导，合作社之间的合作，关注社会；且强调合作社建立在自助、自主、民主、平等、公平和团结的基础上，遵循合作社的创立人的传统，合作社成员坚持诚实、开放、关心社会、照顾他人的道德价值观。所调研的农民合作社，极少能够遵循上述原则，很多合作社没有健全的内部治理结构，不能执行民主管理、按惠顾额分配的原则，很容易侵害小农户的利益，难以真正联合小农户，甚至丧失合作社的功能和作用，成为大户谋利的手段。

五、建议与对策

（一）各级党委要高度重视农村合作经济发展

2006年10月24日，时任浙江省委书记的习近平同志在听取（浙江）瑞安农村合作"三位一体"工作汇报后的讲话中明确提出"这种新型的农村合作经济组织的合作与联合，是农民在保持产权相对独立的前提下自愿组成的一种新型的集体经济，是在完善农村家庭联产承包责任制中的又一个制度创新。"要走这样的发展道路，需要各级党委政府准确把握习近平新时代中国特色社会主义思想，高度重视发展“三位一体”农村新型合作经济，真抓实干。对于农村改革探索中遇到的问题，不能因噎废食、故步自封，要在习近平新时代中国特色社会主义思想的指导下，继续深化改革，勇于探索。

（二）进一步建立健全政策法律支撑体系

现在国内尚无统一且全面的全国性立法来规范农民合作社中各项业务，但农民合作社的发展时不我待，建议六安市先行先试，出台相关政策性文件，规范农民合作社的发展。目前，可参考的地方文件有：浙江省《关于深化供销合作社和农业生产经营管理体制改革构建“三位一体”农民合作经济组织体系的若干意见》、温州市《关于推进农村金融体制改革的实施意见》、山东省《农民专业合作社信用互助业务试点方案和试点管理暂行办法》、贵州省《促进供销合作社发展条例》和《供销社系统社员股金服务社管理指引》、毕节市《关于加快地方金融体系建设的实施意见》和《供销社系统社员股金服务社管理暂行办法》等。

（三）健全信用合作的监管体系，明确监管主体及其职责

根据2020年3月20日中共安徽省委印发的《贯彻〈中国共产党农村工作条例〉实施办法》中“健全商业性金融、合作性金融、政策性金融相结合的农村金融服务体系”相关条款，建议六安市政府探索建立“专业监管，责任明确，条块融合”的监管体系，促进六安市农村合作金融健康、有序发展。由六安市政府成立“农村合作金融监管领导小组”，统筹领导、顶层设计。市政府主要领导任领导小组负责人，地方金融监管局、市场监督管理局、农业农村局、供销社、银保监分局等部门主要领导任小组成员。其中，地方金融监管局负责统筹协调、日常监管；市场监督管理局按照相关要求规定对开展农村合作金融的合作社给予注册登记和管理；农业农村局管理的农民专业合作社，其内置的资金互助业务明确由农业农村部门承担主要监管责任；供销社领办、参办的合作社开展资金互助业务、信用合作业务的，供销社承担业务指导、主要监管责任；合作社之间的信用合作业务由银保监部门按照银行业管理制度进行许可和监管。区县各部门按照领导小组的要求、在区县政府的领导下履行相关监管责任、义务。

（四）理顺农民合作社与村两委之间的关系

近年来，伴随着农村集体产权制度改革以及“三位一体”合作社的发展（一些地方，供销社系统开始组建村级供销合作社），各个地方在“村社共建”上进行了有益探索。一些地方由村两委干部兼任合作社的负责人，这在一定程度上解决了合作社发展的效率问题，但也容易滋生腐败。因此，急需出台相关政策制度理顺和规范这两类主体的权责。建议明确合作社的运营由聘请或由合作社内部竞选出的专业人士负责，村两委作为合作社集体产权的股东主要承担监管责任，以防范风险。

（联合调研组系由安徽农业大学三位一体合作经济研究中心、安徽信合联盟、《经济》杂志社、安徽裕康旅游建设集团有限公司等组成）

浔龙河村乡村振兴探索和实践

柳中辉

一、案例背景

长沙县果园镇浔龙河村位于长沙县中部，全村总面积14.7平方千米，其中耕地面积2 586亩，辖25个村民小组，总人口3 689人，党员182人。浔龙河村交通便利，黄兴大道北延线穿境而过，车程至长沙县城星沙15分钟，至黄花国际机场、长沙市区、长沙高铁站均在30分钟车程以内。村内浔龙河、金井河、麻林河交织环绕，生态环境优美。田汉文化、浔龙河文化形成了深厚的文化底蕴。近几年来，浔龙河村以党建为统领，以“党建+经济”“党建+文化”“党建+治理”为抓手，大力实施乡村振兴工程，实现了“产业兴旺、生态宜居、乡风文明、治理有效、生活富裕”的发展目标。

二、主要做法

（一）山村变成产业园，推动产业兴旺

浔龙河村以通过土地创新改革、政策资源聚合，让工商资本扎稳了脚跟。广州棕榈园林、湖南浔龙河投资控股、绿地集团、星光集团、国家大剧院等国有、民营企业纷至沓来，形成了生态产业为基础，文化产业为灵魂，教育产业为核心，旅游产业为抓手，宜居产业为配套产业格局。

1. 生态产业是基础

成立湖南浔龙河生态农业科技发展有限公司，在基本农田种植优质稻、绿色蔬菜，在旱土、坡地等一般农田种植花卉苗木、水果等。目前已种植优质水稻580亩、绿色蔬菜620亩、花卉苗木600亩。投资近4 000万元建设了加工厂，整合周边优质农产品资源进行加工。同时，公司还完

善了绿色农产品标准体系，搭建了网上销售平台，结合全省“农改超”项目建设销售渠道，打造浔龙河农产品品牌。

2. 文化产业是灵魂

中共长沙县县委、县政府投资建设的田汉戏剧艺术文化园与浔龙河无缝对接，提升了浔龙河的文化内涵。绿地集团、星光集团、国家大剧院已确定将在浔龙河联手打造田汉戏剧小镇，海湾智库与中科招商拟投资建设国歌中华魂大型文旅项目。与湖南广电集团合作，建设金鹰卡通频道线下节目基地，麦咭音乐节、麦咭梦工厂、麦咭游乐场人气火爆。同时，小镇深耕本土文化，创作长篇小说《浔龙河传奇》、拍摄《浔龙河》电视剧、撰写了《浔龙河村志》、创作《拦花轿》等系列文化节目。开发建设湖南特色美食、老艺术、老手艺商业街区，成为展示湖湘文化的重要窗口。

3. 教育产业是核心

浔龙河生态艺术小镇将教育作为核心产业，打造全国唯一的综合性研学教育基地。引进国内一流的优质教育资源北京师范大学附属学校，建设从幼儿园到中学的基础教育示范学校。在湖南省军区支持下建设青少年国防素质教育营地，目前已经成为长沙县小学生开展国防素质、爱国主义教育营地。同时，在田汉戏剧文化园开展传统文化教育、爱国主义教育，以浔龙河村党建、发展的先进经验开展基层党建培训、美丽乡村建设培训等，都是浔龙河教育产业的重要内容。

4. 旅游产业是抓手

以旅游聚人气，以旅游促发展，建设湖南研学旅游综合体。目前，已与金鹰卡通频道达成战略合作，成功举办了“麦咭音乐节”“嘭！发射”“疯狂麦咭嘉年华”“中国·浔龙河首届生态艺术文化节”“樱花谷开园”等大型旅游活动。打造了湖湘民俗风情街，汇聚了创客街、“三土美食”好呷街、土菜街、民宿街和休闲街；推出特色民宿酒店集群，木屋酒店、故湘、云素、忆境及极具科技感的地球仓酒店等都深受游客喜欢。建成了中南地区最大的赏樱胜地“浔龙河奇妙樱花谷”项目，水上世界项目开工建设，2018年开园营业。目前，浔龙河旅游已经接待游客120万人次。

5. 宜居产业是配套

产业聚集带来了人口聚集，宜居的生产环境成为重要需求。浔龙河项目区顺应农村人口就地城镇化的新要求，以及城市公共服务功能向农村延伸，生产、生活、生态融合发展的大趋势，将国有建设用地、集体建设用地、流转土地进行混合使用、合理布局，为创业者、回归民建设环境优美、配套完善、产业兴旺、人文和谐的宜居家园。

（二）农村变成新社区，建设生态宜居

浔龙河生态艺术小镇以打造“城镇化的乡村、乡村式的城镇”为目标，推进城市公共服务向农村覆盖、城市基础设施向农村延伸、城市现代文明向农村辐射；同时，通过对乡村环境、乡村文化等“乡愁”予以保留，建设生态宜居新型生态社区。

1. 建设“城镇化的乡村”

以政府投资为主、社会资本投资为辅，完善小镇的公共配套功能，满足居民高品质的生活需求。小镇已建成社区医疗卫生室，长沙市第八医院、县人民医院、妇幼保健院、镇卫生院均在15分钟车程以内，同时，小镇还规划建设有药膳庄园等高端颐养机构，为健康保驾护航。小镇周边配套有公立幼儿园、小学、初中，随着北师大附校的落户及麦咭启蒙岛素质教育品牌的打造，将进一步完善小镇基础教育和素质教育功能。浔龙河供销社、商场、电商平台，满足居民的日常购物需求。同时，水、电、路、气、网等基础设施均优于同地区配套水平。目前，公共工程已累计投资近5亿元，完成了村民活动中心及广场、村民幼儿园、农民菜园、农贸市场、驭龙路、宋水线B段等基础设施和公共配套，2021年启动了村民安置房一期二批、自来水、污水处理厂、垃圾站、东八线辅道及跨线桥、公交车站、田汉大道等公共工程项目建设。

2. 建设“乡村式的城镇”

“乡田同井，出入相友，守望相助，疾病相扶持”，乡村的魅力在自然生态、在乡土人情、在村规民约。小镇充分尊重原生态环境，通过多规合一的模式，依循原坡地肌理，将国有建设用地、集体建设用地、流转土地进行合理布局，最大限度地保留青山绿水、蓝天白云；小镇充分尊重乡村文化特色，通过建设村民广场、村民文化宫等设施，成立文化艺术团、青年联谊会、老年协会等社会组织，满足村民文化生活需求，对乡村文明进行最大限度的保留，打造“望得见山，看得见水，记得住乡愁”的栖居诗意。

（三）家园变成新乐园，重塑乡风文明

十九大报告指出：要推进社会公德、职业道德、家庭美德、个人品德建设，激励人们向上向善、孝老爱亲，忠于祖国、忠于人民。浔龙河村通过不断加强文化阵地、文化组织建设和系列文化活动的开展，使乡风文明成为浔龙河的显著特质。

以文化组织为载体开展文化活动，让文明外化于形。2012 年开始，浔龙河文化艺术团、老年协会、青年联谊会等组织相继成立。同时，专门建设村民活动中心，开辟了图书室、棋牌室、文化广场等活动场地。依托文化组织和阵地，浔龙河村开展了丰富多彩的文化活动：浔龙河文化艺术团先后举办了第一、第二届村民歌手大奖赛，拍摄了《浔龙河》电视剧，并经常性举办广场舞、戏剧票友活动等；老年协会则组织开展书画活动、棋牌活动，组织编写了《浔龙河村志》；青年联谊会组织开展了多次青年联谊活动和青年创业论坛。浔龙河村还创办《浔龙河》报，成立笔友会，为文学爱好者创造诗歌、散文等文学作品提供了平台。这些活动的举办，既丰富了村民的精神文化生活，又有效提高了村民的文明素养。

以“家国文化”为核心提升乡风文明，让文明内化于心。浔龙河村把“爱家爱国”作为文明建设的抓手，着力建设“家庭、家园、家国”的“家”文化体系。家庭文化：先后开展了孝亲家庭评选、婆媳关系评选、家风家训评选、乡贤评选等活动，倡导“和谐、孝顺、贤达”等优秀传统家庭文化；家园文化：制定了《村规民约》，并使其成为村民的日常规范，使广大村民自觉参与建设家园、爱护家园行动；村民自发成立环境督查组、志愿服务队、民兵应急分队等，开展保护环境、维护秩序行动。家国文化：倡导国歌精神，成立村民国歌护卫队，定期开展升国旗、唱国歌活动；以党建服务平台为载体，经常性开展爱国、爱党教育，使传播正能量蔚然成风。

（四）粗放变成精细化，实现治理有效

随着浔龙河项目的深入推进，乡村治理结构发生深刻变革，传统的简单、粗放的乡村治理模式已经难以满足治理需求，建立更加民主高效、精细精准的治理方式势在必行。浔龙河村通过建设一核多元的治理机构，创新开展 O2O 服务，逐步推进传统乡村治理向新型社区治理转变。

1. 坚持党的领导，完善“一核多元”的治理机构

创新开展村企共建党建工作，通过实施村党总支和企业支部的“组织共建、党员共管、阵地共用、活动共抓、发展共促”，实现了党员管理的精细化，有力地发挥了党员的先锋模范作用。同时，以党的领导为核心，建立了以村民委员会、村务监督委员会为依托，以群团组织为补充的社会治理体系。对重大事项实行全村 18 岁以上的村民民主投票，从项目建设至今，分别就是否开展项目建设、如何实施集中居住、是否开展土地集中流转等实现举行了三次村民民主投票大会，支持率均在 97%以上。

2. 坚持创新手段，搭建“党建 O2O”服务平台

浔龙河村在全省率先建立“党建 O2O”服务平台，彻底打通联系服务群众“最后一公里”。一方面，按组建群听意见。每个村民组建立一个一级微信群，村民小组成员全部入群，由党员或党小组长担任管理员，负责搜集和反映群众提出的问题。另一方面，两委建群解问题。把支村两委成员、党小组长、一级群管理员全部进入二级群，负责线上或线下为群众解决问题。全村共建设了 25 个一级群和一个二级群，覆盖了全村 90%以上的群众，形成了“群众线上点单、党员干部线下服务”的群众工作新模式，实现了群众意见“一天有回音、两天到现场、三天要解决”。目前，党建 O2O 服务平台已为群众解决难题 230 多件，发布宣传、服务信息 2 000 多条。同时，还利用 O2O 平台开展了“群众微心愿”活动，由党员对群众的现实需求进行认领并解决，短短 10 天内群众心愿达成率 100%，深受群众好评。

3. 坚持不断探索，逐步实现社区化治理

当城市“回归民”在浔龙河形成一定规模的时候，浔龙河村就要撤村建社区。通过户籍改革，将村民的户籍转为城镇居民户籍，实现真正的“城乡一体”。社区开展文化、卫生、计生、民政、社会保障、医疗保险、就业服务等公共管理，并实施部分村级工程。经济管理方面则推进集体产权的确权改革，成立乡村资源资产管理公司，将农民手中的资源固化为资产，开展市场化经营，使农民个体的产权收益得到保障。

（五）村民变成新居民，共享生活富裕

浔龙河村通过推动产业融合发展、经营方式创新，带来了农村生活方

式的转变和农村集体经济的发展，有效促进了农民生活富裕。

1. 土地改革，农民土地价值倍增

浔龙河村从土地确权到置换流转，再到开发使用，使土地资源从固化走向流通，形成了完整清晰的价值增值链条。一是土地在流转中增值。2010 年，浔龙河成立土地确权调查小组，将所有权确权到组，并实行统一流转，按照耕地 600 斤谷/每亩每年、林地 150 斤谷/每亩每年、水塘坡土 200 斤谷/每亩每年标补偿到村民小组，村民组按照本组当年可分配人口平均分配，人人有份。二是宅基地在增减挂钩中增值。作为湖南省土地增减挂钩异地置换试点项目，浔龙河通过实施集中居住的方式节约建设用地 340 亩，通过土地收益返还，建设“有天有地有院子有门面”的村民安置区，仅商铺出租村民每年可收入 2 万～4 万元。三是集体建设用地在经营中持续增值。浔龙河村成立集体企业发展集体经济。按照深化供销社改革的要求，与长沙县供销社联合成立了湖南省首家村级标准化新型供销合作社，目前已正式营业。集体公司还将对 300 亩集体经营性建设用地进行经营，建设超市、加油站、停车场等经营性项目，所得收益可对村民进行分红。

2. 产业融合，推动劳动力价值倍增

浔龙河村通过大力发展综合产业，不但吸收了大量本村剩余劳动力，甚至还吸引了外来就业人员，劳动力报酬也得到较大提升。现代农业种植基地吸纳 289 名本地村民就业，在项目内从事工程承包建设 62 人，约占本村青壮劳动力的 60%，年人均工资收入 9 万元；在二、三产业方面，通过发展农副产品深加工、休闲旅游、乡村地产，新增外来就业人口 2 000 余人，年人均创业收入达到 8 万元左右。

三、创新与启示

（一）开创了乡村建设的新模式

浔龙河项目探索出了“企业市场运作、政府推动和监督、基层组织全程参与、群众意愿充分表达”的建设模式，充分整合了政府、市场和农村资源，使政府行政资源、项目资源，市场资本资源、人才资源，农村自然资源等要素得到了最大限度的释放，激发了农村发展的内在动力。

（二）探索了农村土地改革新路径

浔龙河村通过开展土地确权、土地流转、土地增减挂钩和集体经营性建设用地同价同权试点等农村土地综合改革，实施土地混合运营，逐步推进农村土地资源的资产化、资本化，大大提升农村土地价值。

（三）创新了乡村社会治理新模式

浔龙河村完善了以党的领导为核心，推进村企共建党建工作，形成了以自治组织、监督组织为基础，以群团组织、经济组织、社会组织为补充的村级治理组织体系，全面推进“依法治村、诚信立村、产业兴村、文化强村”。

（四）形成了乡村产业发展的新格局

坚持企业主导，对资源进行统筹配置，充分研究市场需求，规划了具有比较优势、有市场空间、有就业吸纳能力，一二三产协调发展的完整产业体系，布局了生态产业、文化、教育、乡村旅游和宜居产业五大产业，并形成了产业的有机融合互动。

（作者系中国城镇化促进会副主席、中国企业家博鳌论坛理事会副理事长、长沙县果园镇浔龙河村党总支第一书记、湖南浔龙河投资控股有限公司董事长、长沙市农业创业者联合会会长）

全国人大关于在部分农村集体经济组织开展推进农村重点领域和关键环节改革试点建议的答复

十三届全国人大四次会议第 4075 号建议提出：建议在部分农村集体经济组织开展推进农村重点领域和关键环节改革试点。全国人大经与财政部、中国银保监会、自然资源部商议，对该建议进行了答复。答复全文如下：

一、关于选取部分农村集体经济组织开展试点

2018 年中央组织部、财政部、农业农村部联合印发《关于坚持和加强农村基层党组织领导扶持壮大村级集体经济的通知》（以下简称《通知》），部署实施扶持壮大村级集体经济试点项目，计划到 2022 年扶持 10 万个左右的村因地制宜发展集体经济。《通知》要求各地选择具备地方党委和政府高度重视农村集体经济发展；村党组织凝聚力、战斗力强，村集体成员有意愿、有共识、有要求；村具备发展集体经济的资产、资源、区位等基础条件的村开展试点。明确各地财政部门配套相应的扶持政策，统筹使用好现有各项涉农财政支持政策，采取资金整合、先建后补、以奖代补、政府与社会资本合作、政府引导基金等方式，支持发展壮大村级集体经济。积极引导农村集体经济组织建立健全法人治理、经营运行、收益分配、监督管理等机制，有效利用各类资源资产资金，因地制宜发展壮大村级集体经济，确保集体资产保值增值，确保农民受益。2020 年中央财政安排 75 亿元，扶持 2.1 万个村发展集体经济。

下一步，农业农村部将会同有关部门，继续按照有关部署，指导农村集体经济组织立足其自身资源优势，充分利用财政税收、产业等各项支持政策，创新农村集体经济发展新模式，不断发展壮大集体经济。

二、关于完善农村集体经济组织资源统筹机制

2016年中共中央、国务院印发《关于稳步推进农村集体产权制度改革的意见》（以下简称《意见》），鼓励各地探索农村集体经济有效实现形式，健全完善利益联结机制，带动农民增收致富。农业农村部紧紧围绕发展农村集体经济，指导各地立足区位条件和资源禀赋，因地制宜确定主导产业和经营模式，探索入股、联合与合作等多样化的集体经济发展模式，经营领域由过去的物业租赁经营为主拓展到盘活利用闲置的集体建设用地、房产设施，发展休闲农业、乡村旅游、健康养老等新产业、新业态。2020年农业农村部印发《农村集体经济组织示范章程（试行）》，引导农村集体经济组织收益分配坚持集体福利与成员增收兼顾原则，保障成员的集体经营性资产收益分配权。加快全国农村集体资产监督管理平台建设，平台涵盖资产清查、管理、交易等相关内容，预计于2021年底建成，将有力提升集体资产管理的信息化水平。天津、江苏、湖北、四川等许多省市建立健全了农村产权交易市场，通过集体产权交易平台或“三资”平台，引入投资经营主体，盘活资源资产，增加农民财产性收入，提高集体资产市场化配置效率。

下一步，农业农村部将指导各地不断丰富村级集体经济发展路径，完善利益联结机制，让农民分享更多产业增值收益。指导各地建设农村产权流转交易和管理信息网络平台，逐步实现集体资产管理信息化、规范化和制度化。

三、关于探索建立涉农资金统筹整合长效机制

为贯彻落实党中央关于涉农领域“放管服”改革要求，近年来，中央财政持续推动审批权限下放，赋予地方必要的统筹涉农资金自主权，激励地方积极主动作为。按照《国务院关于探索建立涉农资金统筹整合长效机制的意见》要求，财政部积极推动探索建立涉农资金统筹整合长效机制，

同时，加强对地方督促指导，完善制度机制保障，支持地方依法依规、有序有效统筹整合使用涉农资金，提高涉农资金使用效益，形成涉农资金管理新格局。根据党中央、国务院决策部署，2016 年以来，财政部会同有关部门大力推进全国农业信贷担保体系建设工作，不断加强顶层设计，强化政策定位，完善贷款担保机制，着力解决农业适度规模经营融资难题，撬动金融资本、引导社会资本投向农业。2020 年中央财政拨付担保费用补助和业务奖补资金共 28.65 亿元，支持全国农担体系建设，扩大农担业务规模，支持省级农担公司降低担保费率和农业融资成本、提高风险代偿能力。目前，全国农担体系框架已基本建立，有效缓解农业融资难、融资贵问题。

下一步，财政部将会同有关部门督促指导各地进一步优化完善涉农资金统筹整合长效机制，探索建立权责匹配、相互协调、上下联动、步调一致的涉农资金统筹整合长效机制。着力推动全国农担业务持续健康快速发展，进一步完善农业信贷担保、再担保体系和风险补偿机制建设。

四、关于建立完善支持农村集体经济组织服务体系

《意见》明确“引导农村产权规范流转和交易，鼓励地方特别是县乡依托农村集体资产监督管理、土地经营权流转管理等平台，建立符合农村实际需要的产权流转交易市场，开展农村集体经营性资产出租等流转交易。”农业农村部积极引导各地农村集体产权规范流转和交易，明确县级以上地方政府要根据农村产权要素性质、流转范围和交易需要，制定产权流转交易管理办法，健全市场交易规则，完善运行机制，加强农村产权流转交易服务和监督管理。自然资源部 2015—2019 年牵头开展农村集体经营性建设用地入市改革试点，有关制度性成果纳入 2020 年新施行的《土地管理法》；会同农业农村部等部门起草有关稳妥有序推进农村集体经营性建设用地入市工作的政策性文件，进一步明确入市适用范围、入市主体、入市程序、交易规则，以及需要把握的重要问题等。中国银保监会印发《关于 2021 年银行业保险业高质量服务乡村振兴的通知》，制定了涉农信贷差异化考核目标，要求银行业金融机构单列同口径涉农贷款和普惠型涉农贷款增长计划，力争实现同口径涉农贷款持续增长，完成普惠型涉农

贷款差异化考核目标。此外，中国银保监会持续推动银行加大贴近农村金融需求的产品和服务创新，先后印发一系列政策文件，督促银行合理下放区域性金融产品创新权限和信贷审批权限，针对各类涉农主体的需求特点，创新专属金融产品，简化贷款审批流程，合理增加与需求相匹配的中长期信贷供给。如中国农业银行三农专属产品达到 200 多项，县域中长期贷款达到 3 万亿元，“惠农 B 贷”授信户达到 182 万户，贷款余额达到 2 056 亿元。

下一步，农业农村部将会同自然资源部继续指导各地建立完善农村集体经济组织服务体系，推动农村集体经营性建设用地入市文件出台，指导各地按照国家统一部署稳妥有序推进入市工作。中国银保监会将进一步引导银行机构单列针对试点地区的涉农信贷计划，持续创新金融产品和服务模式。

农业农村部关于制定农村集体经济组织条例建议的答复

十三届全国人大代表提出：建议制定农村集体经济组织条例，农业农村部经与全国人大农业与农村委商议，对该建议进行了答复。答复全文如下：

一、关于突出农村集体经济组织法人地位

加强农村集体经济组织建设，在国家层面对农村集体经济组织进行规范，对于坚持和完善农村基本经营制度、建立健全农村治理结构、加快推进国家治理能力和治理体系现代化具有十分重要的意义。

2017年以来，中央1号文件连续三年明确要求研究制定农村集体经济组织法，2018年9月十三届全国人大常委会立法规划已将农村集体经济组织法列入第三类立法项目。2020年通过的《民法典》明确农村集体经济组织是一类特别法人，依法取得法人资格。农业农村部会同全国人大农业与农村委等相关部门贯彻落实中央精神，加快推进立法进程，取得积极进展。

（一）启动农村集体经济组织立法工作

围绕农村集体经济组织的基本特征、法人属性、功能作用、内部运行机制等重大问题，深入开展农村集体经济组织立法理论研究，形成农村集体经济组织重大问题研究报告。起草立法工作方案及草案框架，商请有关部门和单位确定立法起草相关机构和人员，召开集体经济组织法起草领导小组第一次全体会议，正式启动立法工作。指导有条件地方先行开展相关立法探索。

（二）建立农村集体经济组织登记赋码制度

农业农村部联合中国人民银行、市场监管总局印发《关于开展农村集体经济组织登记赋码工作的通知》，明确各级农业农村部门是集体经济组

织登记赋码的管理部门，目前全国已有超过41万个村集体经济组织在县级农业农村部门领到登记证书，并赋统一社会信用代码。

（三）研究制定《农村集体经济组织示范章程》

2020年，农业农村部研究起草《农村集体经济组织示范章程》，多次征求全国各省份意见，召开专家座谈会深入研讨，《农村集体经济组织示范章程（试行）》已于11月出台。

二、关于明确农村集体经济组织的内部治理机制

《中共中央、国务院关于稳步推进农村集体产权制度改革的意见》（以下简称《意见》）指出，按照尊重历史、兼顾现实、程序规范、群众认可的原则，统筹考虑户籍关系、农村土地承包关系、对集体积累的贡献等因素，积极协调平衡集体内部各方利益，妥善解决成员边界不清问题。各地扎实开展成员身份确认，妥善处理政府指导和农民主体、尊重历史和兼顾现实的关系，明确政策底线，规范工作程序。各试点地区按照广覆盖、包容性原则，稳慎推进、稳扎稳打，指导农村集体经济组织在法治前提下，通过民主协商方式制定本集体成员身份确认的具体标准，解决各种特殊情形和难点问题。安徽、吉林、云南、江西、新疆等省份的一些县市，在反复征求群众意见的基础上，以政府名义出台指导意见，明确成员身份的取得、确认、丧失等重要事项的条件，对外嫁女、新生儿、回乡退养人员、农转非人员等特殊群体的成员身份确认办法作出原则性规定。目前，全国共确认集体成员6亿多人，广大农民在物质利益和民主权利等方面都有了实实在在的获得感。《意见》明确“改革后农村集体经济组织要完善治理机制，制定组织章程，涉及成员利益的重大事项实行民主决策，防止少数人操控。”目前，全国完成改革的农村集体经济组织都及时制定了组织章程，通过章程规定基本建立起由成员（代表）大会、理事会、监事会构成的内部治理结构，形成有效维护成员权利的治理体系。《意见》要求健全集体收益分配制度，明确公积金、公益金提取比例，把农民集体资产股份收益分配权落到实处。山东省、广西壮族自治区就规范农村集体经济组织收益分配行为出台具体办法，引导改革后成立的农村集体经济组织健全收益分配制度，切实保障农民集体资产收益分配权，推动集体经济健康发展。

三、关于明确农村集体经济组织与其他村级组织的关系

《意见》明确提出“在基层党组织领导下，探索明晰农村集体经济组织与村民委员会的职能关系，有效承担集体经济经营管理事务和村民自治事务。有需要且条件许可的地方，可以实行村民委员会事务和集体经济事务分离。妥善处理好村党组织、村民委员会和农村集体经济组织的关系。”农业农村部积极指导有需要、条件许可的地方，实行村民委员会和集体经济组织职能分离、账务分设、管理分开，发挥好农村集体经济组织开展集体资产经营管理的功能作用。江苏省南京市、辽宁省大连市、北京市海淀区出台农村集体经济组织和村民自治组织职能分开指导意见，逐步实行两个组织在机构职能、人员选举、议事决策、财务核算、资产管理等五个方面相分离。

四、关于明确政府对农村集体经济组织指导管理职能

2018年中共中央办公厅、国务院办公厅《关于农业农村部职能配置、内设机构和人员编制规定》中明确，农业农村部具有指导农村集体经济组织建设、拟定农村集体资产管理制度、承担农村集体经济组织财务会计管理和审计监督的职能。近年来，农业农村部指导各地加强对农村集体经济组织运行管理。许多地方农业农村部门研究制定出台农村集体经济组织登记赋码管理办法、成员身份确认指导意见、股权管理办法、资产管理办法等，指导农村集体经济组织完善内部运行机制，保护成员合法权益。上海市、江苏省、浙江省、广东省人大颁布了《农村集体资产管理条例》；黑龙江省出台《农村集体经济组织条例》，为全国农村集体经济组织立法提供了有益参考。

下一步，农业农村部将会同全国人大农业与农村委等有关部门，加快推进农村集体经济组织法立法进程，结合您提出的建议，对相关重点问题进行梳理和研究，抓紧推进法律草案起草工作。

产业振兴

乡村振兴应重点关注的九类乡村产业

张天佐

一、现代特色农业

农业是乡村产业的主体，发展乡村产业，首要任务是建设现代农业。当前，我国人均 GDP 超过 8 800 美元，处于消费升级加快提升阶段，给特色农业发展带来重要机遇。因此，要在保障粮食安全的前提下，结合各地的实际发展特色农业，把地方优势特色农产品做大做强，做出品牌，使之成为农民增收就业的重要途径。

二、农业生产性服务业

从世界范围看，农村地区分工分业都是一个不断深化的过程，一些国家在现代农业的发展过程中，催生出多种多样的农业生产性服务组织，促进了农业全产业链发展。据有关资料，美国农民只占全国总人口的 1%多，而相关农业服务业就业人数却占总人口的 17%～20%。我国有 2 亿多农户，农业从业人员平均年龄约 50 岁，60 岁以上的比例超过 24%。随着农村社会结构和经济结构的发展变化，农业生产性服务业的市场需求将快速增长，必须适应这种要求，大力发展农业生产性服务业，推进农资供应、技术推广、农机作业、疫病防治、金融保险、产品分级、储存和运销等服务的社会化和专业化，为千家万户农民产前、产中、产后服务提供有力保障。

三、农村生活性服务业

随着经济社会发展，无论农村人口还是城市人口对农村生活性服务业的需求都会显著上升。从农村看，随着城镇化深入推进，农村人口结构发生深刻变化，老龄化速度加快，高龄、失能和患病老人的照料护理问题日益突出。据统计，农村人口老龄化程度在2010年就超过10%，比城镇高2.3个百分点。2012年农村留守老人数量高达5 000万人，2016年全国留守儿童还有902万人，纺锤形人口结构给农村经济社会发展带来严峻挑战。将来，城镇化达到一个较高水平后，农村仍会有几亿人居住生活。随着农民收入水平的持续提高，生活观念和方式的不断变化，农村的养老托幼产业、物品维修产业、批发零售业、电子商务、金融保险等生活性服务业大有可为。从城市人口看，随着农村基础设施改善和生态环境建设的加强，美丽的田园风光，清新的空气和良好的人居环境，会吸引大量的城里人回归农村养老、康养、休闲、旅游，这为农村生活性服务业的发展提供了广阔的空间。

四、乡村传统特色产业

我国悠久的历史、勤劳智慧的人民、多彩的民族，培育了许多具有地域特色的传统产业，比如竹编、蜡染、剪纸、木雕、石刻、银饰、民族服饰等传统的手工业，再比如卤制品、酱制品、豆制品以及腊肉腊肠、火腿等传统的食品加工业，这些传统土特产品，地域特色浓厚，承载着历史的记忆，传承着民族的文化，有独特的产业价值。因此，要把这些产品很好的传承保护和开发利用，发挥品牌效应，提升“乡土制造”的魅力和效益，这不但能够满足人们日益多样化、特色化的市场需求，培育形成地方的乡村土特产业，而且能够保护传统技艺、传承民族文化。

五、农产品加工业

农产品加工业是连接工业与农业、城市与农村的产业，行业覆盖面广、产业关联度高、辐射带动作用强，是拉动农村经济发展和农民就业增收的重要增长极。但是，从总体上看，行业大而不强，增长方式粗放，发展水平不高的问题十分突出。特别是农产品产地储藏、保鲜、烘干等初加工，设施简陋、方法原始、工艺落后，农产品产后损失严重。大量农产品产后腐烂变质，不仅滋生蚊蝇、污染环境，甚至还有个别不法经营者用霉变的农产品加工成食品或饲料，成为影响食品质量安全的重大隐患。随着我国人民生活水平的逐步提高、生活节奏的不断加快以及食物消费理念的转变，人们一日三餐的主食消费方式正在从家庭自制为主向大量依赖社会化供应转变。据典型调查，城镇居民约70%、农村居民约40%的谷物类主食依赖于市场采购。而我国目前主食产品的工业化水平极低，大量主食产品依赖小作坊、小摊贩为主生产和供应，产品的质量、安全、卫生难以保障，加快主食工业化发展成为一项紧迫的民生工程。同时方便食品、休闲食品、功能食品的市场需求也快速增长。因此，各地可根据市场需求和资源条件，积极发展适合本地产业特点的农产品加工业，延长农业产业链、就业链和效益链，拉动农业农村经济和县域经济发展。

六、休闲农业和乡村旅游

休闲农业和乡村旅游具有连接城乡要素资源、融合农村一二三产业的天然属性，有巨大的市场空间，具备条件的地区应该稳步推进。但是，目前各地发展休闲农业和乡村旅游积极性很高，遍地开花、盲目发展的势头较猛，同质化的问题突出，恶性竞争、亏本经营的不少。发展休闲农业和乡村旅游需要有独特的资源禀赋和基本条件，需要搞清楚你的市场需求和目标群体，需要有创意的设计和巧妙地营销。因此，各地在发展中要认真研究，理性选择。

七、乡村建筑业

随着乡村振兴战略的实施，农村基础设施和人居环境的改善为农村建筑业发展提供了强劲持久的动力。但是，目前乡村建筑业无组织、无标准、无管理的问题比较突出。要重视发展农村建筑业，制定适合农村特点的建筑业管理标准，加强农村建筑施工队资质管理，规范农村建筑市场，培育产业大军，树立建筑品牌。

八、乡村环保产业

我国每年农村生活垃圾、畜禽粪便、农作物秸秆等生物质资源高达几十亿吨，目前有相当比例没有得到资源化利用，不但浪费了资源，而且成为农村的重要污染源。此外，乡村环境基础设施建设滞后等问题也很突出。去年国家发布了全国农村环境整治“十三五”规划，启动了人居环境整治3年行动计划，农村环保产业越来越成为投资的亮点。

九、乡村文化产业

当前部分农村地区精神文明建设相对滞后的问题仍很突出，农村文化基础设施不健全，农村文化建设主体缺位，农民对健康向上精神文化的需求无法得到满足。要大力发展乡村特色文化产业，支持农村文化产品的创作，深入挖掘传统文化，用农民喜闻乐见的戏曲、小品等形式，发扬好传统，传播正能量，丰富农民精神世界，促进乡风文明建设。

（作者系农业农村部总畜牧师、农村合作经济指导司司长）

开展农业社会化服务
助力乡村振兴战略实施

张　标　吕治春

党的十九大报告中提出的乡村振兴战略，是新时代我国决胜全面建成小康社会、全面建设社会主义现代化国家的重大历史任务，是解决好三农工作的总抓手，是推动农业全面升级、农村全面进步、农民全面发展的重大决策部署。解决三农问题，脱贫攻坚是基础，乡村振兴是目标。2020年是全面建成小康社会和打赢脱贫攻坚战的收官之年，也是从脱贫攻坚转向全面实施乡村振兴战略的关键一年。2021年我国三农工作重心将全面转向乡村振兴，根据各地区乡村现状和资源禀赋，采取差异化策略分类推进实施乡村振兴战略。相应地，国家出台了《关于实施乡村振兴战略的意见》《关于大力实施乡村振兴战略加快推进农业转型升级的意见》《乡村振兴战略规划（2018—2022年）》等一系列政策文件，大力实施乡村振兴战略。

在乡村振兴战略实施背景下，当今的农业农村发展遇到种田农民老龄化和农业后继无人的现实问题，大量青壮年外出打工，或种地积极性不高，进一步导致土地大面积撂荒，迫切需要解决“谁来种地、怎样种好地”的重大实际问题。同时，如何发展壮大村级集体经济，增加村级集体资产收益，顺利实现农村“三变”改革（资源变资产、资金变股金、农民变股东），这是实施乡村振兴战略的关键举措。

按照产业兴旺、生态宜居、乡风文明、治理有效、生活富裕的总要求，通过开展农业社会化服务，深入实施藏粮于地、藏粮于技战略，提高农业综合生产能力，保障国家粮食安全和重要农产品有效供给，助力乡村振兴战略实施。农业社会化服务涵盖了农业生产的产前、产中、产后的全过程，包括良种繁育、机耕、机插、机收等农机服务，灌溉及田间管理、病虫害防治及疫病防治、育苗、林木嫁接等植保服务，统一购买农资等服务，种植技术、农产品储藏技术、防病防疫技术、林木嫁接技术等科技服务，资金借贷和农业保险等金融服务，技术信息服务、价格信息服务、政策信息服务、市场供求信息服务和气象信息服务等信息服务，农产品采收、运输、仓储和销售等流通服务，还有水利、电力、道路和土地整理等基础设施服务。

构建农业社会化服务体系能够满足小农户生产绿色、优质、安全农产品的需求以及农资、农机、农技等服务需求，为农资、农机供应企业拓宽销售渠道和农业服务组织降低服务成本、提升服务能力、拓展服务领域，满足政府从传统农业向现代农业转型升级需求，助力农业产业高质量发展。农业生产社会化服务是引领小农户开展适度规模经营、发展现代农业的重要途径。农业生产全程托管对于解决“谁来种地”“怎样种地”等问题发挥了重要作用。农业生产全程托管是构建面向小农户农业社会化服务体系的核心内容和关键举措，需要充分尊重小农户独立经营主体地位，发挥村两委、集体经济组织、农民合作社的组织服务作用，推进小农户通过合作和联合实现耕地集中连片，统一开展农业生产托管，统一接受耕、种、防、收等生产服务，发展服务规模经营。构建农业社会化服务体系是实施乡村振兴战略的有力着力点，能够助力乡村产业振兴、人才振兴、文化振兴、生态振兴和组织振兴。

一、案例基本情况

安徽省凤台县沿淝糯米合作社（以下简称“合作社”）位于凤台县店集镇新村，成立于2007年12月，注册资金120万元，入社农户960户，先后组建为农服务中心、农机专业合作社、烨铄米业有限公司、庄家医院等经营服务机构。合作社拥有大型拖拉机14台、插秧机10台、收割机6台、自走式喷雾防治机3台、轮式喷雾防治机3台、极飞飞机植保机2架、背负式喷雾器60台、打捆机4台，旋耕机、旋播机、深松机、开沟机、五铧犁等60余台（套），烘干机22组，打米机2套。主要以稻、麦种植及生产服务为主，同时加工、销售大米及麦种繁育。合作社从1997年的“五统一”到2012年的“十统一”，一直到现在的“十二统一”，已经形成了比较成熟的产业链，这是一条土地增产、农民增收的“金色链条”。“十二统一”是指统一技术指导、统一供种、统一供肥、统一耕种、统一机条播、统一机插秧、统一开沟、统防统治、统管统水、统一收割、统一回收加工销售、统一秸秆综合利用。

二、农业社会化服务助力乡村产业振兴

乡村振兴，产业振兴是重点。合作社通过开展农业社会化服务实现粮食增产、农民增收和土地增效，提升产业价值。①粮食增产。合作社托管的农田稻麦产量合计达1 053千克，比全乡平均亩产高288千克，增产率高达38%。与粮食产量增加相对应的是种子、化肥、播种、收割等种粮成本的减少，如实行统一供种，节约种粮6千克以上，减少投入20元以上；实行统一配方施肥，每亩可减少化肥用量5千克以上，减少投入15元以上；实行连片耕种收管，农机服务队价格低于市场价10%以上，每亩可降低费用65元以上。②农民增收。合作社从事土地托管服务，2019年实现销售4亿元，利润1 200万元，带动农户增收1 800多万元，辐射带动本镇15个行政村和钱庙等乡镇及临近颍上县小农户近1万家，向农行和信用社融资担保贷款180万元，每年向社员二次返利10%。③土地增效。由于农资集中采购、田间管理科学、先进生产技术运用，合作社开展农业生产托管“十二统一”显著提高了土地的投入产出率，切实做到了土地增效，真正实现土地的规模化、集约化、机械化。与社会上常规的农业生产相比，合作社托管服务可以降低生产成本360元/亩，增加收入400元/亩。④提升产业价值。合作社60%左右的糯米直供五粮液、古井、洋河等大型高端酒厂，同时为五芳斋的粽子、旺旺集团的雪饼、三全的汤圆提供原料。糯米不仅畅销全国各大米市，还远销新疆、重庆等地。

合作社以农业供给侧结构性改革为主线，以制度、技术和商业模式创新为动力，通过推进农业生产全程社会化服务，强化农业产业的龙头带动作用，提高农业创新力、竞争力和全要素生产率，帮助小农户节本增效，形成具有区域特色、乡村价值的产业体系，推动乡村产业全面振兴。

三、农业社会化服务助力乡村人才振兴

人才是乡村振兴的关键要素。合作社建立了乡土人才库，集合当地所有农业生产经验丰富、身处农业一线的特专精人才，涵盖农业耕、种、管、收等全产业链。通过敏锐的市场洞察力和先进的经营管理理念，合作社根据农业农村发展形势的转变及时创新农业社会化服务内容及方式，如农业大数据的运用、农产品品牌的创建等，显著提高服务供给效率。依据自身发展实力、市场行情等有序推进农业生产托管，合作社通过加强产学研合作、人才引进与内部人才培养相结合的方式，不断创新农业生产托管方式，丰富服务供给内容，逐渐形成了覆盖农业全产业链的农业社会化服务模式。通过与省内外高校、科研院所等紧密联系，为合作社业务范围拓展、经营理念转变等提供技术支撑与指导，成为北京大学、中国农业大学、安徽大学创新发展研究院等高校的实习调研基地，为合作社农业社会化服务模式创新、推广等提供学理支撑与指导，也为合作社创新服务发展提供了科技、信息等现代要素支撑。

合作社通过实施人才振兴措施，积极推进互联网与农业生产、经营、管理、服务融合，提升农业社会化服务智能化、信息化水平。运用“互联网+”技术对农产品市场行情进行实时跟踪研判，如果某一农产品市场行情低迷或呈现下行趋势，则会减少该产品的订单收购，指导社员以及周边农户调整种植结构，降低市场风险的冲击。合作社通过主动引才、协调引才、精准引才等方式引进专业人才，同时对新型职业农民、农业科研、农技推广等内部人才进行分类培养，提高人才待遇保障力度，激发农村内部发展活力，推动人才振兴为乡村振兴注入新动能。

四、农业社会化服务助力乡村文化振兴

文化振兴是乡村振兴的重要支撑。合作社通过开展多种形式的社会公益活动，推动乡村文明建设。“5·12”汶川大地震，合作社负责人带领全体干群，半小时内捐款1.3万元，自己又交特殊党费1 600元，为本乡一个患白血病的患者捐献1 000元、为凤台一中患病老师捐款2 000元。近几年，还分别帮助本村十几户特困户建房。2020年新冠肺炎疫情期间，

合作社负责人向红十字会捐款 2 000 元，下属的国武粮油工贸有限公司捐款 10 000 元，捐物 300 箱牛肉汤、饮品几十箱、口罩 1 000 余只及消毒液、酒精。

合作社创建农产品品牌，推进特色文化产业发展。农产品产后加工环节是当前农业社会化服务的薄弱环节，同时也是农业产业链增值的潜力环节，而品牌创建是加工环节长效可持续发展的保障与基础。合作社着力打造农业特色品牌，积极拓展农业社会化服务链条，依托下属公司凤台县国武粮油工贸有限公司创建“徐桥牌”糯米，业已成为安徽省著名商标，颇受消费者喜爱。而且借助“互联网+”涉足农产品电商，提高农产品销售服务能力。合作社以社会主义核心价值观为引领，以传承发扬中华优秀传统文化为核心，通过开展农业社会化服务，提升了农民思想政治素质，加强了农村精神文明建设，不断提升农民文明素养，推进乡村传统文化资源传承和特色文化产业发展，推动乡村文化振兴。

五、农业社会化服务助力乡村生态振兴

生态振兴引领乡村振兴战略实施。合作社牢固树立和践行绿水青山就是金山银山的理念，坚持尊重自然、顺应自然、保护自然，实施农村人居环境整治，推进农业绿色发展。合作社通过开展土地托管、联耕联种、代耕代种、统防统治等直接面向小农户的农业生产全程托管，集中连片推广绿色高效农业生产方式，科学的施肥、防虫防病，不仅减少了化肥、农药的用量，而且造就了更多的“绿色产品”，提升了农产品增值空间。坚持优质、高效、生态、有机、无公害，加大对土壤的修复深耕，做到“一控、两减、三基本。”一控，即控制用水量；两减，即减少化肥、农药；三基本，即畜禽粪便、农作物秸秆基本得到资源化、综合循环再利用和无害化处理。

合作社积极开展乡村生态保护与修复，引导提升生态环保意识等。以种植业生产产生的秸秆为原料，通过养殖以及农产品加工燃料或直接还田，一方面为群众在禁烧工作的困扰中找到一条较为稳妥的解决办法，为农村经济的发展找到了可持续发展的途径，另一方面也为农田土壤的改良做出了贡献。同时，合作社积极带动社员开展人居生活环境治理，充分利

用闲置空地，种植花草树木，绿化环境；通过整治沟壑，使得死水变活水，臭水沟变清溪河流，建设人与自然和谐共生的生态宜居美丽乡村，全面推动乡村生态振兴。

六、农业社会化服务助力乡村组织振兴

组织振兴是乡村振兴的重要保障。合作社从 2006 年开始推行统一供种、统一施肥、统一旋耕、统一机播、统一开沟的“五统一”托管服务模式，到 2010 年，又逐渐发展到“十二统一”，如今又把所全程托管区域的农机、农资、技术公司及家庭农场联合起来，成立凤台县沿淝农业服务联合体，农业服务联合体已发展为以小农户为主提供“耕、种、防、收”全程托管服务的农业联盟，提供的服务内容贯穿于农业产前、产中和产后的各个环节，尤其是农业生产的薄弱环节和关键环节，服务规模经营的基础更加牢固。合作社开展的这种农业社会化服务组织联合与合作模式，有力推动了有实力、有社会责任感的其他农业社会化服务组织牵头成立区域性联盟或联合体，强化行业自律，规范服务行为，促进农业社会化服务组织重组联合，能够促进形成一批跨区域的农业社会化服务龙头企业。

农村集体经济是社会主义公有制经济在农村的重要体现，是农村统分结合双层经营体制的重要形式，是引领农民实现共同富裕的重要途径。经过多年的摸索发展，合作社已经形成了较为成熟的服务、发展模式——产业化龙头企业＋农服联合体＋小农户“凤台沿淝模式”，可以有效复制到其他地区。2014 年在安徽省农委牵头下，凤台县与凤阳县本着“双凤起飞，共创共赢”的原则，对小岗村 4 300 亩土地进行农业生产全程化托管，2016 年又对小岗村 4 300 亩标准田进行全部秸秆综合利用，有效改善了土壤肥力。合作社还对当地店集村、王圩村进行产业帮扶，带领他们融入到现代农业发展的轨道上。合作社全程农业托管服务的顺利实施得力于村基层党组织领导核心地位，充分发挥了政治功能和组织优势，能够对小农户土地进行有效组织。同时，合作社通过支付一定的土地管理费用，增强村级集体经济造血功能，推进农村集体产权制度改革和“三变”改革，盘活农村集体资产、资源要素，激发集体成员劳动力活力，推动乡村组织振兴。

七、结语

实施乡村振兴战略是解决好三农工作的总抓手，开展农业社会化服务能够深入实施藏粮于地、藏粮于技战略。凤台县沿淝糯米合作社开展全程保姆式农业社会化服务，聚焦“五大振兴”，有序延伸服务链，提高服务价值潜力，形成了托管项目全、经营理念新、产学互动紧的服务经验，并已成功推广复制到周边地区，显著促进了粮食增产、农民增收、土地增效以及农业增绿，助力乡村产业振兴、人才振兴、文化振兴、生态振兴和组织振兴，打造了新时期农业社会化服务的新样板，成为实施乡村振兴战略的典型模式。

（张标系阜阳师范大学经济学院教授；吕治春系安徽省农业社会化服务产业联合会会长）

安吉县鲁家村“四计治村、三变富民”模式

朱仁斌

鲁家村是安吉县城东北部一个典型的山地丘陵村。村域总面积 16.7 平方千米，人口 2 300 人，党员 92 人。2019 年村级集体经济收入 565 万元，人均收入 4.2 万元，村集体资产 2.9 亿元，股权从 2014 年每股 375 元到 2019 年每股 2.9 万元，增值了 77 倍，接待各地考察团和游客 60 万余人次，旅游收入 4 000 余万元，农旅结合发展效益持续放大。

“田园鲁家”被列入全国首批国家级田园综合体试点项目、首批国家农村产业融合发展示范园、首批国家级星创天地，荣膺中国十佳小康村、全国十佳乡村产业发展模式、全国乡村振兴示范村、改革开放 40 年——致敬三农人物、全国农村优秀学习型组织、全国休闲农业与乡村旅游五星级企业等称号。2018 年 3 月 25 日，《鲁家村产业振兴的启示》在央视新闻联播播出，鲁家模式受到全国关注。

近年来，安吉一直在坚定不移举“两山”旗，走“两山”路，创“两山”业，大力推进“两山”实践转化。鲁家也正是在全县生态发展意识深入人心，生态经济、生态环境等各项事业快速发展的大背景下迅速发展壮大起来的，直至今天成为了美丽乡村建设和经营的先进典型。

一、党建引领

一个村子要发展得好，关键是党组织的领导核心作用发挥得好，能够把村子里的各类组织凝聚起来、目标集聚起来、力量汇聚起来。在鲁家村域景区建设密集推进和家庭农场提档升级的过程中，面对复杂繁重的工作任务，村“两委”班子成员越来越感觉力不从心，有一段时间村“两委”班子 7 个人连续 100 多天都是“白加黑”连轴转，但一些工作还是做不好、推进慢。村两委认识到，要及时有效解决遇到的问题矛盾，靠村党组

班子力量是“杯水车薪”，关键要强化村党委的组织力，搭建起完善的组织体系，更好地发挥党支部的工作优势。近年来，鲁家村按照全市“百村示范、千村晋位”行动部署要求，以“先锋示范村”建设为抓手，以村党委为核心，以村集体经济组织和农民合作组织为纽带，以各类经济社会服务组织为补充，进一步优化调整组织设置，搭建起更为高效的组织架构，将党组织的堡垒作用发挥延伸到一线。比如，在村级产业公司设立党委联系点，在公司部门建立党小组，实现 3 个村级产业公司党组织延伸全覆盖；实施“田园党建”工程，开展党小组建在农场、党课上在农场、党员赛在农场、实绩亮在农场、活动放在农场、服务落在农场六大活动，形成“项目问题先找党小组长”的机制，最大限度地发挥村各级党组织作用。

二、四计治村

（一）无中生有

2011 年，鲁家村集体经济非常薄弱，是远近有名的贫困村，全县卫生倒数第一。递铺街道党委顺势抓住村级组织换届契机，经逐个摸排，广泛征求意见，动员年富力强、经商有道、富有家乡情怀的一批党员参选村干部，村班子面貌焕然一新。2011 年，村两委平均年龄 41.6 岁，村两委大部分是 85 后年轻干部，形成了聚贤聚才、集智集力的局面。

（二）抛砖引玉

经村党委助推，20 余位乡贤主动筹资 300 万元，请上海、广州的两家知名设计单位高起点规划，用时一年半绘出了鲁家村蓝图，计划以野山茶、蔬菜果园、绿化苗木、药材等为主题，筹建 18 个差异化、特色化的家庭农场，大力发展休闲农业和乡村旅游，培育全国首个家庭农场集聚区和示范区。在村党委主导下，成立安吉乡土农业发展等三家公司，注册“鲁家”商标。搭建“村＋公司＋农场”经营模式，流转田地 8 000 亩，撬动 20 亿元社会资本进入鲁家村发展。

（三）苦肉计

以村两委为火车头，带头苦干。两委干部领办并完成重点工作、民生事项 160 项。

乡贤挖潜帮干。注资领办农场，9 名乡贤返乡创业，成为“田园鲁家”首批农场主，累计投资近亿元，助力田园景区建设。

党群合力巧干。依托“主题党日”，党小组组织党员群众开展以政策宣讲、护水护绿、门前三包、领岗服务、家风建设等为内容的“争做最美鲁家人”主题活动，引导党员在践行“两山”理念、百日攻坚行动中发挥先锋模范作用。

（四）树上开花

进城变返村，美丽经济“花”开农家。农场和景区已产生就业岗位300余个，每年为当地村民增加工资性收入超过1 000万元。

田园变学堂，两山学院“花”香全民。“鲁家模式”逐渐成熟，成为“两山”转化的典型。2018年接待考察的团队达到3 692批，游客达到51万人次。

一村带三村，田园综合体“花”落安吉。鲁家村发展模式与2017年中央1号文件提出的田园综合体模式深度契合，递铺街道紧扣田园综合体的中心要义，以鲁家村为核心，着力打造辐射南北庄、义士塔和赤芝三个村的田园综合体。

三、三变富民

（一）田园变景区

2012年起，鲁家村抓住美丽乡村精品示范村创建的契机，突破传统农村点状建设、局部发展的思路，从全局出发，以三规合一为引领，将村庄规划、产业规划、旅游规划融为一体，专项设计18个家庭农场，全面打造国家4A级景区。

（二）资源变资本

立足山水林田湖优质自然资源且原生多样的优势，经集聚的家庭农场“点睛”，并通过休闲农业和乡村旅游产业放大，将原本熟睡的资源快速转变为炙手可热的资本。鲁家将所有投入的上级部门项目资金及美丽乡村建设补助资金部分转化为资本，与引进的旅游公司按比例入股，享受旅游收入分成。

（三）村民变股民

村股份经济合作社以村公共资产作价入股49%，与工商资本注册成立安吉乡土农业发展有限公司、安吉乡土旅游管理服务有限公司、安吉乡土职业技能培训有限公司。鲁家村在美丽乡村建设向美丽经济转换上取得了显著成效，村民有了六大收入来源：

一是租金收入，通过8 000余亩的土地流转，仅租金一项村民就能获利500余万元。

二是就业收入，产业发展创造了大量就业岗位，成功解决了300余村民的村内就业，预计创造1 000余个就业岗位，可促进村民增收4 000余万元。

三是创业收入，鲁家村通过打造4A级景区，积极吸引年轻人（大学生）返乡创业。目前已有30户农户将自己的房屋改造成精品民宿，按每户每年20万元收入计算，可达到600万元。

四是分红收入，2014年村民持股每股价值375元，到2018年村民持股每股价值2.55万元，增值近67倍。随着景区不断成熟，游客增多，村民持股将不断增值。

五是培训收入，鲁家成立了安吉鲁家两山学院，通过开设各类主题班次，为全国各地提供专业培训服务。

六是模式收入，美丽乡村经营模式输出，积极地为其他地区的美丽乡村建设提供建设、设计、技术、资本等全方位合作，为美丽中国做出贡献。

鲁家村始终坚持“未来农场·农业之花”发展定位，即以家庭农场为核心、积极完善基础设施、开拓村庄经营新模式，真正实现田园变景区，资源变资产，村民变股民，美了村子风貌，富了村民口袋，不仅荣获了多项荣誉，还多次被央视等多家媒体作为乡村振兴的典型，真正地将美丽乡村转化美丽经济，争创“两山”理论的实践地和“模范生”。

（作者系浙江安吉县鲁家村党委书记）

数字赋能助推乡村振兴的五个特征

秦秋霞　郭红东　曾亿武

当前，以大数据、人工智能为代表的新一代数字技术加速向农业农村渗透，为农业农村数字化建设提供了良好契机，也为数字赋能助推乡村振兴打开了广阔空间。

一、以数字化基础设施为硬件基础

随着新一代数字技术在农村的广泛渗透，新一代高速光纤网络、高速无线宽带加快普及，物联网、云计算、大数据、人工智能等新一代数字技术的进步与渗透推动了数字经济在农业农村领域的发展，从单一技术向综合集成应用转变。数字技术改善了农村基础设施条件，为农业农村发展提供了新引擎，不仅提高了农民的信息接入和获取能力，破解了信息获取的“最后一公里”难题，而且极大地提升了农业农村生活和生产的网络化、数字化、智能化水平和运行效率，深刻改变了农业农村的发展动力、发展方式。数字技术成为助推乡村振兴发展不可或缺的重要基础设施。

二、以数据化知识和信息为关键生产要素

数据化知识和信息已成为新一代信息技术融合应用的焦点，将成为数字赋能乡村振兴发展的关键生产要素。随着数字技术的不断演进和持续应用，大数据逐渐成为提升全要素劳动生产率、提升产业附加值的核心力量。随着数字技术渗透到农业农村生产生活的各个角落，由网络所承载的数据、由数据所提取的信息、由信息所生成的知识，正在成为农业生产

经营、决策的新动力、农产品贸易的新内容、乡村有效治理的新手段，带来新的价值增长。更重要的是，与土地、劳动力、资本等相比，数据化信息的可复制、可共享、无限增长和供给的特点，突破了土地、劳动力、资本等传统要素有限供给的限制，为农村经济持续发展带来了可能。

三、以数字技术创新为核心驱动力

新增长理论认为，推动经济增长的内生动力是技术进步，而现代农业技术的演化离不开信息化的强力支撑，数字技术创新已经成为推动乡村振兴发展的核心驱动力。数字技术的创新进步和普及应用，正是当下数字经济时代变迁的决定性力量。区别于以往的通用技术，不断更新迭代的数字技术对经济社会发展的引领作用日益凸显，在整合生产要素、促进经济转型、催生发展新业态、支撑决策研究等方面的作用愈发明显。数字技术创新为乡村振兴注入强劲的持续动力。

四、以现代互联网信息平台为重要载体

数字经济时代，互联网信息平台已经成为资源分配和价值汇聚的中心点。一方面，互联网平台新主体快速涌现。中国涌现出的一大批具有包容性创新特点的网络社交媒体和电子商务平台，为小农户对接广阔的外部市场提供了机会，为中国农业农村升级改造提供了便利。另一方面，传统企业加快平台化转型。互联网平台可以发挥供需匹配的集散功能，且交易双方可以直接输送农产品，无需到批发市场进行中转，流通环节的减少也有助于减少产品损耗和流通时间，有利于提升产品利润率。在平台中，通过整合信息，减少恶性竞争，促成交易协作，以共同应对外部环境的变化。平台本质上是共建共赢的生态系统，市场参与的多元主体基于数字技术和互联网平台，联通生产、流通、服务等领域，有效促进乡村形成一个多元共生、协同共进、开发互动的经济社会生态系统，产生可持续发展效益。

五、以促进实现乡村全面振兴为目标

数字赋能助推乡村振兴本质上是一个农业农村现代化发展进程，以促进实现乡村全面振兴为目标和落脚点。数字技术能够渗透于乡村振兴的方

方面面，产生巨大的资源优化与集成作用，带来颠覆性变革。数字赋能助推乡村振兴，即通过推动乡村产业、生态、文化、治理、服务等方面的数字化转型，促进实现乡村全面振兴。

（秦秋霞系浙江大学中国农村发展研究院博士研究生；郭红东系浙江大学中国农村发展研究院教授、博士生导师，管理学博士；曾亿武系杭州师范大学经济与管理学院副教授、硕士生导师）

后疫情时代旅游景区运营的禾泉小镇路径

蒋保安

对于突如其来的疫情，当初形势发展也不明朗，不知何时才能结束，我们也感到不知所措。随着政府强力领导，调动全社会的力量抗疫，疫情很快得到了控制，并向好的方向发展。党和政府出台了许多支持和帮扶企业的好政策，这些都对旅游企业克服困难，坚定信心，继续把握好发展的机遇起到了非常大的作用。

面对市场上诸如好企业只能活三个月等悲观论调，我们也在思考，通过这次疫情，暴露出了我们景区还存在哪些薄弱的环节？我们的投资、经营和管理存在哪些问题？我们认为，疫情的影响虽然巨大，但仅仅停摆两三个月的时间，企业就会垮掉，这说明这些企业本身是存在非常大的问题或隐患。如果企业本身很健康，那么疫情的影响是不会致命的。面对疫情，我们应该反思，应该改变，应该鼓足干劲，而不是一味地怨天尤人。我们的判断是，旅游行业发展总体向好，正处于黄金发展时期的态势没有变化。

按照这个研判，顺着这种思路，我们找出了短板，并针对这些短板，对后疫情时代禾泉小镇的工作做了一些调整，努力达到或超过预定目标。

一、降低财务成本

这次疫情，许多旅游企业之所以撑不下去，有许多原因，财务成本居高不下是其中很大的一个痛点。人力成本、可变物料成本等，如果不营业就可以大幅下降。但以往贷款形成的财务成本却没有办法下降，其实很多企业是被财务成本压垮的。这就提醒我们，在投资旅游项目时，不要盲目追求高大上，要尽可能减少不必要的投资，从而降低企业的财务成本。降低企业的财务成本不是说不投资建新项目了，而是所建的项目要围绕实现经济效益的目标来衡量，能带来游客和利润的就投，否则就不投。这看起来是个起码的常识，但却常常被忽视。在降低企业财务成本上有许多工作可以做。

禾泉小镇在疫情期间，对在建项目和计划新建项目进行了重新梳理，取消了几个获客能力不强的项目，对有些项目在不影响效果的情况下，采用了更节省的方案，这样大大地压缩了建设的成本，减少了贷款，从而为日后的运营降低了财务成本。

比如建设的占地 200 亩的海棠园，原计划投资 3 000 万元，里面有石拱桥、防腐木步道、大型瀑布等景观项目，我们反思，游客来这个园的兴奋点在哪里？其实游客来海棠园游览就是来观花的，其他的设施并不起到关键作用，有这些设施更好，没有这些设施游客依然会来。另外，游客既然是来观花的，而海棠和大多数花卉一样，花期只有半个月左右的时间，显然时间太短了，这么短的时间能带来的经济效益非常有限。

我们对海棠园项目重新进行了考察和设计：主打花卉由海棠改为花期长达 120 天的美国紫薇；取消了大型瀑布、防腐木步道等投资大的豪华设施，改为荷花塘、砂石步道等具有乡村野趣的设施。更改后的项目只需要 1 000 万元左右的投资就可以了，减少了三分之二的投资。由于延长了花期，还会增加 5 倍以上的游客接待量。调整后的项目，不仅降低了企业的投资和财务成本，还提高了经济效益。

二、开发特色商品

这次疫情给我们的启发是，旅游景区单靠门票经济是比较脆弱的，一旦出现类似疫情的情况或者极端天气都会极大地影响景区的经营。即使没有这些事件的发生，由于接待体量的限制，门票经济也会有天花板。因此，拓展二次消费是挖掘收入潜力的重要途径。而二次消费重要的盈利点就是旅游商品，所以景区要加大开发旅游商品的力度。

开发、经营旅游商品的重点为：①旅游商品要有特色。现在旅游景区旅游商品越来越同质化，这种千篇一律的旅游商品很难激起游客的购买欲。开发旅游商品一定要在特色上下工夫，旅游景区的旅游商品一定要有当地泥土气息，最好是手工制作，有独特的使用价值和收藏价值。②旅游商品的经营要线上线下联动，尤其要打通线上的销售渠道，充分利用淘宝、京东、抖音、个人 IP 等线上平台和形式实现旅游商品销售上台阶。

蚌埠市禹会村出土了 4100 年前大禹会诸侯时用过的陶器盉，是古时候用来盛酒的容器，蚌埠淮上区出土了 7200 年前的陶塑人头像，这两件物品外形漂亮，有特殊的意义。我们就组织陶艺专家开展艺术衍生品的设计，开发了紫砂陶盉和陶塑人头像，很受市场欢迎，被蚌埠博物馆作为纪念品采购和销售。我们还整合了当地的小磨麻油、禾泉小豆饼、白老五炒货等特色商品资源，作为禾泉小镇的特色旅游商品。2020 年禾泉小镇特色旅游商品开发和线上线下销售有了长足发展。

三、打通全产业链

由建设菊花花海项目收门票延伸至种苗科研、繁育、生产和销售，带动周边农户发展花卉经济。禾泉小镇与南京农业大学合作建立菊花基地，过去只是用种植菊花供观赏，疫情过后我们准备充分发挥南京农业大学菊花科研的优势，打通菊花的全产业链。与南京农业大学合作建立种苗繁育基地，推广销售菊花种苗。建立菊花鲜切花和盆栽基地，对市场供应鲜切花和盆栽菊花。与南京农大大学生创业团队合作，开展菊花文化的开发和推广。

四、发展共享经济

疫情使单打独斗的景区遭遇了很大的困难，因为所有的压力都要自己扛，压力没有办法分解。如果景区是平台化的，那么千斤重担大家挑，人人肩上都有指标，平台上的合作者都分担一点，困难就容易克服。这次疫情更加坚定了我们把景区做成平台的发展规划，努力实现以一家经营为主向融科研、生活、创业为一体的共享模式共享平台的转变。

过去，作为一家景区，禾泉小镇景区几乎所有的项目都是自己投资自己经营，这样的模式不仅经营项目单调，管理经营的难度大，而且投资大效益低。2020 年景区做了三个方面的工作：一是整体环境的打造；二是自营花海、餐饮和客房项目；三是做平台。现在蚌埠三叶草生态农业有限公司、蚌埠涂啸科技有限公司、安徽柒爪鱼文化旅游管理有限公司、百年梨膏糖等30余家企业将入驻禾泉小镇创业平台，从事绿化园艺、儿童游乐项目、文化传播、土特产作坊等多种业态，这些创业公司与安徽禾泉小镇投资运营公司一道将把禾泉小镇打造成一个业态丰富、互相补充、共同发展、多姿多彩的综合旅游景区。

五、拓展体验范围

景区要强化体验功能，拓展体验功能，把工业生产、工业旅游引入景区，这样既满足了游客多方面的游览需求，又可以大幅度增加景区的销售收入。

安徽禾泉小镇与安徽皖酒集团实施战略合作，皖酒集团将其古法酿造基地的体验、参观、现场销售等环节全部委托禾泉小镇负责运营，以皖酒集团古法酿造基地为基础，建设传统白酒酿造工艺的参观和体验项目。在皖酒集团古法酿造基地，建设集休闲品尝、古法酿酒文化的展示、销售为一体的体验大厅。该体验项目依托禾泉小镇与南京农业大学合作建立的菊花基地，开发菊花皖酒，来适应人们由饮用普通白酒向健康白酒的消费习惯的转变。建成后可年接待游客60万人次，实现销售收入2亿元。

安徽禾泉小镇与安徽岴河醋业合作，在禾泉小镇建设菊花陈醋的酿造作坊生产菊花醋，游客可以通过参观了解传统陈醋的整个酿造过程，并且设计了体验的区域，游客可以自己参与陈醋的酿造。醋既是调味品又是传统的保健品，据反映在醋厂周围2千米范围内很少有人患感冒得癌症，这个信息非常适合景区内陈醋作坊的宣传推广和经营。小镇生态餐厅还推出了菊花醋鸡、菊花醋改刀鱼等地方特色菜，充分延长陈醋的产业链。该项目建成后可以实现年接待30万人次的游客，增加5 000万元的年收入。

六、创新研学项目

后疫情时代，越来越多的人会重视研学与健康、自然与生态的结合，自然生态研学、乡村研学、医药健康研学、户外生存技能研学将迎来增长新机遇。随着行业洗牌，环境优美、自然生态、教育功能的研学营地会受到市场的青睐。

在疫情末期，禾泉小镇重点研究、部署、研发、策划研学新产品新业态，迎接疫情结束后的研学新需求。

一是自然生态研学旅游。此次疫情使得人们深刻意识到自然与生态的重要性，疫情也为自然教育、生态旅游的发展提供了良好的契机。如何与自然和谐相处，实现可持续发展，是未来研学旅游应该推进的重点内容。禾泉小镇将打造蝴蝶主题博物馆，建设蝴蝶养殖大棚，以蝴蝶等昆虫的生长变化作为窗口，了解生物界的奇妙规律。小镇也将深入挖掘已有的小鹿、孔雀、小香猪等动物所蕴含的文化和知识，以喜闻乐见的形式普及自然科学。

二是户外乡村研学旅游。受疫情的影响，城市儿童已经在家封闭数十日，疫后短途城郊户外乡村研学旅行将是他们亲近自然、丰富生活的主要途径。在此次疫情中众多城市居民守望乡村，渴望田园，向往本真，这些情怀与情感，将成为乡村旅游发展的重要契机。禾泉小镇将升级农夫菜园，改造种植区块，增加瓜果蔬菜多样性，并开发互动种植采摘活动，提高菜园的观赏性与体验性。小镇也将打造二十四节气馆，普及自然节律，让研学游客深度体验农耕文明的千年智慧。

三是康体研学旅游。疫情过后，康体研学旅游将愈发受到青睐。禾泉小镇将根据自身环境优势、场地优势，有针对性地研发打磨医疗卫生与体育健康研学旅游产品和业态，形成独特的个性和核心竞争力。小镇将首先以涂山道地中草药为视角，打造涂山中草药种质资源圃，保存和展示地方中医药智慧，并由此介绍卫健医学常识，教会人们如何防范疾病、自救互救。

四是国情教育研学旅游。这次举国上下全民动员参与抗击疫情，让我们切身感受到个人与国家、与社会、与人类之间的密切关系，更让“责任感、价值观、家国情”变得形象具体生动。因此，禾泉小镇将打造主题党建馆，开展以学生为主体、以场景为载体的红色研学、国情主题研学、公民教育研学等活动。

七、拉长游览时间

许多景区都有花海项目，一般的花海的花期大都在半个月左右，在鲜花盛开的季节，景区超负荷接待，手机信号中断、交通堵塞、人满为患。花海给景区只带来了半个月的红火，然后在下一个花季到来之前有将近一年的时间景区门可罗雀。

禾泉小镇针对这种情况，经过反复研究，创造出了AB景区运营新模式，使景区由一季花海升级为四季花海。具体做法是：把景区分成ABCD区域，分别把每一个区域打造成某一个季节的花海，同时公共区域共享，这样整个景区就可实现一年四季都有游览内容，有效拉长了景区的可游览时间。

禾泉小镇把景区大致分成了四个区域，A区域种植熏衣草、大丽花，花季5月份；B区域种植菊花、粉黛乱子草等品种，花季10月份；C区域种植马鞭草和百日菊，花季5—11月份；D区域种植梅花、桃树、樱花，花季3—4月份；这样，全年每个季节都有花可赏，有效地拉动了景区的客流量。

打造四季花海，最重要的是每个区域在花季既要能相对独立成景，形成震撼的效果，同时景区的其他区域虽然没有花，但依然有游览价值。比如A区域有花海，BCD区域就可以开展像小猪赛跑等儿童类项目，开展野外烧烤等年轻人喜欢的项目等，这样整个景区就可以浑然一体，相得益彰。

（作者系安徽禾泉农庄生态农业有限公司董事长、安徽财经大学客座教授）

生态振兴

探求生态产品价值实现的“丽水实践”

赵子馨

建立健全生态产品价值实现机制，是贯彻落实习近平生态文明思想的重要举措，是践行“绿水青山就是金山银山”理念的关键路径，是从源头上推动生态环境领域国家治理体系和治理能力现代化的必然要求。近年来，浙江省丽水市深入践行“两山”理论，通过健全生态价值实现机制、强化生态制度供给体系、创新生态价值产业实现路径，持续保持生态环境质量、发展进程指数、农民收入增幅多年位居全省第一。

一、实现绿水青山“可量化”，建立价值核算评估应用机制

生态产品价值（GEP）是区域的生态系统为人类提供的最终产品与服务价值的总和。生态产品价值转化的基础，在于生态价值的“量化”。丽水市围绕“两山”转化实践，在全国率先开展生态产品总值（GEP）核算应用评估工作，回答了“绿水青山如何评价”的问题。

一是量化绿水青山价值。以森林、草地、湿地等生态系统为对象，从功能量、价值量角度核算各类生态资产指数和生态资产综合指数。出台丽水市生态产品价值核算评估试行办法，形成15个核算指标和25个核算科目，科学核算生态系统提供的产品与服务的价值总和。开展市、县、乡、村四级GEP核算评估，于2019年5月完成全国首个以村为单位的GEP核算评估工作。根据《2018年丽水市生态系统生产总值（GEP）和生态资产核算研究报告》显示，该市2017年生态系统生产总值为4 672.89亿

元，较2006年首次提出生态文明战略时增加2 576.58亿元，按可比价计算，增值率达87%。

二是量化环境成本。率先在生态补偿中应用核算结果，制定生态产品政府采购目录清单，探索瓯江流域上下游之间的政府采购生态产品试点，根据生态产品价值确定财政转移支付额度、横向生态补偿额度。该市境内瓯江上下游7个县（市、区）全部签订生态补偿协议，年补偿资金合计2 000万元。

三是量化考核指标。按照“源头严控、过程严管、恶果严惩”理念，建立健全GDP（国内生产总值）和GEP双核算、双评估、双考核工作机制和党政领导干部生态文明评价考核体系，将GDP和GEP增长、相互转化率等10项指标列入综合考核，推动经济发展质量和生态环境质量同步提升。

二、实现生态资源“资产化”，健全生态资产产权体系

充分发挥生态系统供给功能，探索建立资源资产化的生态产品市场体系，变固定资源为可用资产，可用资产为流动资本。

一是实现“叶子变票子、水流变资金流”。深化集体林权体制改革，深入推进“林权到户”“河权到户”改革，试行林权抵押和公益林补偿收益权质押贷款制度，有效破解林业资产抵押难题。将河道管理权和经营权分段或分区域承包给农户，形成股份、个人、集体、合作社等多种河道承包模式，实现河道环境治理和经营增收“双丰收”。2019年6月，该市累计发放林权抵押贷款21.1万笔，合计246.6亿元，贷款余额63.9亿元，贷款总量和贷款余额均居全国各地市第一；累计完成河道承包312条，每千米河道年均增收达8 000元以上，实现河道“管起来、美起来”、农民“富起来”。

二是实现“农民变股民、资产变资本”。在全国率先试行农民住房财产权、土地流转经营权抵押贷款制度，推出茶园、石雕、农副产品仓单、股权、农村水利工程产权等抵（质）押贷款产品，激活农村资源资产；实行村集体经营性资产股份制改造，以户为单位、折股到人、按股分红，全面提升农民收入。完成2 727个村集体经济股份制改造，量化资产13.9亿元，累计分红近6 110万元。改革红利惠及220万农民。

三是实现“信用变信贷，村里变城里”。深化全国农村金融改革试点，在全国率先建立农户信用信息数据库，设立全国首家村级融资担保机构，建设覆盖全市所有行政村的农村多功能金融服务站，实现信用可信贷，基础金融服务不出村，更便捷。共建成村级担保组织 217 家，累计担保贷款金额 16.7 亿元。

三、实现金山银山“大转化”，探索生态产品价值实现路径

持续着力打通“两山”通道，探索推行多条生态产品价值实现路径。

一是实施“集聚＋”，加快山区农民脱贫致富。以生态核心区、高山远山、地质灾害点为重点，实施两轮“十万农民易地搬迁规划”，推进整村搬迁和小规模自然村撤并，既让位生态、涵养生态，又推动农民下山脱贫。自丽水 2000 年撤地设市以来，共搬迁 10.93 万户，38.34 万人，占总人口的 14%，城镇化率从 33%提高到 62%。

二是实施“旅游＋”，推动景区产业化强势发展。推动旅游景区资本化、旅游公司实体化、旅游资产证券化改革，促进旅游全区域、全要素、全产业链发展。全域旅游增加值占 GDP 的比重达 9%，居全省第一。

三是实施“品牌＋”，“丽水山耕”培育初见成效。以“政府所有、协会注册、国资公司运营”创立全国首个覆盖全区域、全品类、全产业的地级市农业区域公用品牌；同时，建立农产品质量安全追溯体系，不断提升农产品价值。“丽水山耕”会员 852 家，建立合作基地 1 122 个，品牌评估价值达 26.59 亿元。

四是实施“互联网＋”，农村电商“赶街”模式引领发展。以建设“农村村级服务站点”为载体，首创农村电商“赶街”模式，搭建消费品下乡和农产品进城的双向物流体系，帮助农民解决买难、卖难问题，成为全国农村电商十大模式之一。累计实现农村电子商务销售额 223.9 亿元，同比增长 33%；其中，农特产品网上销售额 118.3 亿元，同比增长 28%。

（作者系西北农林科技大学风景园林艺术学院博士）

从“林长之制”到“森林之治”

——咸阳市以构建林长制“五大体系”实现“林长治”

赵强社　张兴民

近年来，咸阳市深入贯彻落实习近平生态文明思想和习近平总书记来陕考察重要讲话重要指示精神，切实践行“绿水青山就是金山银山”理念，紧扣“创新发展、绿色发展”主题，全面构建林长制“五大体系”，以“林长制”推动“林长治”，加快推进生态治理体系和治理能力现代化，推动和保障全市林业高质量发展。2020年底，全市森林覆盖率达到38.81%，林业产业产值达到170.06亿元，较“十二五”末分别提升2.86和23.77个百分点，全市省级森林县城达到3个、省级绿化模范县城1个。2021年，咸阳在全省率先启动了林业碳汇交易试点，创新探索生态产品价值实现新路径，加快实现“生态美、产业兴、百姓富”的发展目标。2021年5月，咸阳市国家森林城市创建工作顺利通过国家综合评定。2021年6月9日至11日，全国关注森林活动工作交流座谈会在咸阳市成功召开。

一、构建林长组织体系

在2018年，咸阳市就率先在全省试点推行林长制，选定森林资源丰富的旬邑县探索推行，并相继在淳化、彬州、长武3县市成功推开，为全省林长制推行探索了试点经验。2021年2月，按照中共中央办公厅、国务院办公厅印发的《关于全面推行林长制的意见》部署要求，咸阳市委、市政府早动员、早部署、早落实，在全市范围内全面推行林长制，在全省率先实现了市、县、镇、村四级林长制全覆盖。为确保林长制推深做实，咸阳市坚持高位推动，市级总林长由市委书记、市长担任，市委10名常委、市政府1名分管副市长分别担任市级林长，并实行市级林长包抓县市区和国有林场工作责任制，划定市级林长责任区域。全市共设立林长3 745个，其中市级林长13个，县级林长226个，镇级林长605个，村级林长2 901个，建立起以党政领导为总林长、林长，相关职能部门为成员单位的林长制组织领导架构，形成了属地负责、党政同责、部门协同、全域覆盖、源头治理的林长制组织体系。通过林长制推行，各级党政领导职责明责、履职尽责，兴林护林积极性充分调动，实现了从“要我干”到“我要干”的根本转变。

二、构建源头管理体系

林长制推行以来，咸阳市实行“四级林长＋网格护林员”森林资源保护管理工作机制，各级林长定期巡林、网格护林员常态化护林，将森林资源监管重心向源头延伸，持续加强人员、物资、技术保障，不断织密林区巡护网。全市建立起192支2 288人的森林消防专业和半专业队伍，落实了3 620名基层护林员，划定了全覆盖、网格化的森林资源管护责任区，常态化开展巡查巡护和先期火情处置等，并严格实行基层护林队伍监督检查和考核问责机制，真正实现“山有人管、树有人护、责有人担”。同时，不断强化技术和物资保障，提升物防技防水平。近两年，咸阳组织开展各类森林防火、行政执法演练和培训36场次，更新防火物资35万台件，为各县（市、区）配备森林防火侦查无人机13架，投资3 021.5万元建设完成了北部地区重点火险区综合治理项目，实现了北部重点林区森林防火智能监控系统全覆盖，重点林区火情监测覆盖率达95%以上。咸阳市多年未发生大的森林火灾和森林资源破坏案件。

三、构建制度保障体系

为推动林长制从制度设计真正走向操作实践，防范“冠名制”、落实“责任制”，咸阳市着力强化林长制配套制度建设，以制度保障林长制落地落实。先后制定下发了《咸阳市林长制市级会议制度》《咸阳市林长巡林制度》《咸阳市林长制办公室议事规则》《咸阳市林长制部门协作制度》《咸阳市林长制工作督查制度》《咸阳市林长制信息公开制度》《咸阳市林长制市级考核制度》等7项工作制度，建立起系统完善的林长工作制度体系，并认真贯彻执行，成为推动林长制落地见效的重要保障。2021年，全市各级认真贯彻落实林长制各项配套制度，各级林长切实履行职责，实现了全面推行林长制的良好开局。10月11日，市委书记、市级总林长主持召开了咸阳市第一次市级林长会议，安排部署林长制重点工作任务，对市县两级林长履行职责进行深入思想动员。市级各林长纷纷下到各自责任区，督导工作，解决问题。至10月底，市县两级林长巡林累计263次，解决森林资源“一张图”变更、林业碳汇检测计量、防火物资购置配备等问题65件。市县总林长以签发总林长令的方式，相继对森林防火、重大林业有害生物监测防控等重点工作进行部署和要求，林业重点工作安排部署的权威性得到进一步提升。全市各级林长办公室充分发挥同级林长的参谋、助手作用，结合实际，制定了巡林手册、森林资源清单、巡林问题整改督办单等，协调和督促林长制成员单位履职尽责，为林长履行职责畅通渠道、提供载体。

四、构建保护协作体系

为确保林长制运行畅通，咸阳市创新建立“林长＋法院院长、检察长、公安局长”为主的“林长＋”模式，推动依法治林管林。市林长办与市中级人民法院、市检察院、市公安局联合印发了《咸阳市森林资源保护管理“四长”协作机制实施办法》，为全省首个建立“四长”协作机制的地市。《实施办法》对“四长”在森林资源保护管理中的工作职责进行明确，建立了联席会议、联动办案、联合督查、联合宣传、联防职务犯罪等5个方面的协同工作机制。协作机制规定了“四长”履行领导、组织、协调辖区内的森林生态资源保护管理和执法监督责任的共同职责。明确林长要负责推动本责任区各级林长职责的全面落实；法院院长要依法审理破坏森林资源案件、涉林公益诉讼和涉林生态环境损害赔偿诉讼案件；检察长要强化林业行政执法与检察司法衔接，对公安机关提请检察机关批准逮捕、移送审查起诉的涉林犯罪案件，建立绿色通道，加强刑事立案、侦查和审判活动的监督；公安局局长要加大对涉林违法犯罪案件的查处力度，落实“一林一警”制度，强化公安民警对涉林违法犯罪的执法监管。“四长”协作机制为及时依法打击涉林违法犯罪行为，守住生态红线提供了坚实的法治保障。

五、构建考核责任体系

咸阳市将督查考核作为林长制落实的关键保障，用好考核这根“指挥棒”，通过建立全面的督导考核和问责体系推进林长制工作落实落细。市委、市政府将林长制工作纳入年度目标责任制范围进行严格考核。同时，为确保林长制考核问责准确且具有可操作性，咸阳市出台了《咸阳市林长制工作目标管理考核细则》，对县镇两级，重点从林长制体系制度建设、“五绿”（增绿、护绿、管绿、用绿、活绿）目标推进落实、舆论氛围营造3大类28个方面进行指标细化、合理赋分，对林长制工作相关成员单位，重点从组织保障、部门履职、重点任务完成、日常工作配合等4个方面进行科学评价。考核结果纳入各县市区高质量发展、生态文明建设、乡村振兴战略等考核评价内容，作为对党政领导干部考核、奖惩和使用的重要参考。对成绩突出的林长及责任单位进行通报表扬，对工作不力、失职渎职造成严重后果的，依照有关规定严肃追责问责，真正做到“工作有目标、考核有指标、结果有运用、奖罚能兑现”。通过实施林长制，初步解决了林业外部供给不足的“五化”问题。一是各级林长的兴林护绿意识显著增强，解决了理念淡化的问题；二是各级党政领导责任压得更实，解决了职责虚化的问题；三是部门联动优势有效发挥，解决了权能碎化的问题；四是分区分类施策更加精准，解决了举措泛化的问题；五是林业的综合效益充分彰显，解决了功能弱化的问题。

（作者系陕西省咸阳市林业局党组书记、局长；旬邑县石门国有生态林场场长）

乡村振兴背景下破解农村人才困境的出路

王中迪　牛余凤

十年树木，百年树人。乡村人才振兴绝非一日之功，现实而紧迫的选择是，基于人才振兴的困境产生的原因，从宏观层面、中观层面、微观层面合力构建和完善有利于乡村振兴的人才支撑体系。

一、宏观层面：协同“外部吸引”“内部培育”两大举措同向同行

（一）大力吸引外部人才下乡创业

根据城乡一体化发展和区域协调发展的要求，乡村要振兴，需要城市反哺农村、工业反哺农业，其中，城市各行各业的精英下乡支持乡村振兴是重要的反哺途径之一。

第一，结合当地优势和特色经济产业谋划、开发一批乡村振兴项目，吸引支持企业家、党政干部、专家学者、医生、教师等各行各业的专业技术人才，通过下乡包村包项、投资兴业、基层挂职、学术调研、服务志愿等方式投身于乡村建设、振兴乡村事业。

第二，政府加强对外来投资创业人员的服务和支持，深化行政审批制度改革，加大资金、项目、技术、信息资源的投入，严格落实住房、医疗、教育、配偶就业、政务服务等各项优惠政策，帮助解决人才引进过程中的各种具体问题，让在外的各类人才想来、愿意来、真心来，彻底解除他们的后顾之忧。

第三，人才引进要有所选择和侧重，要根据农村产业发展现状，力

争把一批科技含量高、投资规模大、有影响力的外来人才企业引回，以“龙头”企业带动当地经济发展，为农村经济发展培植新的增长点。

（二）高度重视农村本土人才培育

要重视发挥本土人才的作用，激发本土人才投身家乡建设事业的激情和热情。第一，加强和搞好农村职业教育培训，改革现行农村教育体制，兴办与农村经济紧密联系的职业教育学校，针对当地存在的问题，邀请三农专家教授、“土专家”和“田秀才”现身说法，到田间地头开展技术指导，激发农民学科技、用科技的积极性。第二，充分发挥乡贤的亲缘、人缘、地缘优势，积极引导乡贤参与乡村治理，大力挖掘乡村各类能工巧匠、传统技艺传承人，把乡贤的智慧和力量汇聚成乡村振兴的强劲动力。第三，培育发展一批有志向投身乡村创业的新型职业农民，政府根据实际需要和不同培育目标，重点强化生产经营型、专业技术型、社会服务型等不同类型农业人才的培育，进一步优化新型职业农民人才队伍。第四，各级党委和组织部门要切实加强农村基层干部队伍建设，让农村基层干部经风雨、见世面，培养与农民的感情，在实践锻炼中积累经验、增长才干，努力当好乡村振兴的引导者、推动者和护航者，为乡村振兴提供强有力的组织保障。

二、中观层面：构建人才振兴的三大机制

（一）建立人才返乡、下乡分类激励机制

要使农村更多地汇聚人才力量，应采取积极有效的激励措施来增强农村的吸引力，激发不同社会主体投身农村的内驱力，推动各类人才到农村就业和创业。除了支持市场主体下乡投资兴业外，应制定并实施规定性、激励性、考核性等相关政策积极，有效地鼓励专业人才、政党人才下乡服务，把企事业单位专业人才下乡服务，以及与其发展息息相关的职称评定、工资津贴、社会保障等福利挂钩，支持离岗创业、兼职兼薪；对于党政干部、公职人员下乡任职，要与干部交流、职务晋升、工资套改、体检休假等挂钩，尤其注重提拔在基层一线和困难艰苦的基层锻炼成长的干部。当返乡、下乡与自身切身利益息息相关时，社会各界人才投身农村建设的激情和热情也会被充分调动起来。

（二）构建城乡区域人口对接服务机制

更好地发挥政策激励作用，还需要借鉴区域对口扶贫经验，构建起城乡之间、区域之间的人才对口服务机制。首先，进一步深化户籍制度改革，加快剥离依附在户籍上的福利，建立一个让专业技术人员可以在城乡之间自由流动的体制，为人才流动提供更为便利的条件，吸引更多大学毕业生、在城镇务工与经商的农村居民返乡就业和创业。其次，加强政策引导，推进城乡基本公共服务制度的有效衔接和协调发展，确保城乡居民权利的合理实现、资源的合理分配和要素的顺畅流转，为城乡人才双向流动提供制度支撑。再次，农村要加强人才引进相关保障制度建设，包括参与自治、住房使用、土地流转经营及相关公共服务权益的制度安排，为外招人才快速适应和投入农村发展建设做好充足的准备工作。

（三）创新农村实用人才队伍培养机制

加强有利于农村可持续发展的专业技术人才队伍建设，是实施乡村振兴战略的迫切需要，也是农业现代化的必然要求。为此，需要进一步优化中央政府、地方政府和农民个人共同分担的多元化投入机制。地方政府应针对产业和区域发展需求，以提升农村人力资本水平为目标，坚持以市场为导向，以就业为目标，加快调整人才培养结构，创新教育培训方式，支持农民专业合作社、专业技术协会、龙头企业等参与和承担培训职业农民的任务。对参加培训的农民以及培训机构予以奖励或补贴，调动农民和培训机构参与培训的积极性。通过有针对性的培训，培育符合现代化需求的新型职业农民、新型农业经营主体，为乡村振兴战略的实施注入新的活力。

三、微观层面：打造人才振兴的四大保障平台

（一）发展农村特色产业

通过区域农业产业的品牌化发展吸引人才、使用人才，重点扶持乡村特色产业发展，实施“一县一品”“一县一产”等农业产业品牌创建工程，经营打造区域特色农业、品牌农业。农村可以借助本地特色农产品品牌产业优势，打造产业“磁场”，建立农产品发展研究交流中心、专家工作站和示范基地等平台，发挥产业人才对行业相关政策、产业布局、科技发展

的前瞻性与预见性作用，在发展乡村特色产业中找准价值定位，投入到特色产业生产、加工、销售等各个环节，延伸与做长产业链，形成特色产业品牌体系，在进一步推动特色产业升级的同时，将自身人力资本转化为企业效益和未来发展动力。

（二）搭建产学研合作平台

《国家中长期科学和技术发展规划纲要》明确指出："必须在大幅度提高企业自身技术创新能力的同时，建立科研院所与高等院校积极围绕企业技术创新需求服务、产学研多种形式结合的新机制。"满足农村区域发展重大需求和解决关键技术问题，应积极鼓励地方政府、企业与高校科研院所深化产学研合作，整合涉农高校、科研院所的创新资源，鼓励和支持返乡、下乡创业人员建立农业科技型企业。地方政府在引导人、财、物等各类创业要素向农业科技型企业集聚，有倾向性地重点支持农业企业研究院、企业研发中心、技术创新联盟、工程技术研究中心等各类产学研合作平台；鼓励有条件的高校针对农村发展需求提供各类咨询服务，加强高校、企业与农村人才联合培养，坚持企业牵头、高校和科研院所参与，共同推进星创天地、农业高科技园区等载体建设。

（三）强化乡村金融支持

融资难是农村人才振兴的一大瓶颈。"对比新农村建设，乡村振兴是更加全面和系统的建设和现代化过程，目的不仅包括实现农业现代化，也包括农村现代化，农村现代化必然包括县城以下乡镇的城镇化建设和新农村建设，特别是对基础设施要求较高，乡村振兴的投资强度至少是新农村建设的 2 倍。"地方政府需要通过改革财政投入方式，以"拨改投""拨改贷""拨改保"等方式加强乡村金融支持，联合金融机构设立创业投资服务中心，不断完善对科技支行、担保公司、贷款科技企业的利息补贴、担保费补贴、贷款贴息和风险补偿机制；积极探索融资多样化模式，利用社会资本建立创业扶持基金，降低融资成本，建立企业投入为主、各类科技融资机构担保为辅的多元化、多层次、多渠道的科技融资体系。

（四）推进乡村公共基础设施有效供给

"公共基础设施，尤其农村地区公共基础设施的投资，对于缩小城乡差距，促进农村地区经济发展，提高整体社会效益具有重要的意义。"农村人才振兴不仅要“引进来”，还要“留下来”。首先，加强乡村公共基础设施建设的资金投入和政策倾斜，在以往年度投资规模的基础上，尽快使农村公共基础设施投资量达到最优水平，为农村经济发展提供有力的后备支撑。其次，政府在有关公共基础设施的供给方面要多进行实地走访，要深入基层、深入群众，加强与群众的沟通交流，充分听取农民的有关建议和利益诉求，最终做到供给与现实需求相匹配。再次，政府部门在公共基础设施投资方面要均衡分配，有效利用现有资金，提高对公共基础设施质量和数量的重视度，保证交通、通讯、网络、住房、医疗、卫生、教育、文化等领域都能得到协调发展，解决人才发展的后顾之忧。

总而言之，在全面建成小康社会收官之年，农村仍是最大的短板，而补齐农村这一短板的制胜法宝之一就是注重人才建设。我们必须在坚持党管人才原则的基础上，营造全社会关心、关爱人才的良好氛围，打造人才发展的宽广舞台，最大限度地把各方面的优秀人才集聚到乡村振兴大业中来。

（王中迪系山东农业大学马克思主义学院研究生；牛余凤系山东农业大学马克思主义学院教授，硕士研究生导师）

新乡贤的“四新”特点

徐学庆

中国特色社会主义社会是新乡贤产生发展的根本基础。与传统乡贤相比，新乡贤具有与以往任何历史时期的乡贤都不同的新特点。

一、新的时代背景

无论何时，乡贤的产生都离不开具体的时代，无论是传统乡贤还是新乡贤都是一定历史条件下的产物，无不与特定的社会环境相联系，无不打上了时代的烙印。传统乡贤产生和发展于自给自足的小农经济社会，封建土地所有制是传统乡贤赖以生存的经济基础，封建社会的家族本位和伦理本位是传统乡贤的根本文化认同，以父系血缘和亲缘关系为基本纽带、以家族或宗族为基本认同单元的乡村自治组织是传统乡贤的社会根基。因此，在封建社会，传统乡贤往往是封建地主阶级在乡村的代言人，他们虽对乡村社会发展发挥重要作用，但不可避免地有其历史局限性。孕育新乡贤的根本制度基础是中国特色社会主义经济、政治和文化制度。新乡贤身上不仅凝聚着中华传统文化的美德，还展现着社会主义核心价值观的时代面貌，更体现着建设社会主义现代化国家的时代追求，具有显著的时代进步性。

二、新的人员构成

传统乡贤是在宗族制、贵族制、察举制、科举制等封建制度背景下产生的，大多是由科举及第未仕或落第士子、当地较有文化的中小地主、退休回乡或长期赋闲居乡养病的中小官吏、宗族元老等一批在乡村社会有影响的人物构成。显然，传统乡贤的构成主体主要局限于封建地主阶级，来源渠道比较单一，数量不多。在“皇权不下县，县下皆自治”的传统乡村治理模式背景下，传统乡贤居于乡村，似官非官、似民非民，享有地方政府默许的一些特权，拥有一定的政治、经济和文化资源，对乡村社会具有隐形而重要的影响力，是乡村宗族社会重要的自治领导力量。产生于中国特色社会主义制度背景下的新乡贤在人员构成方面完全不同于传统乡贤，其来源范围更加广泛，表现出鲜明的社会主义制度特色和时代特点。

一是身份广泛性。与传统乡贤强调家族背景、地位等级不同，新乡贤来源于最广泛的人民群众，是一个开放的群体，大众化、群众性特征非常明显。只要有德行、有才学、有贡献、口碑好、威望高，就能成为新乡贤。

二是职业多元化。与传统乡贤的身份多局限于拥有科举功名的士人不同，新乡贤已扩展到各行各业，只要是德才兼备、对家乡建设作出贡献的人，都可以成为新乡贤。

三是理念现代化。人的思想观念总是随着时代的发展而发展的。新乡贤一方面同传统乡贤一样接受中华优秀传统文化的熏陶，另一方面深受现代文明尤其是社会主义先进文化的洗礼，是中国特色社会主义伟大事业的积极拥护者和社会主义核心价值观的坚定践行者。

三、新的地域属性

乡贤，顾名思义，就是乡里的贤人，具有明显的地域色彩，“乡”是“贤”的“籍贯”，表明其在乡村的经济基础、社会根基和文化认同。无论传统乡贤还是新乡贤，他们发挥作用的场域都是具有一定范围界限的乡村，是某一特定乡村的社会贤达，其影响力有着一定的地域范围界限。对于传统乡贤而言，尤为强调“乡”的籍贯性和居住地属性，只要该区域内的乡贤离开他土生土长的地方，就难以产生影响地方民众的权威。随着城镇化的快速发展，“乡土中国”逐渐转变为“城镇中国”，连接“乡—土—人”的纽带逐渐松散，“出现人离开土、乡离开土或人离开乡的现象”，乡贤居住空间离土化特点非常显著。有鉴于此，学者们将新乡贤划分为两类。一是“在土乡贤”，即“在场”的乡贤，指具有一定文化基础、人品较好、威望较高、扎根乡土发展事业的乡贤。二是“离土乡贤”，即“不在场”的乡贤，指那些虽然不定居农村但生于农村、依然热爱农村的各行各业精英。还有学者干脆回避新乡贤的地域性，认为不论“在土”“离土”，一切愿意为乡村振兴贡献自己力量、积极投身乡村治理和乡村建设的人都是新乡贤。相较于传统乡贤，新乡贤虽有地域性特征，但已不拘泥于出身的地域。新乡贤之“乡”超出了籍贯的局限，具有更为广泛的空间范围，可以指生于此地、长于此地或从外地到此地工作生活的人，也包括那些虽外出发展但仍与家乡保持着密切联系并为家乡贡献力量的人。在新时代的语境下，只要是与特定的乡村具有一定联系并被当地认可的贤达之士都可称为新乡贤。

四、新的权威来源

一般而言，传统乡贤是地方共同利益的重要代表，主要通过自身及家族势力发挥着维系乡村社会秩序平衡的作用并成为传统乡村社会的大家长和实际领导者。与传统乡贤基于封建社会的家族本位和伦理本位并依赖其所具有的功名及其为族人提供庇护的能力而具有权威不同，新乡贤主要在农村基层党组织的领导下依靠自身道德、文化、技能、资源等综合能力而获得村民的信任与地方政府的认可。新乡贤是人民群众的重要组成部分，是参与乡村治理的重要主体，主要在基层党组织领导下，通过乡贤理事会、乡贤工作室等载体发挥建设乡村的积极作用。

（作者系中共河南省委党校图书馆馆长、编审）

浙江开展“两进两回”行动的实践与启示

李宝值　张世云　黄河啸　章伟江　朱奇彪

为进一步统筹贯彻以城乡融合发展支持乡村振兴，以绿色发展引领乡村振兴的要求，浙江于2019年全面启动“科技、资金进乡村，青年、乡贤回农村”行动（以下简称“两进两回”行动），作为激活先进资源要素助力乡村振兴的新方案、提升农业农村绿色发展能力的新途径、促进“两山”有效转化的新动能。

一、“两进两回”的主要做法

根据《浙江省政府办公厅关于实施“两进两回”行动的意见》，将“两进两回”主要做法归纳总结如下：

（一）实施科技进乡村行动

一是建立产学研用协同创新机制。健全科研院所技术团队联系县（市、区）、乡镇（街道）和科技示范基地制度。推广“1个专家团队＋1个地方服务小组＋N个省级科技引领示范村（镇）”模式。全面推进“创新驱动乡村振兴科技行动计划”，落实农业重大技术协同推广计划试点项目70余项，累计创建高品质绿色科技示范基地350余个，省级农业科技园区40余家。

二是组织科技人才深入一线。创新公益性农技推广服务方式，组织“希望之光”服务乡村振兴、专家博士生科技服务团进乡村、农村实用技术对接、科普大讲堂等活动。支持科技人员以专利许可、转让和技术入股等方式转化科技成果，建立健全科研人员校企、院企共建双聘机制，实行股权分红等激励措施。选派各级科技特派员下基层，充分发挥团队、法人科技特派员的作用。2003年起，省、市、县三级共派遣个人科技特派员

1.56 万人次、法人科技特派员 25 家、团队科技特派员 354 个，累计推广新品种新技术 14 000 多项次。

三是深化农民职业培训。整合教育培训资源，完善省级层面上由浙江农林大学、浙江大学、浙江省农业科学院等组成的农民大学，市级层面上的农民学院，县级层面上职业中专、电大设立的“农民学校”，健全省市县和乡村实训基地四级农民培训体系。浙江省农业农村厅、浙江省农业科学院率先联合创建浙江农艺师学院，开展“专业导师＋创业导师＋导师团队”联合培养，实施“专业学习教育＋生产实践实训＋技术研发创新”的一体化培养模式。

（二）实施资金进乡村活动

一是加大财政支农力度。把农业农村作为财政优先保障领域，推动公共财政更大力度向三农倾斜，促使财政投入与乡村振兴的目标任务相适应。深入推进“大专项＋任务清单”改革，整合设立乡村振兴绩效提升奖补政策资金 100 亿元。制定《浙江省乡村振兴投资基金管理办法》，启动运作 100 亿元乡村振兴基金。土地增减挂节约指标交易收益优先用于乡村振兴。

二是拓宽金融支农渠道。大力发展普惠金融、绿色金融，加大乡村振兴领域信贷投放力度。浙江省政府先后与中国农业银行浙江省分公司等 3 家金融机构签订战略合作协议，签约授信额度 8 000 亿元，金融助力乡村振兴战略框架初步构建。以省农业信贷担保公司为龙头、涉农担保公司为支撑、村级互助担保组织为补充的农信担保体系不断完善，涉农担保在保余额超百亿元。

三是推动工商资本“上山下乡”。搭建政企合作、企民合作、产权交易、信息发布、投融资等平台，建立省市县三级乡村振兴项目储备库。推动工商资本以品牌嫁接、资本运作、产业延伸等形式与乡村企业实现联合。据不完全统计，工商企业参与浙江乡村振兴投资近千亿元。至 2019 年底，绍兴市“闲置农房激活”计划累计引进开发建设项目 2 276 个、社会资本 54.27 亿元。

（三）实施青年回村行动

一是支持青年回乡发展产业。支持返乡青年竞聘乡村振兴职业经理人，推动村庄经营和村级集体经济发展。完善“青创农场”培养体系，为入驻者提供项目管理、技术指导、品牌培育、渠道推广等定制化服务。推动创业担保贷款增量扩面，拓宽农村创业青年融资渠道。全面实施农创客培育计划和“3030”新农人项目。鼓励开展高校毕业生乡村创业创新活动。至2019年底，培育青年“农创客”2 800余名、省级示范性“青创农场”100家，12人被评为全国农村青年致富带头人。

二是鼓励青年回乡参与乡村振兴。实施“青春助力乡村振兴”专项行动，创建共青团助力乡村振兴重点村。广泛动员青年志愿者、青年突击队深入乡村开展植树种草、污染治理、水资源保护等生态环保实践，建设青年助力生态环保标杆村。推广中国美术学院“千村千生”做法，组织大学生回乡参与村庄规划设计、特色景观制作和人文风貌引导。组织青年法律、科技、科普、文艺等工作者利用文化礼堂等农村阵地，开展农业实用技术、政策法律等宣教活动。

（四）实施乡贤回农村行动

一是吸引乡贤回归。打好“乡愁牌”“亲情牌”，积极开展乡贤统战工作，吸引在外企业家、专家学者等新时代乡贤回乡返乡。广泛开展举乡贤、颂乡贤、学乡贤活动，因地制宜建设乡贤活动中心、乡贤之家、乡贤馆。丽水市乡贤各级组织成员达2.1万人，囊括党政军学商各界人士，涵盖党内党外、国内国外、各行各业，并建立了世界丽水人代表人士（乡贤）信息数据库。

二是规范乡贤组织。制定乡贤组织章程示范文本，规范乡贤组织成员认定条件，明确政治思想、专业成就、个人品德、社会影响等方面评价标准。规范乡贤组织管理、运行，健全工作规则、管理制度和保障机制。上虞市已设立9个研究中心，组建20个乡镇街道乡贤参事会、228个村级乡贤参事会。

三是发挥乡贤作用。聚焦乡村振兴重点领域，建立乡贤回归投资重大项目库，开展招商引资、招才引智活动。支持乡贤公益机构建设，鼓励乡贤参与基层慈善组织，组织公益活动，开展扶贫济困。引导乡贤在村党组织领导下，依法依规参与民主协商和乡村治理。据不完全统计，丽水市乡贤回归或乡贤发动朋友圈引进项目300多个，投资总额达291亿元，乡贤帮助调解矛盾纠纷、信访案件 1 766 个。

二、“两进两回”的基本经验

（一）妥善处理了整体与重点的关系

助力乡村振兴的要素供给是一项涉及多部门、多资源、多领域、多渠道的复杂工程，既需要提高推进工作的系统性、整体性、协同性，又需要对改革进入深水区后的“硬骨头”攻坚克难。为此，浙江既以“两进两回”各单项的重要领域和关键环节为突破口而精准发力，又坚持“两进两回”的全面进步与协调发展，注重以“两进”促“两回”，以“两回”带“两进”，生动践行了“整体推进和重点突破相统一”。在整体推进方面，省政府办公厅正式印发了《关于实施“两进两回”行动的意见》（浙政办发〔2019〕53 号），对城乡要素配置向农村倾斜进行了综合集成式顶层设计，并构建了省农办、省农业农村厅负责总牵头，各有关单位积极配合的高效协同工作机制，显著增强了各项措施的关联性、耦合性、有效性。在重点突破方面，精确抓住了科技成果转化不活、进村资金渠道不宽、青年创业初期实力不强、乡贤回归载体不足等各类要素支持乡村振兴面临的主要矛盾，并根据不同要素属性和经济社会发展需要，采取了富有针对性的具体措施。

（二）妥善处理了政府与市场的关系

行政指令与市场机制是两种主要的要素配置方式，各有相对适用的优势领域。促进城乡要素配置向农村倾斜，既不能走计划经济的老路，也不能走改旗易帜的邪路。为此，浙江在实施“两进两回”过程中，坚持有为政府与有效市场相统一，有效破除了阻碍要素向农村流动的体制机制障碍，有力促进了先进要素更多地向乡村流动。在“有效市场”方面，坚持以完善产权制度和要素市场化配置为核心。通过支持科技人员以专利许可、转让和技术入股等方式转化科技成果等措施，完善支持乡村振兴的技术要素市场；通过推动工商资本以品牌嫁接、资本运作、产业延伸等形式与乡村企业实现联合，探索政策性保险和商业保险联动的农业混合保险机制，推进资本要素市场化配置向农村延伸；通过允许农村集体经济组织和乡村治理组织探索人才引入、人才使用、人才评价机制，优化面向乡村的劳动力市场化配置机制。在“有为政府”方面，坚持以完善扶持政策和公共资源配置为核心。通过持续深化“最多跑一次”改革、打造回乡入乡创业创新平台、落实优惠与保障政策、优化农村营商环境，既减少政府对乡村经济活动与资源配置的直接干预，又增强政府在乡村公共品供给等市场失灵领域中的积极作用。

（三）妥善处理了创新与守正的关系

在当今世界百年未有之大变局和中华民族伟大复兴战略全局的历史交汇上，强化乡村振兴的要素支撑，既需要与时俱进，根据客观形势变化进行理论创新、工作创新、政策创新、制度创新，也需要坚守正道，守牢中国特色社会主义制度不改变、农民利益不受损的底线。“两进两回”充分体现了两者的辩证统一。一方面，注重改革创新。通过支持“两进两回”人员依法以土地流转、入股、合作、租赁等形式，利用农村集体土地发展设施农业，探索了激活农村集体资产的新形式；通过引导“两进两回”人员有序参与闲置宅基地和闲置农房盘活利用，拓展了深化农村土地制度改革的新路径；通过推广农村承包土地经营权、林权、农业设施、农机具、活畜禽等抵押贷款和开展农房财产权抵押贷款，赋予了集体经济组织成员财产权利的新权能；通过引导乡贤在村党组织领导下，依法依规参与民主协商和乡村治理，构建了乡村治理的新体系；通过“保底收益＋”“按股分红＋”等形式维护农民利益，健全了小农户共享要素下乡红利的新机制。另一方面，注重风险防范。通过制定“两进两回”负面清单，有效防范了要素入乡时侵犯农民合法权益、侵害农村集体产权、非法改变土地用途、破坏农业综合生产能力。同时，严禁利用农村宅基地违法建设别墅大院和私人会馆，坚持农地农用、防止非农化。

（四）妥善处理了生态与经济的关系

坚持生态保护与经济发展相统一，是走中国特色社会主义乡村振兴之路的鲜明特征与内在要求，“两山”理念对此作出了深刻阐述与战略指引。作为“两山”理念的积极践行，“两进两回”通过引入科技、人才、资金等要素，为“绿水青山”增美、“金山银山”增重创造了有利条件。一方面，为生态保护注入新动能。通过推进绿色生态技术示范应用，突破适合农村的绿色建材、宜居住宅、清洁能源、污染防治与生态修复等方面关键技术，为农业农村绿色发展插上科技翅膀。通过广泛动员青年志愿者、大学生、青年突击队深入乡村开展植树种草、污染治理、水资源保护等生态环保实践，强化维护绿水青山的人才支撑。另一方面，为绿色经济注入新动能。在规定“两进两回”项目不得发展高耗能重污染产业的基础上，大力发展绿色金融，注重发挥绿色生态考核在信贷发放等金融支持中的前置性地位和决定性作用，引导更多资金流向乡村绿色经济，促进了乡村传统产业的绿色化转型升级和新兴绿色产业发展。

三、强化乡村振兴要素支撑的主要启示

（一）为成果转化增添持久活力

一是放活人员。赋予科研人员科技成果所有权，强化以知识产权明晰为基础、以知识价值为导向的分配政策，鼓励其围绕农业投入品减施增效、绿色防控、废弃物资源化利用等农业绿色发展领域突破创新。支持科研和农技人员到乡村兼职或离岗创业，维护其职业发展与社会保障等方面权益，并允许通过提供增值服务获取合理报酬。

二是激活服务。搭建科技成果转化平台，完善技术产权交易等功能，建立多层次转化媒介服务体系。加强“星创天地”等载体的科技示范、资源对接、创业孵化等一站式服务。

三是用活成果。建立健全以绿色生态为导向的科技创新推广体系，推进绿色生态技术示范应用。提升乡村生态保护信息化水平，加强开发与应用农村环境综合整治技术，倡导乡村绿色生活方式。加强农村网络文化阵地建设与文化引导，推进乡村优秀文化资源数字化。完善农村基层党建信息平台建设，构建乡村数字治理新体系。

（二）为三路进财增设顺畅通道

一是坚持财政优先投入。进一步提高土地出让收入用于农业农村的投入比例。落实高标准农田建设等新增耕地指标和城乡建设用地增减挂钩节余指标调剂政策，将所得收益通过支出预算优先用于乡村振兴。健全绿色发展财政奖补机制，探索政府采购生态产品试点。

二是创新乡村金融服务。允许权属清晰的农村承包土地经营权、农业

设施、农机具等依法抵押贷款。加快农业保险从基本风险保障向产量保险、收入保险、价格保险和指数保险等转变。完善绿色信贷体系，加快创新三农绿色金融产品和服务。

三是引导工商资本入乡。鼓励工商资本到乡村投资兴办适合规模化且受益面广的产业，参与创办混合制医院、教育、养老机构等农村公共服务设施（机构），投向生态保护与修复、资源高效利用和乡村环境整治等领域。对于列入省级上市后备资源库的涉农工商资本，在发行债券、并购重组和股权融资等方面给予重点支持。

（三）为双创新锐增厚成长沃土

一是强化优惠激励。支持青年回乡创业创新，优先扶持走产出高效、产品安全、资源节约、环境友好发展道路的人员与项目。鼓励青年人才回乡参与村庄规划、人文引领、环保实践、培训宣教等活动。将符合条件的回乡青年创业项目纳入小微企业发展政策范畴。支持地方发展一批回乡青年创业孵化基地，提供地租减免、免费创业见习、基本报酬补助、小额贷款利息减免等优惠政策。

二是优化创业环境。降低回乡青年创业门槛，减少创业投资项目前置审批。继续深化和扩大电子商务进农村综合示范县工作，加强农村互联网线上线下基础设施建设。

三是增强服务保障。为回乡青年及其家庭提供更完备的社保、住房、教育、医疗等公共服务。加强回乡青年创业失败的兜底保障和社会救助。

（四）为乡情反哺增配实践载体

一是完善服务载体。全面开展乡贤资源摸底工作，建立动态数据库。加强线上线下沟通对接与即时服务，办好项目推介会、政策说明会、乡贤家乡行等活动。通过榜馆建设、报告宣讲、文献出版等形式广泛宣传乡贤文化。

二是健全组织载体。以乡贤组织建设为抓手，构建县、乡镇（街道）、村（社区）三级联动推进的乡贤统战工作格局。制定乡贤组织章程示范文本，规范乡贤组织的成员认定办法与评价标准，健全组织的工作规则、运行机制和管理制度。

三是创新引领载体。鼓励乡贤担任“名誉村长”“乡村振兴合伙人”

探索建立“村两委+乡贤”乡村治理议事制度和乡贤征询制度，支持乡贤帮助化解基层矛盾，为乡村绿色发展等重大事项建言献策。

（李宝值、黄河啸、章伟江、朱奇彪系浙江省农业科学院农村发展研究所研究员；张世云系浙江省社会科学院发展战略和公共政策研究院教授）

组织振兴

乡村振兴战略下农村基层党组织的角色定位

王向志　王科科

社会角色是在社会关系中确立的。农村基层党组织全面领导农村工作，在农村工作中扮演着不可或缺的角色，发挥着表率作用，同时随着时代条件的变化，角色也会有所变化。随着乡村振兴战略的不断推进与发展，农村基层党组织作为党的一线组织，在全面实现乡村振兴中发挥着无可替代的作用。乡村振兴战略下农村基层党组织要按照社会主义美好乡村建设的基本要求，在复杂的农村社会关系中明确自身的角色定位，扮演好自身角色，更好地为农村全面振兴服务，促使农村繁荣稳定发展。

一、政治领导者

农村基层党组织是党在农村的执政基础，要做好政治领导者，发挥应有的关键作用。农村基层党组织在农村工作中要牢牢把握好乡村振兴的政治方向，为农村的发展建设打下坚实的政治基础。《中国共产党农村基层组织工作条例》明确规定农村基层党组织全面领导农村各项工作，领导基层治理。农村基层党组织在治理工作中的领导核心作用只有在具体实践中才能体现出来。现实中，处于农村复杂环境中的农民要想成为治理的真正主体，就需要基层党组织的政治引领。农村基层党组织要加大对农民群众的政治宣传力度，通过思想宣传逐步提升农民群众的政治素养，村民自治才能最终实现有序化状态，才有利于党的各项政策和方针在基层落实。新时代农村治理主体呈现出多元化状态，这些各式各样的组织都有着不同的作用。这些组织无论是设置上还是行动上都必须服从和接受农村基层党组织的领导，紧密地团结在村党组织周围，坚持正确的政治方向。总之，农村基层党组织要坚持党的宗旨，加大政治宣传力度，做到凝聚动员农民群众，领导各类组织，为实现乡村振兴战略提供政治保障和思想基础。

二、经济推进者

发展农村经济是全面振兴农村的重要根基，是推进农村现代化的重要前提。农村基层党组织必须牢牢抓住机遇，带领农民，加快产业发展，推进农村经济稳定发展。农村基层党组织要不断激发农村经济发展活力，为振兴农村经济创造条件，实现农民富裕。现实中有部分党组织成员对农村经济建设不重视，缺乏市场意识，致使农村经济发展工作处于停滞不前的状态。因此，农村基层党组织要做好农村经济发展的推进工作，坚守自身作为党员的操守，时刻以农民群众的利益为先，积极推进农村经济发展。一方面，作为一个推进者，让村委会的经济发展方式和业务都在法律许可的范围之内，保证依法发展经济。另一方面，要注意发挥优秀党员的模范示范作用，带头致富，激发农民群众的发展经济热情。同时，还要进一步培育创业带头人，抓好返乡、入乡、在乡的创业主体，搭建平台，推动农村经济发展，为乡村振兴提供重要动能。

三、矛盾化解者

矛盾是促进事物向前发展的动力，我们要学会分析矛盾，化解矛盾，从而指导我们的实践。从总体上看，农村一直是各种矛盾和冲突的交汇点，如何化解农村社会中的各类矛盾，是农村基层治理的一个难点。当前，我国农村各种矛盾不断显现出来，有些矛盾尚未得到有效合理的解决，有些矛盾甚至还在持续激化之中，究其原因，主要就是以前化解基层矛盾的体制机制不健全，很多处理方式方法不得当。新时代背景下，农村基层党组织要善于发现矛盾，及时化解新出现的矛盾，在实施乡村振兴战略的过程中扮演好矛盾协调者的角色，使农村各种矛盾能够解决在基层。首先，要建立和谐的党群关系。和谐党群关系是指党和人民群众的关系处于和睦、协调的良好状态。当前，农村基层党组织与农民群众的关系总体上是和谐的，但也存在部分农村基层党组织脱离群众的问题，导致党群关系不融洽，尤其在处理涉及利益引起的矛盾时很容易发展成紧张党群关系的导火索。其次，要化解好“两委”矛盾。村民自治不断完善，村民自主性提高，村委会在农村工作中的地位日益提高，使得党支部与村委会的关系出现矛盾。这种矛盾通过“一肩挑”已有所缓和，但“两委”之间仍然存在不协调问题。因此，农村基层党组织要扮演好矛盾协调者角色，解决好乡村振兴过程中出现的新问题、新矛盾，为乡村振兴打造稳定和谐的社会环境。

四、力量整合者

农村基层党组织是农村各类组织和工作的领导核心。随着村民民主权利的进步和社会矛盾的变化，农村治理格局和利益关系也发生了变化，这对农村基层党组织工作提出了更高要求。基于新时代开放、多元的社会和广大群众需求的日益丰富，为协调各方利益，避免冲突，各类组织开始参与到农村治理工作中。但是，目前农村中的社会组织仍存在着培育及发展定位不清、动力不足、限制太多等问题，严重影响社会组织作用的积极发挥。而且，农村基层党组织对社会组织的认识有待提高，尚未充分认识到社会组织是推动农村经济发展、构建和谐农村的重要力量，忽视了它们的作用。为此，农村基层党组织要主动加强与其他组织之间的联系，切实整合治理力量。一方面，要激发包括基层政府在内的机关、基层农民群众等治理主体的参与积极性，完善社会组织建设，提高治理契合力，建立基层多元主体的协同治理体系。另一方面，要将各类社会组织调动起来，使他们立足于基层，获得充分的发展机会。农村基层党组织只有充分发挥主动性，做到动员农民群众，统一领导各类组织，整合治理力量，才能形成推动乡村振兴的合力。

（王向志系南华大学副教授，硕士生导师；王科科系南华大学马克思主义学院硕士研究生）

农村集体经济组织发展集体经济的四种类型

余　葵

农村集体经济组织是农村集体资产管理的主体，如何发挥其功能作用，促进集体资产保值增值，引领农民实现共同富裕，是实施乡村振兴战略的重要任务。

一、农村集体经济组织自主经营简单的物业和资源经济

农村集体经济组织是特殊的经济组织。2015 年以来，按照中央部署，由点及面推开了农村集体产权制度改革，全国共建立 53 万多个农村集体经济组织，并到县级农业农村部门领取了《农村集体经济组织登记证书》，获得全国统一社会信用代码，规范名称为经济合作社或股份经济合作社。这些农村集体经济组织作为特别法人，有资产、有法定代表人、有业务范围，可以到银行开立账户，具备了市场主体从事经营活动的基本元素。比如：浙江省花园村，在农村集体产权制度改革中，共确认集体成员 8 581 人，土地资源 6 148 亩，集体资产总额 24.7 亿元，其中 87.5%为标准厂房、物流园、游乐园、农贸市场、老年公寓等固定资产，成立花园村股份经济合作社，在农业农村部门办理登记赋码。花园村集体经营的内容和形式比较单一，主要是将厂房等物业和一些建设用地使用权出租给花园集团及 60 多个子公司（全部是民营企业），收取租金。2020 年集体收入达 2 亿多元，集体成员可享受购房优惠、学杂费全免、免费体检等 31 项福利。花园村股份经济合作社的经营方式具有普遍代表性，也就是拥有农村土地资源的农村集体经济组织当“地主”，搞物业经济和地租经济，能发挥社区优势，操作简单、收益稳定、经营的市场风险较低，易于群众参与和监督。

二、农村集体经济组织出资创办工商企业

原国家工商总局1998年印发的《公司登记管理若干问题的规定》第十八条明确规定“农村中由集体经济组织履行集体经济管理职能的，由农村集体经济组织作为投资主体”。实践中，一些农村集体经济组织将部分集体资产对外投资成立工商企业，企业作为独立法人自主开展经营活动，年末按股权比例向集体上缴利润。比如：江苏省华西村，2020年6月开展农村集体产权制度改革，共清查核实集体资产139.05亿元，确认集体成员37 054人，成立14个股份经济合作社，均在农业农村部门办理登记赋码，领取登记证书。其中，华西新市村集体成员2 477人，资产总额138.5亿元，早在1987年就投资成立华西集团有限公司，注册资本金90亿元，是集体独资企业，经营范围包括房地产开发、厂房租赁、乡村旅游、软件开发等；股份经济合作社将29.5亿元经营性净资产折股量化，集体股占97.6%，成员股占2.39%，集体股收益主要用于覆盖整个大华西的社区公共服务。其他13个股份经济合作社资产总额5 500万元左右，主要是对外出租房屋建筑物，均将本村的经营性净资产折股量化，不设置集体股，只设成员股，各村成员股份权利对应其所在的集体。2020年华西村14个股份经济合作社收入高达7.98亿元，主要来源于华西集团的利润上交、投资分红，以及房屋租金收入等。华西村股份经济合作社在自主经营物业资产的同时，采取投资成立独资企业的方式，由专业人员经营管理，集体的收益为社区公共设施建设和公共服务提供了强大的经济支撑，也能有效缓解市场波动对集体经济组织本身的冲击。近年来，一些完成农村集体产权制度改革的村，在自有人才水平较低的情况下，也采取这种经营方式，由集体投资兴办全资旅游公司发展乡村旅游、民宿、康养等业态，或者创办农民合作社开展特色种植养殖、休闲农业等。

三、农村集体经济组织出资入股工商企业

在推进农村集体产权制度改革中，一些地方引导农村集体经济组织将集体积累资金、政府帮扶资金、房屋设备等固定资产入股工商企业，按股份享有收益分配；将土地等资源的经营权或使用权入股农业企业，按股份

享有保底分红和收益分红等。比如：安徽省小岗村，2016 年在农村集体产权制度改革中，确认集体成员 4 288 人，将设施大棚和“小岗村”品牌共计 3 026 万元折股量化到成员，成立小岗村股份经济合作社。为促进集体经济发展，股份经济合作社将经营性资产投入小岗村创新发展有限公司（2008 年成立，在工商机构登记），集体占股 49%、省财政专项扶持资金占股 51%，该公司经营范围包括乡村旅游、休闲农业、新农村建设，以及对外投资、融资等，收益主要用于集体经济发展、村内公益事业建设、成员分红等，5 年来累计实现利润 4 780 万元。截至 2020 年，股份经济合作社已连续 4 年向成员分红，人均 2 050 元。小岗村股份经济合作社将资产入股到工商企业，按照市场化经营，既可以提高集体资产运营效率，又可以解决集体带头人匮乏难题。近年来，在一些欠发达地区，如贵州、重庆、陕西、甘肃等地开展的农村“三变”改革中，许多村组也采取类似的入股方式发展农村集体经济。

四、村民委员会代行集体资产管理职能兴办工商企业

村民委员会投资办企业由来已久，有成功的案例，也有失败的教训。原国家工商总局《公司登记管理若干问题的规定》明确“没有集体经济组织，由村民委员会代行集体经济管理职能的，村民委员会可以作为投资主体投资设立公司。村民委员会投资设立公司，应当由村民委员会作出决议。”自 1984 年中央提出“鼓励集体和农民本着自愿互利的原则，将资金集中起来，联合兴办各种企业”之后，许多村民委员会兴办了村级集体企业，经过多年的发展，一些集体企业依然存在，有的规模还很大。比如：河南省南街村，1989 年由村委会投资 3 000 万元成立河南省中原工贸公司，经营范围包括方便食品研发、农副产品购销、机械设备租赁、建材销售等。1994 年中原工贸公司将全部资产投资成立河南省南街村集团。目前，南街村集团下属农产品加工和配套企业共计 26 家，2020 年总产值 25 亿元，实现利润 2.4 亿元。在农村集体产权制度改革中，南街村共清查核实集体资产 20.9 亿元，其中经营性资产 18.1 亿元、非经营性资产 2.8 亿元。该村没有开展成员身份确认、资产折股量化、建立农村集体经济组织等工作。村委会日常运转和村民福利全部依靠南街村集团，村民可以享有

住房、室内家具电器统一配备、水电气免费、看病统一报销，孩子从幼儿园到大学毕业学杂费全包等 14 项待遇。黑龙江省兴十四村与南街村类似，也没有成立农村集体经济组织，村委会日常运转和村民福利依靠富华集团总公司和华冠科技股份有限公司。对于这些村集体经济发展历史悠久、带头人凝聚力极强、集体资产数量庞大、集体所属企业股权结构复杂的村，农村集体产权制度改革更要稳慎推进，充分尊重农民群众的意愿和选择，引导和支持其根据本村实际健康发展。

（作者系农业农村部政策与改革司二级巡视员）

长治市振兴村：党建引领乡村振兴

牛扎根

振兴村位于山西省东南部上党区振兴小镇境内，总面积 12.6 平方千米，农业人口 2 309 人，职工 2 000 人，下设 1 个集团企业，5 个子公司，资产总额 30 亿元，年上缴国家税收超亿元，村集体收入 6 900 万元，村民人均收入 3 万元。先后荣获全国文明村镇、国家 4A 级景区、国家五星级企业园区、中国美丽休闲乡村、全国乡村旅游重点村、全国美丽乡村示范村、全国"一村一品"示范村镇、中国全面小康十大示范村镇、全国乡村治理示范村、全国农村创新创业孵化实训基地、全省创先争优优秀基层党组织等荣誉称号。

近年来，振兴村大力实施乡村振兴战略。在产业振兴上，打好乡村旅游这张牌；在人才振兴上，下好职业培训这步棋；在文化振兴上，走好基础教育这条路；在生态振兴上，唱好绿水青山这首歌；在组织振兴上，办好为民服务这件事。振兴村以党建引领，率先发展。蹚出了一条乡村振兴新路子。

一、在产业振兴上，以企带村、以工带农、以商带户，三带并举抓产业

振兴村过去是一个有名的"贫困村"。以前这里是山高石头多，出门就爬坡，老百姓祖祖辈辈面对"三大难"：一是上学难，孩子们在破庙里念书；二是吃水难，村里没有井，吃水要到两里外的山沟里去担；三是走路难，坑坑洼洼全是河沙滩。如何让群众过上好日子，是振兴村党支部一班人的重要抉择。经过多少个不眠之夜的论证探讨，达成了三大共识：一是以企带村建设新农村，二是以工带农壮大集体经济，三是以商带户发展乡村旅游。经过 30 年的艰苦创业，煤矿改制为煤业公司，公司壮大为集

团。2007年3月27日，振兴村举行了新农村建设开工奠基仪式。在振兴村带头人牛扎根同志的带领下，全村人投工投劳、夜以继日，新修4条街、9条路，35.53万米，改河16.5万米，迁坟397个，挖山填沟156万立方米，新建别墅式住宅和单元楼569套。2008年10月18日，全体村民正式乔迁新居。2010年7月，成立了长治县振兴鑫源农产品专业合作社，按照资源变资产、资金变股金、农民变股东的“三变”改革，共流转土地6 331亩，带动农户1 249户，使中药材种植、核桃经济林、油葵种植初具规模。仅用三年时间，村集体经济产值达到了2 000多万元，解决了村内及周边剩余劳动力1 000余人，村民人均收入达到了近万元，昔日的贫困村一跃成为上党区经济发展的示范村；由集团企业投资建设中药种植基地和设施农业，提高农业产业增加值；按照企业投资、农民入股的形式发展商贸物流，鼓励农民投身第三产业。从2015年以来，依托振兴集团先后投资8.5亿元，实施了新农村建设、新农业改造、新农民教育和乡村旅游。连续为五村千名老人重阳慰问，为西村、西火修路，公益事业累计投资达到1.56亿元。

（一）旅农相融，提升农业品质

为了农业能更好地服务于旅游发展，按照农业观光、农事体验、蔬果采摘、农艺博览等功能，采用“公司＋农业＋农户”的形式，统一规划、分片承包、自主经营。目前，已建设特色化农庄6处，规模化种植基地3处，农艺博览园3处，不仅丰富了种植内容，提升了农业品质，推动了旅游发展，而且充分调动了农民的参与性、积极性，拓宽了农民增收的渠道。推出了马刨泉矿泉水、上党振兴村酒、振兴村老陈醋、小杂粮、葵花油、核桃等产品，农产品已涵盖三大门类十余个品种，年产值达到2 000余万元。

（二）旅工结合，催热城乡建设

乡村旅游的发展，集聚了大量人流、信息流和资金流，使更多城市的目光开始关注乡村。借助这个平台，积极推进农产品加工制造业和小景点、酒庄、城镇住宅的开发建设。核心景区的秋千园、拓展训练基地、跑马场、民俗酒店全部由企业投资建设。同时，容纳160余家商户的上党印象商贸一条街全部营业。

（三）旅商互促，带动餐饮物流

为确保乡村旅游的乡村特色，丰富吃住游购娱的旅游产品体验。近年来，推出了吃农家菜、住农家屋、购农产品、体验农事活动等旅游项目，鼓励农民建设农家乐170余户，民俗酒店6处，民俗养生9处，容纳2 000人就餐的生态酒店1处，新建了太行乡村振兴人才学院，可容纳1 000人同时培训、住宿、就餐，所有餐饮住宿全部以纯绿色原生态的菜品制作为主，有效吸引了周边旅客，已成为振兴村一大主导产业。同时，开通了市区至振兴的公交班车和旅游直通车，建起了物流中心和快递服务站，成立了村镇银行，建起了游客接待中心，年接待游客100余万人次，旅游综合收入达到5 000余万元，形成了全村互动抓旅游，家家户户都赚钱的大好局面。在自家小院上做文章，在小摊小吃上下工夫，逐步把小吃街变成了小吃村，实现了资源变资本，村民变股民的转变。

二、在人才振兴上，义务教育、素质教育、职业教育，三育融合强基础

振兴学校是一所九年一贯制寄宿学校，振兴集团投资5 100余万元；中、小学共有22个教学班（其中：中学6个教学班，小学16个教学班），下设幼儿园，4个教学班，共有学生1 600人；教职工120名，其中教师90人，学历达标率为100%，本科达60%，职工均取得健康体检合格证。

学校占地面积22 654.8平方米，建筑面积13 496.76平方米，由教学楼、公寓楼、餐厅、文体活动中心及操场组成。校园内绿树成荫，鸟语花香，绿化覆盖率达36%，具有“春有花、夏有荫、秋有果、冬有青”的人文教育学习环境。学校硬件设施完备，拥有标准的塑胶田径运动场、微机室、多媒体室、图书室、阅览室、音体美活动室、理化生科学实验室等。优良的环境和一流的设施设备为培养学生的兴趣特长、提高学生的综合素质，提供了优越的条件。

太行乡村振兴人才学院，承担着为乡村振兴输入专业人才的重任，常年开设农业技术人才、新型职业农民、乡村工匠等不同类型的乡村人才培训班，集课堂理论讲授、实践现场教学以及专题调研于一身，服务于乡村人才振兴。

学院拥有由中央党校、农业农村部、环保部、中国科学院、国土经济学院、清华大学、浙江大学、中国农业大学著名专家以及省市县农村带头人 100 人组成了国内一流的学院教师团队。今后，学院将紧紧围绕两方面开展工作。一是依靠党组织，以培训农村干部和乡村振兴实用人才为主；二是走市场化道路，以培训农村商务、电商、家教、康养、酒店、服务等新型职业技术为主。

在高水平实施义务教育的基础上，先后成立了太行振兴数智学校，长治职业技术学院振兴分院，长治市中小学研学基地。振兴小镇既是上党区的城乡统筹试验区，也是引领黑色向绿色转化，煤炭向旅游转型的先行先试区。我们将抓住乡村振兴的时代机遇，围绕办一流乡村教育的目标，抢占产教融合的高地，力争在三年内，实现职业高中招收 6 个班 300 名学生，职业分院招收 6 个班 300 名学生的办学目标。力争在五年时间内，把振兴小镇办成“基础教育与职业教育相匹配，初等教育与高等教育相衔接，课堂教学与户外实践相融合，学生毕业与学生就业相同步”的富有振兴特色、彰显人才优势的全市一流、全省领先、全国知名的教育名镇。

三、在文化振兴上，转民风、治家风、养村风，三风共育促文明

一是积极建设传统文化教育阵地，先后建起了以二十四孝故事为主题的孝廉公园一处、梅兰竹菊四大民俗文化长廊，同时对村内的四条街、九条路分别以仁、义、礼、智、信、贤、德、文、明等传统文化精髓加“崇”字打头进行命名。二是每年定期开展各类传承民俗文化和传统文化的特色活动，邀请各类专家学者举办国学讲座，开展好媳妇、好公婆评选活动等。特别是每年的九九重阳节，将邻近村里的近千名老人都请来，进行免费体检，发放慰问品，合照全家福，举办长街宴，让中华民族爱老敬老的美德扎根在每位村民心中。三是以“三色”文化影响教育村民。先后推出了以体验农耕文明、民俗特色为主的“金”色文化；以传承革命精神、先烈遗志为主的“红”色文化；以牢记传统美德、历史根脉的“古”色文化。通过这些文化渗透与传播，不仅让村民始终牢记先辈勤劳俭朴、敬业持家的光荣传统，也使之成为振兴人永远向前的精神基因。

四、在生态振兴上，融入生产、便利生活、注重生态，三生同步建新村

（一）护绿与植绿并重，突出山水相依的生态美

实施了三大绿化工程。一是山坡植绿工程。规划建设了“五个千亩”种植基地——千亩干果经济林种植、千亩道地药材种植、千亩小杂粮生产、千亩花卉培育和千亩有机蔬果种植，既实现了山坡绿化，也催生了绿色经济。二是身边增绿工程。对村内主干道路、大街小巷全面绿化，并建起牡丹园、芍药园、月季园三座花卉园，村里及周边绿化总面积达到2 000余亩。三是庭院披绿工程。振兴村大力倡导庭院绿化，为村民提供葡萄及藤蔓植物幼苗，并免费指导种植。全村绿化覆盖率达到62%，人均绿化面积35平方米，绿化总投资达到6 500万元。

（二）规划与功能同步，突出中西合璧的建筑美

农户实现了学业医疗保障化、日常做饭燃气化、冬季取暖供热化、用电照明光伏化、垃圾处理无害化的“五化”目标和道路硬化、院内绿化、村中亮化、统一供热、统一供气、统一供水、统一供电、通网络宽带、通数字电视、通程控电话的“五化四供三通”目标。

（三）保护与恢复并举，突出古今对话的和谐美

为确保农耕文明的记忆和传统文化的传承，在新村建设中，坚持保护与恢复并举，将一些相对完整的古建院落保护下来，并对一些重要历史遗迹进行了恢复重建。振兴村共保护恢复古建院落9处，旧址重建融佛儒道三教合一的槐荫寺一座，新建具有北方民居特色的茅草屋三处，新建极富古典风格的振兴坛和振兴阁两处。并将古建院落和新建民居开发为民俗酒店，实现在保护中开发，在开发中传承，在传承中超越其价值的目的。

五、在组织振兴上，党委抓大事、支部办实事、党员做好事，三级齐抓固党建

（一）党委抓大事，就是在“决策”上出实招

振兴村认真贯彻中央及省市区委党建工作任务部署，着力于提升组织力，增强政治功能和服务功能，在党的建设、安全稳定、疫情防控、脱贫

攻坚、森林防火、环境整治等重点领域，创新推行“党委委员包村包街道包企业、支部委员包班组、党小组长包党员、党员包农户、农户包家人”的五级联包新举措。形成了党委抓大事、支部办实事、党员做好事的新模式。新建了初心广场、初心园、党群生活馆、家风家训馆、百家姓馆、中国村志馆、展览馆、村史馆、综治中心、便民服务中心、新时代文明实践所和村级活动场所。新建了5G智慧小镇，打造了一中心一平台一品牌：一中心即基层党建工作指挥中心，一平台即基层党建云平台，一品牌即建设全国一流智慧党建品牌。

10年来，振兴集团先后解决辖区内及周边村剩余劳动力3 000余人，村民人均收入由2007年的6 500元到现在翻了近6倍，达到36 900元；由原来的一个小山村，兼并了3个自然村，流转4个村土地；人口由原来的865人增长了10倍，变为现在的8 900人；职工由原来的200人到现在翻了10倍，达到2 000人；职工人均收入翻了15倍，达到56 900元。

（二）支部办实事，就是在“民生”上下工夫

为了让振兴的百姓生活得更有质量、更有保障、更有尊严。在实现全村就地入城、就地就业、就地入学、就地就医、就地养老的基础上，我们建立了五大社会保障机制。一是就业均等机制。社区内青壮年劳力全部就业，因病、因残不能就业的全部纳入社保范围。二是医疗保障机制。成立了村民医疗互助会，全区群众和在职员工全部参加了“福村宝”，累计报销人数565人次，报销总额336万元，解决了群众看病贵的难题。三是教育免费机制。凡在振兴学校就读的学生免校服费、免住宿费、补伙食费，考上大学的凭入学通知书报销学费。四是养老保障机制。60岁以上老人每人每年发放1 200元养老金，并进行两次免费体检，每年举办重阳节敬老活动。五是社会福利机制。实行了供暖、供水免费，用气、用电补助，并发放每人每年福利1 500元，开通了振兴至上党区、长治市区的免费公交车。

（三）党员做好事，就是在“本色”上不动摇

党的十九大召开之后，振兴村在第一时间编写了习近平总书记365条金句，并人手一册，让党员干部学习。并确立了每年10月18日为乡村振兴日，每月18日为振兴学习日。一名党员就是一面旗帜，积极开展了

“三亮三做”活动。一是党委领导要亮身份，做示范。把责任一级一级扛起来，把压力一层一层压下去，把农村的根扎得更深，把为民的事做得更细，把自己的责干的更实。二是两委干部要亮承诺，转作风。紧盯民生要事，一步一个脚印，把会上定的，纸上写的落到实处，让领导放心，让群众满意。三是党员代表要亮行动，树形象。当好经济建设者，当好集体维护者，当好改革推动者。念好“六字决”：“严”字当头，作风建设是永恒课题；“学”字为先，勤奋学习是成事之基；“干”字为重，干事创业是人生追求；“廉”字为荣，清正为官是最高操守；“贤”字为尺，公道用人是重要职责；“实”字为要，取得实效是衡量标准。坚持上下同心，坚持共建共享，汇成各项工作的大合唱。

振兴的昨天，敢想敢干建新村。振兴的今天，先行先试创新区。振兴的明天，再接再厉谱新篇。乡村振兴战略，振兴村恰如其名，要在希望田野上，创造美好生活的榜样；乡村振兴道路，振兴村正当其时，要在绿色发展中，建成乡村振兴的典范。今后，按照习近平总书记提出的实施乡村振兴战略“五个振兴”的要求。在各级党委的坚强领导下，坚持党建＋教育＋旅游高质量发展模式，守初心，担使命，学名村，赶强村，向共产主义小区迈进！

（作者系山西省人大代表、全国五一劳动模范、山西上党集团董事长）